예수, 위로의 마을에서 꾸짖다

— 설교자를 위한 성서읽기

예수, 위로의 마을에서 꾸짖다

김종수 지음

설교자를 위한 성서 읽기

동연

머리말

'말씀'으로 돌아가지 않았다

작년은 개신교 종교개혁 500주년이었다. 교회의 엄청난 위기니 하면서 너무 싱겁게 넘어갔다. 대단한 결단이 나올 줄 알았는데 각 교단이 그저 일반적인 기념행사로 해치우기라도 하듯이 끝내버리고 말았다. 지나고 보니 그럴 줄 알았다고 고개를 끄덕였다. 교인이 줄어 위기라고 하면서도 그 위기의 원인이 뭔지도 모르고 설령 조금 알더라도 피부로 느끼지는 못하고 있는 것이다. 기독교에 대한 교인들과 일반인들의 반감을 그저 선교에 대한 방해거리로 생각하고 심지어는 그들로부터 받는 비판을 순교(?)로 미화하여 생각하기도 한다.

상당수의 대형 교회는 이보다 더 심각하다. 여전히 자신들을 성공 신화의 주역으로 여기며 교회 성장에 도취해 있다. 문어발식 대기업처럼 장사하듯이 했으니 사유화된 교회가 되었고, 그러니 세습하는 것이 당연하다. 신앙의 세습이라는 자기 합리화가 너무 부끄럽다. 결국 사유화에 따른 부정과 부패를 숨기기 위해 아들을 후임자로 내세울 수밖에 없는 현실이 너무 비참하다. 이것이 어찌 대형 교회만의 문제인가? 자고 나면 일어나는 온갖 성추행과 스캔들, 탈세와 배임은 더 이상 충격적인 뉴스가 아니다. 우리는 어느새 세상의 빛이 아니라 헤어날 수 없는 어둠이 되고 말았다.

교회를 탈출해야 한다는 목소리까지 나온다. 교회는 더 이상 안전지대가 아니다. 이런 우리가 이단을 정죄할 수 있는가? 우리가 이단 아닌가? 그루밍(Grooming)은 교회 성직자 전용 병명인 것 같다. 이것은 단지 성적 학대만이 아니다. 이 '길들임'은 이미 오래 전부터 시작되었다. 대다수 우리나라 교인은 목사의 '믿으시기 바랍니다', '믿습니까?'라는 말에 '아멘'으로 길들여져 왔다. 맹목적인 신앙, 질문 없는 신앙, 생각 없는 신앙으로 길들여진 것이다. 오래 전 함석헌 선생님이 쓰신『생각하는 백성이라야 산다』는 책이 생각난다. 생각 없이 남발된 아멘으로 길들어진 지 오래다. 파블로프의 조건 반사는 한국교회가 확실히 증명해준다. 음식을 먹지 않아도 시간이 되어 종을 치면 침샘에서 침이 나오듯, 목사의 말이 무슨 뜻인지 생각할 겨를 없이 '믿으시기 바랍니다'에 '아멘'으로 응답해야 한다.

어쩌다가 한국교회가 이 지경에 이르렀을까? 나는 먼저 성장주의 신화에서 나온 말씀의 왜곡이라고 본다. 사람의 입맛에 맞는 말씀으로 왜곡한 것이다. 여기서 경제 법칙처럼 수요가 공급을 결정하게 되었다. 교인을 만든 것이 아니라 고객 관리를 한 것이 아닌가. 전도는 고객을 확보한 것이다. 바울은 이런 위험을 이미 경험하고 예측했다. 바울은 고린도후서 2장 17절에서 말한다.

우리는 수많은 사람들처럼 하나님의 말씀을 혼잡하게 하지 아니하고

곧 순전함으로 하나님께 받은 것 같이 하나님 앞에서와 그리스도 안에서 말하노라

여기 '혼잡하게 하다'는 헬라어로 '카페루오'(καπηλεύω)라고 하는데 그 뜻은 '물을 타다'이다. 원래 포도주에 물을 타서 파는 행위를 말한다. 물을 탔으니 그 순도가 어떠하겠는가? 당연히 그 질이 떨어지지 않겠는가? 그러나 이렇게 질 낮은 말씀에 대한 변명도 없지 않다. 처음부터 밥을 먹일 수 없다는 둥, 그러니 젖을 먹여야 한다는 둥(고전 3:2), 제대로 된 말씀을 전할 수 없다는 유치한 이야기도 있다. "단단한 음식은 장성한 자의 것이니"(히 5:12)라고 말씀하시는데 언제 장성한 사람이 되겠는가?

물을 타서 고객을 확보해 성장을 이루었을지 모르나 대다수 한국교회는 물량주의적인 기복신앙을 벗어나지 못하고 있다. 결국 성장주의에 매몰된 한국교회는 원하는 양적 성장과 부를 이루어냈다. 그렇게 하나님의 자리에 맘몬(μαμμωνᾶς)을 앉히고 말았다. 나면서부터 걷지 못하여 성전 미문 앞에서 구걸하는 걸인을 보며 베드로가 우리를 보라며 했던 말 "은과 금은 내게 없거니와 내게 있는 이것을 네게 주노니 나사렛 예수 그리스도의 이름으로 일어나 걸으라"는 말은 이 나라 교회에 더 이상 힘을 주지 못한다. 왜냐하면 교회가 너무나 은과 금이 많기 때문이다.

그리고 나사렛 예수가 보이지 않기 때문이다. 발락의 금은보화 유혹에 넘어간 발람처럼 미물인 나귀는 보고 있는 하나님의 천사를 교회는 보지 못하고 있다. 하나님은 발람에게, 아니 오늘 교회에게

"내가 네게 이르는 말만 말할지니라"(민 22:35)라고 경고하고 있다. 그런데도 오늘 우리는 그 은과 금을 축복의 매개로 삼아 멀쩡히 서 있는 교인들을 주저앉게 하고 있다. 오늘 우리의 설교가 교인들을 일으키기는커녕 오히려 주저앉히고 있지는 않은가?

목사들은 아직도 교인들의 수준이 60년대에 머무르고 있다고 생각하는 것 같다. 설교는 여전히 믿음을 강요하거나 구걸하는 형태가 대세를 이루고 있다. 특히 대형 교회의 설교일수록 심하다. 설교는 하나님의 말씀을 설득하는 것이다. 교인들은 더 이상 어리석지 않다. 그리고 교육의 수준은 옛날과 같지 않다. 상식을 벗어나는 엉뚱한 일들을 믿으라고 하면 누가 믿겠는가? 부활이 죽은 시체가 벌떡 일어나는 것이라고 말하고 "그것을 믿으시기 바랍니다"라고 말하면 누가 믿겠는가?

부활에 관해 늘 질문을 갖고 있으면서도 그냥 덮어두어 왔던 성서의 구절이 있다. 고린도전서 15장 13절이다.

> 만일 죽은 자의 부활이 없으면 그리스도도 다시 살아나지 못하셨으리라

이 말이 이해가 가는가? 우리 생각에는 그리스도의 부활이 먼저 아닌가? 예수님을 부활의 첫 열매(고전 15:20, 23)라고 하지 않았던가? 그런데 죽은 자(들, 복수)의 부활을 먼저 말하는 이야기가 무엇인가? 그리고 그 죽은 자들의 부활이 없다면 그리스도의 부활도 없다는 것이 무슨 말인가? 이 구절을 어떻게 해명할 것인가? 매해 부활절마다 "주님은 부활하셨습니다. 믿으시기 바랍니다"를 외쳐대

기만 할 것인가? 바울은 우리처럼 부활을 믿으라고 소리치거나 구걸하지 않았다. 고린도전서 15장에서 바울은 부활에 관해 엄청나게 치밀한 논리를 전개하고 있다. 그는 우리를 향해 부활에 대해 설득하고 있는 것이다.

우리의 불행은 성서에 대한 모든 믿음을 '사실'에 두고 있다는 것이다. 이른바 문자주의다. 이 한심한 편견 때문에 우리는 성서가 갖고 있는 깊고 넓고 높은 메시지를 놓치고 있다. 성서는 사실에 관심이 없다. 성서는 진실에 관심이 있다. 그런데 우리는 사실에 관해서만 믿고 사실이 아닌 것에 대해서는 믿음을 갖지 않는다. 세익스피어의 「햄릿」이라는 작품에는 유령이 등장한다. 그런데 실재하지 않는 유령이 나온다고 이 작품이 거짓이라고 말하는 사람은 없다. 작품의 사실성이 아니라 진실성이 우리를 감동시키기 때문이다. 문자 그대로를 사실이라고 믿는 한 성서는 거짓으로 철저히 유린당한다.

하나님은 에덴동산을 만드시고 아담에게 선악을 알게 하는 나무의 열매는 먹지 말라고 하시며 먹는 날에는 반드시 죽으리라고 말씀하신다. 그런데 아담과 하와는 먹고도 죽지 않았다. 다만 동산에서 쫓겨났을 뿐이었다. 그렇다면 하나님은 거짓말을 한 것인가? 사실을 믿음으로 여기면 하나님은 거짓말을 하신 것이다. 바울은 에베소서 2장 1절에서 말한다.

> 그는 허물과 죄로 죽었던 너희를 살리셨도다

바울은 허물과 죄의 상태를 죽음으로 본 것이다. 그러니 바울의 부활이 무엇을 말하고 있는 것인지 어렴풋하게 짐작할 수 있을 것이다. 허물과 죄에 잡힌 상태를 죽음으로 보았기에 바울은 동사를 쓰지 않고 죽은 상태를 나타내는 형용사 네크로스(νεκρός)를 사용하고 있다.

기적도 예외가 아니다. 실제로 성서 안에 기적이라는 말이 있다는 것조차 확인해야 할 문제다. 대체로 복음서에 있는 기적들은 세메이온(σημεῖον)이라고 표기되는데 대체로 표징, 표적이라고 번역된다. 이 뜻은 영어로 'sign'이다. 신호라는 말이다. 즉 그 일을 통하여 주고자하는 하나님의 신호, 메시지가 있는 것이다. 요한복음 6장에는 오병이어의 이야기가 나오는데 이 사건 이후 사람들은 예수를 임금으로 삼으려고 하였다. 이 때 26절에서 예수님은 찾아온 무리에게 말한다.

> 내가 진실로 진실로 너희에게 이르노니 너희가 나를 찾는 것은 표적을 본 까닭이 아니요 떡을 먹고 배부른 까닭이로다

그냥 양적으로 먹고 배부른 것만 보는 이들에게 표적(하나님의 sign)을 보라고 하신다. 이 신호가 주는 메시지는 예수님의 생명의 떡이라는 것이다(요 6:35). 그리고 자기 생명을 위해 한 아이가 갖고 온 도시락을 내어놓아 이루어진 일이라는 것이다. 먹고 배부른 이야기라는 기적에 매몰될 때 하나님은 우리에게 아무런 메시지를 보여주지 못하신다. 기적이라는 사실이 이렇듯 우리를 생명의 메시지를 보지 못하게 한다. 봐야 할 것은 사실이 아니라 진실이다. 그렇게 보니 예수님이 부활의 첫 열매라고 말한 '첫'이 다시 보인다. 시간

의 처음이 아니라 본받고 살아야 할 인간 원형을 가리킨 것이다.

왜 우리는 이렇게 성서 해석에 편협해졌는가? 이유는 성서신학이 오래 동안 교회 안에 갇혀 있었기 때문이다. 성서신학의 역사는 2000년이 아니다. 성서신학이 교회로부터 자유로워진 것은 불과 100년 안팎에 불과할 것이다. 성서신학은 교리에 의해 재단되어 왔다. 그 많은 세월 성서신학은 교회의 시녀였다. 아직 우리는 말씀으로 돌아가지 않았다. 이제 막 돌아가려는 시도를 하고 있는 것이다.

성서를 교리가 아니라 성서로 말하게 해야 한다. 성서 밖의 권력이 성서를 재단하는 일은 없어야 한다. 자유롭지 못한 세월만큼이나 성서신학은 아직 미천한 상태인 것만은 분명하다. 무엇보다도 성서를 우리가 읽어서는 안 된다. 성서로 성서를 말하게 하여 그 성서가 나를 읽게 해야 한다. 이 책의 글들은 성서가 나를 읽을 때 비춰진 나의 모습을 살핀 것에 불과하다. 내가 성서를 읽은 것이 아니라 성서가 나를 읽기를 기다리며 묵상한 아주 작은 눈뜨임이다.

드러나 있지 않은 곳에서 적지 않은 소장학자들과 목사들이 성장에 관심 없이 성서 연구를 하고 있다. 단지 지식으로서가 아니다. 그들은 성서가 나를 읽듯, 오늘 나를 살게 하는 하나님의 말씀을 묵상하고 있다. 이들을 만난다는 것은 큰 행운이다. 서로 주님의 말씀에 들을 귀를 열어 놓은 이들이 만난다는 것은 엄청난 행복이다. 사실 이 책은 그런 만남에서 이루어진 작은 시도다.

이 책은 지난 2016년 4월부터 2018년 3월까지 「기독교사상」에서 〈설교자를 위한 성서읽기〉라는 꼭지로 연재한 글들을 모아낸 것이다. 무엇보다도 이 글을 쓰면서 가장 큰 축복, 나의 사상의 영원한 스승이자 형님 이상의 형님이신 강일상 목사님의 가르침에 감사를 드린다. 그가 있었기에 이 글도 있었다. 이 책의 문장 하나하나를 잘 다듬은 김경희 목사님께 세심한 감사를 드린다. 또한 언제나 내가 강단에서 다른 복음을 허용하지 않도록 기도해주신 대치교회, 하늘샘교회, 목포산돌교회 교우들 하나하나가 생각났다. 내 마음에서 그들은 항상 주님의 말씀과 오버랩 되어 있다. 그래서 살아있는 말씀을 볼 수 있었다. 그들은 언제나 기댈 수 있는 큰 언덕이었고, 항상 맑고 깨끗하게 흐르는 하늘 샘물이었고, 살아있는 돌이었다. 아울러 이 책을 제작해주신 동연의 김영호 장로님과 직원들, 그리고 이름 없이 모든 것으로 성원을 아끼지 않은 이에게 감사드린다. 후배 목사님들에게 조금이라도 도움이 되었으면 한다.

2018년 11월

목포 산돌교회에서

김종수

차례

머리말 / 4

창세기

라메이 두 아내를 맞이하였다 | 창세기 4:16-24 017
오늘의 네피림을 생각하며 | 창세기 6:1-4 031
하나님의 후회와 홍수 심판, 그러나 노아 한 사람 | 창세기 6:5-8 045
네가 어디서 왔으며 어디로 가느냐(1) | 창세기 16:1-16 057
네가 어디서 왔으며 어디로 가느냐(2) | 창세기 16:1-16 069

출애굽기

뜻으로 본 3 · 1 운동 | 출애굽기 3:13-15 085
네가 혼자 할 수 없으리라 | 출애굽기 18:13-23 097

복음서

제자의 이름으로 주는 냉수 한그릇 | 마태복음 10:40-42 111
마음으로부터 용서하지 않으면 | 마태복음 18:21-35 123
한 사람 · 청년 · 부자 | 마태복음 19:16-22 135
품꾼을 구하러 이른 아침에 나간 집주인(1) | 마태복음 20:1-16 147
품꾼을 구하러 이른 아침에 나간 집주인(2) | 마태복음 20:1-16 161

씻김을 받고 나서 | 마가복음 1:9-11 175
예수, 위로의 마을에서 꾸짖다 | 마가복음 1:21-27 189
부름—버림—따름 | 마가복음 1:16-20 202
들을 귀 있는 자는 들으라 | 마가복음 4:21-25 216
땅이 스스로 열매를 맺되 | 마가복음 4:26-29 229
한 청년의 부활 | 마가복음 14:50-52, 16:1-8 241

벙어리가 된 사가랴 | 누가복음 1:5-20, 57-66 255
시므온의 기다림 | 누가복음 2:25-35 267

내려가는 길에서 | 요한복음 4:43-54 279
한 아이의 보리떡 다섯 개와 물고기 두 마리 | 요한복음 6:1-13 292
실로암 못에 가서 씻어라 | 요한복음 9:1-7 305

창세기

라멕이 두 아내를 맞이하였다 | **창세기 4:16–24**

오늘의 네피림을 생각하며 | **창세기 6:1–4**

하나님의 후회와 홍수 심판, 그러나 노아 한 사람 | **창세기 6:5–8**

네가 어디서 왔으며 어디로 가느냐(1) | **창세기 16:1–16**

네가 어디서 왔으며 어디로 가느냐(2) | **창세기 16:1–16**

라멕이 두 아내를 맞이하였다
(창세기 4:16-24)

가인이 여호와 앞을 떠나서 에덴 동쪽 놋 땅에 거주하더니 아내와 동침하매 그가 임신하여 에녹을 낳은지라 가인이 성을 쌓고 그의 아들의 이름으로 성을 이름하여 에녹이라 하니라 에녹이 이랏을 낳고 이랏은 므후야엘을 낳고 므후야엘은 므드사엘을 낳고 므드사엘은 라멕을 낳았더라 라멕이 두 아내를 맞이하였으니 하나의 이름은 아다요 하나의 이름은 씰라였더라 아다는 야발을 낳았으니 그는 장막에 거주하며 가축을 치는 자의 조상이 되었고 그의 아우의 이름은 유발이니 그는 수금과 퉁소를 잡는 모든 자의 조상이 되었으며 씰라는 두발가인을 낳았으니 그는 구리와 쇠로 여러 가지 기구를 만드는 자요 두발가인의 누이는 나아마였더라 라멕이 아내들에게 이르되 아다와 씰라여 내 목소리를 들으라 라멕의 아내들이여 내 말을 들으라 나의 상처로 말미암아 내가 사람을 죽였고 나의 상함으로 말미암아 소년을 죽였도다 가인을 위하여는 벌이 칠 배일진대 라멕을 위하여는 벌이 칠십칠 배이리로다 하였더라(창 4:16-24).

하나님은 가인을 하나님 앞에 두고 보호하려고 '표'(אות, 오트)까지 주시지만, 정작 가인은 하나님 앞을(מלפני יהוה, 밀리프네 야훼, from the presence of the Lord, 야훼 앞으로부터) 떠난다. '떠나서'라고 번역한 히브리어 '야차'(יצא)는 단순히 떠나는 것이 아니라 '달아나다', '피하다'의 뜻을 가지고 있다. 왜 가인은 하나님으로부터 달아나려고 한 것일까?

가인은 하나님을 떠나 에덴 동쪽 놋에 거주한다. 동쪽은 해가 뜨는 쪽이다. 새날이 시작되는 방향이다. 이는 죄를 씻기 위해서는 새로운 삶을 살아야 한다는 것과 다시 새로운 삶으로 구원받을 여지가 있다는 것을 말해준다. 그러나 동쪽은 아담이 하나님의 명령을 어긴 죄로 에덴에서 쫓겨난 방향이기도 하다(3:24).

가인은 놋에 거주한다. 유리하는(נע ונד, 나아 와나드) 자가 되리라는 하나님의 명령을 어기고 안식처를 찾아 거주한다. 그러나 거주한다(ישב, 야샤브)고 해서 유리하는 자의 운명으로부터 벗어나는 것은 아니다. '놋'(נוד)은 유리함, 추방당함, 방랑함, 쉼이 없음이라는 뜻이다. '놋 땅에 거주하였다'는 것은 그 표현과는 달리 정착한 삶이 아니라 방황하는 삶을 의미한다. 물리적인 유리가 아니라 정신적인 유리로 보아야 한다. 거주한다고 방황이 멈추는 것이 아니다. 하나님이 말한 '유리하는 자'는 영적으로 헤매는 것을 말한다. 하나님을 떠난 삶에 진정한 쉼은 없다.

놋에서 가인은 아내와 동침하고, 에녹을 얻는다. 그러나 우리는 17절을 읽을 때부터 멈칫하지 않을 수 없다. 의아스럽다. 하나님은 첫 사람 아담을 만들고 그의 아내 하와를 만들었다. 그래서 태어난

두 아들이 가인과 아벨이다. 이 세상에 사람이라고는 남자 셋, 여자 하나가 전부 아닌가? 그런데 가인의 아내가 웬 말일까? 그새 아담과 하와가 딸아이를 더 낳았다는 것인지…. 그럼 가인의 결혼은 너무나 가까운 근친상간이 된다.

아담은 그 뜻이 '사람'이다. 그리고 여기에는 히브리어 정관사 '하'가 붙는다. 아담이 고유명사가 아니라는 말이다. 아담은 사람을 통칭하는 말이다. 첫 사람 아담은 시간상으로 첫 사람이 아니라 사람의 원래 모습, 원초적인 사람의 모습이기에 첫 사람이다. 누구나 안에는 아담이 있다. 여인의 유혹에 쉽게 넘어가고, 하나님처럼 높아지고 싶어 하는 권력에 대한 탐욕이 있고, 먹음직스러운 것을 보면 참기 어렵고, 벗어 치부가 드러나면 부끄러워하기도 하고, 사고가 나면 핑계 대기에 급급하고, "내 뼈 중의 뼈요 살 중의 살이라"(창 2:23)고까지 외치며 그토록 사랑한다던 여자에게 책임을 넘기기도 한다. 마침내 "하나님이 주셔서 나와 함께 있게 하신 여자"(3:12) 때문에 선악과를 먹게 되었다고 핑계를 하나님에게까지 대는 것이 사람이다.

결국 그 핑계 유전인자가 아들 가인에게 이어져 동생을 살해하기에 이른다. 아담이 '나'고 가인이 '나'다. 그 아담과 짝을 이루며 사는 하와가 '나'다. 어쩌면 허무하게 죽은 아벨은 내가 증오했거나 무관심했을 내 이웃일지도 모른다. 이 이야기는 인류의 처음 이야기가 아니라 사람의 원래적인 모습을 말할 뿐이다. 그러므로 일상의 이야기다. 그래서 가인의 아내 이름이 나오지 않는 것이다. 특정한 이름이 없는 것은 모두, 누구나에게 해당되기 때문이다. 결국 모든 사람은 증오와 살인이라는 씨를 갖고 있다. 그래서 우리 인간을 가인의 후예라고 하지 않던가?

성서는 사실에 관심이 없다. 성서가 끊임없이 추구하는 것은 인간 내면에 있는 진실이다. 가인의 아내가 어디서 왔는지 그 사실을 밝히는 것은 의미가 없다. 그보다도 성서는 증오와 살인의 씨가 가인의 후예인 누구에게나 있다는 진실을 말해주고 있는 것이다. 셰익스피어의 「햄릿」에 유령이 나온다고, 세상에 유령이 어디 있냐며 그 작품을 엉터리라고 여기는 사람은 없다. 그 유령은 인간 속에 있는 증오, 살인, 복수심이기 때문이다.

창세기 이야기는 세상의 물리적인 첫 시간 이야기가 아니다. 창조 이야기는 오늘 지금 이 자리의 이야기다. 창세기 1장 2절의 혼돈과 공허와 어둠은 오늘의 현실이다. 그러므로 창세기는 혼돈과 공허와 어둠 속에 있는 사람들이 사는 세상 이야기, 그 일상 속의 이야기다. 그것들을 일상 속에서 이겨낸 진실, 그 첫 메시지가 창조다.

그런데 우리는 창세기라는 책에 놀랍게도 사람의 족보 이야기가 많이 나온다는 것을 안다. 창세기라면 하나님의 창조 이야기가 훨씬 더 많이 나와야 하건만, 하나님의 창조 이야기는 3장 이후에는 거의 나오지 않는다. 오히려 사람의 족보와 사람의 일만 나온다. 하나님도 간간이 만날 뿐이다. 왜 그럴까? 이것은 성서 전체를 이해하는 아주 중요한 열쇠 중 하나다. 하나님은 반드시 사람을 통해 자신의 뜻을 펼치시기 때문이다. 그러므로 사람을 통해 하나님을 볼 수 있다. 칼 라너는 '인간은 신의 암호'라고까지 말했다. 인간을 통해서만이 하나님을 볼 수 있다는 말이다. 해월 최시형의 동학 역시 인내천(人乃天), 즉 사람에게서 한울님을 보라는 것이 아닌가? 오늘 본문 17-18절도 사람의 족보이다.

그러나 사람은 마냥 하나님의 뜻을 따르지 않는다. 이것 또한 하나님의 뜻이다. 하나님에 대한 사람의 거역과 타락과 불순종, 이 또한 하나님의 뜻을 깨닫게 되는 사람이 거치는 필연적인 과정이라는 것을 성서는 말해주고 있다. 그러므로 성서(The Holy Bible)는 말 그대로 '거룩한 책'이 아니다. 그래서 원래는 그냥 '그 책들'(히브리어로 '하 세파림'(הספרים)이라고 불렀다. 거룩할 '성'(聖)은 후대의 교회가 붙인 것이다. 그러므로 거룩한 이야기만 있는 것이 아니다. 아담의 핑계, 가인의 살인처럼 사람들의 온갖 추악한 면을 다 드러낸 것이 성서다. 인간의 실상은 이러하다고 인간을 벗겨놓은 책이 성서다.

아담과 하와에게서, 가인과 아벨에게서 우리는 나를 보고, 너를 보고, 우리를 보고, 그들을 본다. 그리고 그 과정은 긍정적이지 않다. 아담의 죄는 가인의 살인으로, 17-18절의 족보를 통해 에녹, 이랏, 므후야엘, 므드사엘 그리고 라멕으로 이어진다.

가인이 결혼하여 낳은 아들은 에녹이다. 인간의 타락에도 하나님은 끊임없이 창조하신다. 가인에게 에녹이라는 아들을 주시는데 그 이름의 뜻은 '시작'이다. 인간의 살인에도 하나님은 창조를 다시 시작하신다. 그리고 인간에게도 이것은 새 출발의 계기가 된다. 그러나 그 출발은 만만치가 않다. 창세기 4장 10-12절에서 하나님은 가인에게 동생 아벨을 살해한 것에 대한 징벌을 내리신다.

이르시되 네가 무엇을 하였느냐 네 아우의 핏소리가 땅에서부터 내게 호소하느니라 땅이 그 입을 벌려 네 손에서부터 네 아우의 피를 받았은즉 네가 땅에서 저주를 받으리니 네가 밭을 갈아도 땅이 다시는 그 효력을 네게 주지 아니할 것이요 너는 땅에서 피하며 유리하는 자가 되리라

떠돌아다니는 것이 하나님의 징벌이었음에도 가인은 안정을 원했다. 그래서 도시를 세웠다. 자기와 가족을 지키기 위해 성벽을 높이 쌓은 성, 도성을 세운 것이다. 하나님은 어느 누구도 가인을 죽이지 못하도록 보호해주겠다고 표까지 주셨지만, 가인은 그 약속을 믿을 수 없었다. 사실상 떠돌라는 하나님의 징벌을 거부한 것이다. 그리고 그 아들의 이름을 따 도시 이름을 '에녹'이라고 짓는다. 자신과 자신의 자식을 위한 인간의 본성이 보인다.

성(도시)은 방어와 공격, 즉 전쟁에 적합한 형태를 갖추어야 했고, 그 성을 유지하는 지배질서를 확립해야 했다. 성을 쌓기 위해서는 엄청난 노동력이 필요했고, 성에 물을 공급하기 위해서는 각종 수로시설이 필요했으며, 그 시설을 건설하기 위해서는 멀리 채석장에서 돌을 공수해 와야 했다. 이러한 도성 건설에 필요한 막대한 노동력을 확보하기 위해 전쟁은 필연적이다. 전쟁은 노예를 확보하는 가장 빠른 방법이었다. 전쟁과 노예 노동과 질서 유지는 서로 원인과 결과로써 연결되어 있다.

또한 도시는 인간 물질문명의 집산지다. 물질이 신이 되는 곳이다. 그 물질을 소유한 자가 하나님의 자리에 있다. 그것은 군림이다. 도시를 유지하기 위해 많은 물질이 필요하고 많은 이를 노예로 삼고 부린다. 도시는 경쟁적이다. 전쟁은 필수적이다. 평화는 깨진다.

결국 물질을 숭배하는 바알 종교가 판을 친다. 종교는 체제를 유지하는 지배질서의 정신적 성곽이다. 가인은 바로 이 도시를 세운다. 그러므로 성(도시)을 세운 것은 죄의 본격화를 의미한다.

떠도는 것이 하나님의 뜻이었다. 사실 지금 있는 위치로부터 떠나 끊임없이 떠도는 것, 결코 현재에 안주할 수 없는 것, 이것이 인간의 참된 삶이다. 알고 보면 이것은 징벌이 아니다. 오늘에 익숙해지고 안주하는 것에 발전은 없다. 오늘, 여기를 떠나는 것, 안주한 곳으로부터 벗어나는 것, 거기에 성숙한 발전이 있다. 그러므로 유리하는 자가 되라는 하나님의 명령은 징벌이 아니라 은혜다. 가인의 도시 안주, 이것은 고향 친척 아비 집을 떠난 아브라함의 삶과 대조를 이룬다(12:1).

에녹은 이랏을 낳는다. 이랏이라는 이름은 '도시에서 나온 자', '도망자'라는 뜻이다. 에녹이라는 이름의 도시에서 도망 나온 듯하다. 이것은 도시 안에 안주하여 보호되기를 바라며 하나님의 '떠돌라'는 명령을 거부한 가인으로부터의 탈피라는 점에서 긍정적이기도 하다. 그러나 조금 더 생각하면 하나님의 명령에 대한 또 다른 왜곡, 아니 더 깊은 왜곡을 나타내기도 한다. 마치 도시를 떠나 떠돌라는 하나님의 명령에 대한 순종 같지만 실은 또 하나의 자기 도시를 짓고 안주하려는 인간의 본성이 드러난 것이기 때문이다. 도시 이탈은 하나님의 명령에 순종하는 것처럼 보이지만 자신만의 도시를 지으려는 것을 합리화하려는 인간의 이중성을 내포하고 있다.

이랏의 아들은 므후야엘이다. 그 이름 뜻은 '하나님에게 맞은 자'이다. 하나님의 뜻에 합당치 않아 징벌을 받은 모습이다. 인간의 죄가 깊어가고 있다. 이어진 므후야엘의 아들 므드사엘의 이름 뜻은 '하나님으로부터 떠나온 자'이다. '므드'가 히브리어 '무트'(מות, 죽음)에서 온 말이므로 '하나님에 대해 죽은 자'라는 의미가 된다. 결국 죽음이라는 마지막 심판까지 이른 인간의 죄의 급증을 그 이름으로 표현한 것이다.

죄의 정점은 라멕이다. 라멕이라는 이름 뜻은 '힘센 자'이다. 예나 지금이나 죄는 힘 있는 자의 몫처럼 보인다. 왜 가인은 하나님에게서 달아났을까? 동생 아벨을 죽인 죄책감의 무게 때문이었을까? 아니다. 오히려 죄가 그리운 것이다. 죄는 탐욕에서 나온다. 탐욕에는 끝이 없다. 도시는 그 탐욕의 상징이다. 그 죄의 정점에서 심판은 시작된다. 노아 시대의 홍수 심판으로 이어진 죄의 급증, 그 이면에는 죄악의 내재화가 있다. 라멕은 심판에 이르는 인간 죄악의 내재화를 보여주고 있다. 죄악이 세상에 가득함(창 6:5)은 행위의 악함뿐 아니라 그 마음의 모든 계획까지 가리키기 때문이다. 라멕의 이야기를 본격적으로 살펴보자. 19절 전반부의 말씀이다.

라멕이 두 아내를 맞이하였으니

단순히 라멕이 두 아내와 살았다는 사실을 전해주려고 하는 것일까? 단지 일부다처제의 기원을 알려주는 것일까? 그렇다면 성서는 경전이 아니다. 한 구절 한 구절 말씀에 나를 향한 진실이 있기에 경전이다. 가인에게서 라멕에 이르는 족보를 보면 라멕처럼 상세하지 않다. 그러다가 라멕에서는 상당히 상세하게 그의 아내들과 자식들과 그 자식들의 직업까지 보도하고 있다. 19절 이하는 라멕의 가족 이야기일 뿐 아니라 인간에 대한 이야기, 내 이야기다.

라멕이 두 아내와 함께 살았다는 것은 가인 이후 교활하고 영악한 인간의 죄의 속성이 어떻게 내재화되는지를 표현하는 말이다. 두 아내란 라멕이 품은 두 마음을 말한다. 19절 후반부에서 두 아내의 이름이 등장하는데 예사롭지 않다.

> 하나의 이름은 아다요 하나의 이름은 씰라였더라

아다는 '새벽의 여명'이라는 뜻이며, 씰라는 '어둠의 그늘'이라는 뜻이다. 이는 인간의 대립된 양면이다. 그리고 이어 20-22절에서 두 아내의 자식들이 등장한다.

> 아다는 야발을 낳았으니 그는 장막에 거주하며 가축을 치는 자의 조상이 되었고 그의 아우의 이름은 유발이니 그는 수금과 퉁소를 잡는 모든 자의 조상이 되었으며 씰라는 두발가인을 낳았으니 그는 구리와 쇠로 여러 가지 기구를 만드는 자요 두발가인의 누이는 나아마였더라

아다는 그 이름 뜻인 '새벽의 여명'답게 목동이 된 야발과 음악가가 된 유발을 낳았다. 전원적이고 목가적이고 낭만적이면서 평화를 느끼게 해준다. 그러나 씰라는 이와 반대다. '어둠의 그늘'을 여실히 보여준다. 씰라는 구리나 쇠를 가지고 온갖 기구를 만드는 사람, 즉 대장장이가 된 두발가인을 낳는다. 대장장이는 전쟁 무기를 만들기도 하고 농사를 짓기 위한 도구를 만들기도 한다. 전투적이고 생산적

이며, 물질적이며 경쟁적이다. 그런데 여기 그 누이의 이름이 등장한다. 그 누이의 이름 '나아마'는 '사랑스러움'이라는 뜻인데, 이것은 육체적인 사랑을 말한다. 말초신경적, 감각적, 표피적 사랑이다.

아다와 씰라, 두 아내와 함께 살았다는 라멕, 사실 이것이 사람의 정체이다. 사람의 한구석에는 '새벽의 여명'과 같은 평화적이고 낭만적인, 전원적이고 목가적인 마음이 있는가 하면, 또 한구석에는 '어둠의 그늘'이 짙게 깔려 있다. 경쟁적이고 전투적인, 시기와 질투의 마음이 깔려 있다. 그리고 그것은 물질적이고 육체적이고 감각적이다.

히틀러 하면 유대인 대학살이 가장 먼저 떠오를 만큼 그는 전쟁광, 독재자, 살인마이다. 그런 그가 그림 그리기를 좋아했다는 것을 아는 사람은 그리 많지 않다. 그가 그린 그림들은 한결같이 아름다운 자연과 거룩함을 소재로 하고 있어 보는 이로 하여금 혼란을 일으킨다. 히틀러의 그림 중 「거룩한 아기 예수와 함께하는 엄마 마리아」라는 그림이 있다. 정말 거룩하고 아름다운 그림이다. 이 외에도 자연을 찬미하는 많은 그림을 그렸다.

히틀러는 어린 시절에 화가가 되고 싶었다고 한다. 그러나 가정이 어려워 그의 꿈을 밀어줄 수가 없었다. 만일 그때 히틀러가 미술을 공부했다면 모르긴 몰라도 제2차 세계대전은 일어나지 않았을 것이다. 미술을 그토록 좋아하던 사람이 어떻게 그토록 수많은 사람들을 죽였을까? 히틀러는 미술뿐만 아니라 음악도 사랑했다. 낭만파 음악가, 특별히 낭만주의 대가 바그너를 좋아했다. 물론 바그너가 유대인을 혐오한 사람이었다는 이유로 더 좋아했겠지만, 그는 바흐 이후 대부분의 낭만파 음악가들을 좋아했다.

사실 히틀러뿐이 아니다. 스탈린과 김일성이 다 늙어서도 교회학교 노래를 흥얼거리곤 했다는 이야기는 꽤나 유명한 이야기이다. 이것이 인간이다. 사람은 항상 두 아내(마음)를 품고 살아간다. '새벽의 여명'이라는 아다와 '어둠의 그늘'이라는 씰라를 품고 살아간다. 인간은 아다처럼 전원적이고 낭만적인 평화의 삶을 추구하면서도, 씰라처럼 전투적이고 경쟁적인 삶을 살아간다. 전자가 인간의 정신문명을 말한다면, 후자는 인간의 물질문명을 말한다. 전자가 여성적인 문화라면, 후자는 남성적인 문화를 대표한다. 인류의 문명은 대립된 두 문화로 이루어져 왔다.

그래서 마냥 씰라가 나쁘다고는 볼 수 없다. 인류의 물질문명이 발달하게 된 것은 아마도 씰라의 마음이 공헌했기 때문이라 여겨진다. 문명의 이기는 더 많고, 더 편하고, 더 빠르고, 더 높아지려는 씰라의 마음에서 비롯된 것이다. 그러나 여기에 함정이 있다. 강수돌 교수는 그의 책 『팔꿈치 사회』(갈라파고스, 2013)에서 이렇게 말한다.

> 경쟁이 낳는 비극 중 하나는, 타자의 불행을 자기 행복의 기초로 삼는 일이다. 경쟁이 낳는 최대 비극은, 서로 경쟁하는 가운데 모두 공멸한다는 점이다. 스스로 의식하지 못하는 사이에

경쟁과 전투에서 가인의 살인을 닮아가고, 닮아가다 못해 그것을 정당화한다는 것이다. 인류의 전쟁은 그 추악함에도 불구하고 항상 그럴듯한 명분으로 치장되어 왔다. 그리고 언제나 강자가 정

의였다. 라멕은 두 아내에게 이렇게 말한다. 23-24절이다.

> 라멕이 아내들에게 이르되 아다와 씰라여 내 목소리를 들으라 라멕의 아내들이여 내 말을 들으라 나의 상처로 말미암아 내가 사람을 죽였고 나의 상함으로 말미암아 소년을 죽였도다 가인을 위하여는 벌이 칠 배일진대 라멕을 위하여는 벌이 칠십칠 배이리로다 하였더라

여기 '상처'는 히브리어로 '펫차'(פצע)인데, 매를 맞아 나는 상처 혹은 넘어져서 입은 멍이나 타박상 정도의 가벼운 상처다. 그런데 자신에게 상처를 낸 사람을 죽여버렸다고 라멕은 말한다. 조그만 상처라도 죽음으로 갚겠다는 것이다. 그 사람이 어린 사람이라도 죽이겠다는 것이다. 의를 빙자한 불의의 심판이다. 왜 라멕은 자신이 입은 상처를 죽음으로 갚았을까? 이것이 우리의 마음은 아닐까?

하나님은 창세기 4장 15절에서 "가인을 죽이는 자는 벌을 칠 배나 받으리라"라고 말씀하셨다. 가인을 보호하고 보복의 악순환을 막기 위한 명령이었다. 그런데 놀랍게도 라멕은 하나님의 이 명령을 더 강화시킨다. 일흔일곱 갑절이다. 마치 하나님의 말씀을 글자 그대로 철저하게 지키는 것처럼 들린다. 오늘도 여전히 거리를 누비고 있는 '예수 천당 불신 지옥'이 바로 라멕의 마음은 아닐까? 예수 안 믿으면 지옥 간다는 협박이 마치 예수님을 잘 믿는 사람의 모습인 것처럼 보이게 하려는 것이 아닐까? 과연 이것이 예수님의 마음일까?

라멕은 자신의 범죄를 하나님의 명령으로 위장한다. 라멕의 범죄는 하나님이 가인을 보호하기 위한 명령을 악용하고 자신의 범죄

를 정당화한 바로 그 지점에 있다. 보복의 악순환을 막으려는 하나님의 법을 가지고 라멕은 오히려 자신의 복수를 정당화했다. 하나님의 보복 금지 명령을 자신의 불의를 보호하는 것으로 교묘히 사용했다. 그런데 이것이 인간이다.

우리는 하나님의 심판과 용서를 항상 뒤바꾸어 생각한다. 남에 대해서는 심판을 말하며, 반대로 자신에 대해서는 용서를 말한다. 남의 잘못에 대해서는 정의를 들이대고, 자신의 잘못에 대해서는 관용을 들이댄다. 남에 대해서는 엄격하면서도, 자신에 대해서는 관대하다. 모두가 신앙의 이름으로 말이다. 그래서 신앙이 무서운 것이다. 교회에 다툼이 있을 때 더욱 무섭다. 서로가 다 하나님 앞에서 기도하고 싸운다. 어둠의 그늘을 새벽의 여명으로 위장한다.

이런 모습을 우리는 말씀이라는 거울 앞에서 보고 있는가? 그것이 보인다면 다행이다. 그러나 매일 매시간 보이는 것은 아니다. 어느 한순간 라멕의 나락에 빠진다. 그럴 때 시기와 질투가 신앙의 열정으로 위장된다. 탐욕이 '주시옵소서'라는 거룩한 기도로 위장된다. 죄가 십자가의 은혜로 위장된다. 인색함이 검소함으로 위장된다. 방탕함이 인간적인 것으로 위장된다. 5%의 지지를 받고 있는 대통령이 그 엄청난 과오에도 "국민께서 맡겨주신 책임에 공백이 생기지 않도록…"이라고 말한다. 그의 권력을 이용한 범죄가 그의 탐욕에서 나왔음에도 불구하고 '국민이 맡겨주신 책임'으로 위장한다.

목사의 설교는 상처가 되는데도 불구하고 강단에서 한다는 이유로 하나님의 거룩함으로 위장된다. 그래서 때론 강단이 버겁다. 이유는 간단하다. 말씀은 거룩한데 그것을 전하는 사람은 거룩하지 않기 때문이다. 설교자 속에도 라멕이 있다.

우리가 성찬식 때마다 먹는 것은 주님의 살이다. 우리가 마신 것은 주님의 피이다. 자신을 내어놓은 저 거룩함은 어디서 나왔을까? 예수께 왜 두 마음이 없었겠는가. 겟네마네의 기도에서 "내 아버지여 만일 할 만하시거든 이 잔을 내게서 지나가게 하옵소서. 그러나 나의 원대로 마시옵고 아버지의 원대로 하옵소서"라고 기도한다. 그러나 내 뜻이 아니라 아버지의 뜻으로 향한다. 그는 우리처럼 자신의 뜻을 아버지의 뜻으로 위장하지 않았다. 오늘도 여전히 우리의 '주시옵소서'라는 탐욕은 하나님을 향한 거룩한 기도로 위장되는데….

오늘의 네피림을 생각하며
(창세기 6:1-4)

사람이 땅 위에 번성하기 시작할 때에 그들에게서 딸들이 나니 하나님의 아들들이 사람의 딸들의 아름다움을 보고 자기들이 좋아하는 모든 여자를 아내로 삼는지라 여호와께서 이르시되 나의 영이 영원히 사람과 함께 하지 아니하리니 이는 그들이 육신이 됨이라 그러나 그들의 날은 백이십 년이 되리라 하시니라 당시에 땅에는 네피림이 있었고 그 후에도 하나님의 아들들이 사람의 딸들에게로 들어와 자식을 낳았으니 그들은 용사라 고대에 명성이 있는 사람들이었더라(창 6:1–4).

사람의 번성, 죄의 번성

하나님이 먹지 말라고 하신 '선악을 알게 하는 나무'(עץ הדעת טוב ורע

에츠 하다아트 토브 와라아)의 열매를 사람(아담)이 먹으면서 죄는 시작되었다(3:6). 독선이 기준이 되어 선과 악으로 가르는 죄, 그것이 죄의 중심에 있다. 이것이 원죄의 본질이다. 모든 것을 갈라놓는다. 이른바 분별지(分別智)의 죄이다. 하나님과 인간이 갈라지고, 인간과 인간이 갈라지고, 인간과 자연이 갈라진다. 아담(사람)은 하나님의 낯을 피하여 숨고(3:8), 여자를 핑계 삼았다(3:12). 사람에게 양식을 주는 땅은 그 인간으로 인해 저주를 받는다(3:17).

이 분별지의 죄는 형과 아우를 갈라놓고 살인에 이르게 한다(4:8). 하나님은 더 이상의 살인을 막기 위해 "가인을 죽이는 자는 벌을 칠 배나 받으리라 하시고"(4:15) 죽음을 면하게 하는 표를 주지만, 오히려 라멕에 이르러서는 벌을 칠 배나 받으리라는 하나님의 명령을 강화하여 하나님의 법을 '칠십칠 배'의 자기 법으로 만든다. 법을 좌지우지할 정도의 라멕, 그 이름의 뜻인 '힘센 자'에 걸맞다. 결국 하나님도 탄식할(נחם, 낙함, 후회하다) 정도로 죄가 급증하기에 이른다(6:5–6). 이 본문 말씀은 갈 데까지 간 사람에 대한 홍수 심판의 배경이다.

하나님은 하나님의 형상(צלם, 첼렘, 본질)대로 사람을 창조하시고 복을 주시면서 번성(רבה, 라바, 늘어나다)의 복을 주셨다(1:28). 이것이 하나님의 뜻이었다. 그러나 사람은 이 뜻을 저버리고 오히려 죄악으로 가득 찬 세상을 만들고 말았다(6:5). 본문을 시작하는 1절의 "사람이 땅 위에 번성하기(라바) 시작할(החל, 학할) 때에"는 좋은 조짐을 의미하지 않는다. '학할'은 '시작하다'는 뜻도 있지만 '오염', '모욕', '더럽혀짐'의 뜻을 가지고 있다. 긍정적인 시작이 아니라 부정적인 시작인 것이다. 사람들이 늘어나면(라바, 번성) 죄만 늘어날 뿐이다. 사람(아담)이 늘어나면서 땅(אדמה, 아다마, 흙)은 더럽혀진다. 여기서 땅이 '에레츠'(4, 5, 6절)가 아닌 '아다마'로 사용된 것은 아담(사람)과 연결 지으려는 것이다. '아담'이 '아다마'의 표면에 많아지기 시작한 것이 곧 '아마다'(땅)가 죄로 오염되기 시작한 것임을 말하려는 것이다.

하나님의 아들들과 사람의 딸들

사람들이 땅 위에 늘어나기 시작하면서 '그들에게서 딸들(בנות, 바노트, 바트의 복수)이 나왔다.' 2절에서 말하는 '사람의 딸들'이다. '나왔다'로 번역한 '율두'는 '얄라드'(ילד, 낳다)의 수동태이다. 사람들에게서 딸들이 '낳아진' 것이다. '그들에게서'라고 번역한 '라헴'(להם)은 '~에게', '위하여'를 뜻하는 '라'(ל)와 3인칭 남성 복수인 '헴'(הם, 그들)의 결합이다. '그들을 위하여'라고 번역하는 것이 이해에 도움이 된다. 그들을 위해 낳은 딸들이라는 것이다. 사람들의 어떤 필요에 따라 딸들을 낳은 것이다. 어떻게 필요에 따라 자신들을 위해 딸을 낳을 수 있겠는가? 이것은 단지 출생에 대한 이야기가 아니다. 자신들의 필요에 따라 자기네 마음대로 그 딸들을 이용했다는 뜻이다.

여성은 고대 사회에서 약자이다. 상위 계급을 위해 하위 계급이 발생하고, 계층이 형성된다. 본문 1절은 언뜻 보기에는 가부장제 사회의 발생을 말하는 것 같으나, 약한 여성을 통해 상징적으로 계층이 발생했다는 것을 말하려는 것 같다.

2절은 더 구체적이다("하나님의 아들들이 사람의 딸들의 아름다움을 보고 자기들이 좋아하는 모든 여자를 아내로 삼는지라"). 여기서 '하나님의 아들들'(בני־האלהים, 버네-하엘로힘)은 창조주 하나님의 아들들이 아니다. '버네'는 '~의 아들들'이고, '하엘로힘'은 신의 복수 보통 명사(the gods)이다. 그래서 이를 직역하면 '하나님들의 아들들'이다. 엘로힘은 또한 '힘센', '막강한'이라는 뜻을 지니고 있다. 고대의 왕이나 제후들이 권력을 유지하기 위해 스스로를 '하나님의 아들'로 부른 데서 그 기원을 찾을 수 있다. 이것은 4장의 가인의 족보와 연결되고, 죄로 말하자면 하나님의 법을 강화하여 자기 법으로 바꾼 힘센 라멕에게서 그 정점에 이른다. 신약성서에서 세상 통치자를 "공중의 권세 잡은 자"(엡 2:2)로 표현한 것을 떠올리면 충분히 이해가 될 것이다. 고대 통치자들은 권력을 강화하고 정당화하기 위해 스스로를 '신의 아들'로 여기도록 하였다.

하나님의 토브와 사람의 토브

그런데 이 하나님의 아들들이 1절에서 '낳아진' 사람의 딸들의 아름다움을 본다. 여기에서 '아름다움'은 '토브'(טוב)인데, 이는 욕망의 대상이 된 아름다움을 뜻한다. 즉 미(美)로서의 아름다움이 아니라 자신들의 욕망이 '좋게', '아름답게', '선하게' 보였다는 의미이다. 이것은 하나님이 세상을 만들면서 말씀하신 감탄사 "하나님이 보시기에 좋았더라(טוב, 토브, 善)"의 '좋다'와 같다. 그러나 이번에는 하나님의 아들들이 사람의 딸들의 '토브'(아름다움)를 본 것이다. 더

정확히 말하면, 하나님의 아들들이 욕망에 찬 자신들의 눈으로 보기에 좋은(토브) 사람의 딸들을 취한 것이다. 여기에서 하나님이 보시기에 좋은 것이 사람이 보기에 좋은 것으로 왜곡된다. 하나님의 자리에 어느새 사람이 앉아 있는 것이다.

그러나 죄로 점철된 사람의 토브가 하나님의 토브와 같을 리 없다. 땅(אדמה, 아다마)을 오염시킨 사람(אדם, 아담)의 '좋은'은 이미 변질되고 뒤틀린 '좋은'이다. 사람이 본 아름다움은 더 이상 하나님이 본 '아름다움'이 아니다. 하와가 선악과를 보았을 때(3:6, "그 나무를 본즉")의 '아름다움'이란 "먹음직도 하고 보암직도 하고 지혜롭게 할 만큼 탐스럽기도 한" 것이었다. 거기에는 고개를 쳐든 뱀의 간교가 있다. 이것은 사람의 내면에 고개를 쳐들고 있는 욕망이다. 사람의 아름다움이란 욕망을 채우기에 좋은 아름다움이다.

반면 하나님의 '토브'는 절대적인 것이다. 낮과 밤이 있어 낮은 좋고 밤은 나쁜 것이 아니다. 낮은 낮대로, 밤은 밤대로 좋은 것이다. 남자는 남자대로, 여자는 여자대로 아름다운 것이다. 어느 것도 다른 것에 비해 우위에 있지 않다. 그 자체가 절대적으로 좋고 아름다운 것이다. 그러나 선악을 알게 하는 나무 열매를 먹은 죄의 현실에서 사람들이 보기에 좋은 '토브'(선)는 상대적이다. 비교, 분별에서 나온 것이다.

하나님의 아들들은 그들을 위해 '자기들이 좋아하는(בחרו, 박하루, 고르다) 모든(מכל, 믹콜) 여자를 아내로 삼았다(ויקחו, 와이이크후, 소유하다).' 이제 아내는 그들의 소유물이다. 하나님은 여자를 만들 때 아담을 잠들게 했다(2:21). 이는 하나님이 여자를 만들 때 아담의 개입을 허용하지 않았다는 것이다. 그러므로 여자는 아담의 소유가 아니다. 여자는 전적으로 하나님의 창조물인 것이다. 그러나 이제 막강한 힘을 가진 하나님의 아들들은 자기가 만든 것인 양 자기 마음대로 아내를 소유했다. 창조주의 자리에 자기가 앉은 것이다. 뱀이 말한 대로 "하나님과 같이 되어"(3:5) 하나님의 자리를 차지하고 있는 것이다.

구조악

사실 하나님의 아들들에 의해 선택된 사람의 딸들은 그나마 형편이 나을지도 모른다. 선택된 딸들은 신분이 상승된다. 그러나 선택되지 못한 딸들은 여전히 하위 계층에 머물러 있을 수밖에 없다. 고대 사회일수록 계급은 거의 운명과도 같다. 이 또한 이제 이야기할 구조악의 현실 안에 있는 것이다. 이렇듯 사람의 '토브'는 모든 사람 각자가 있는 그대로 아름다운 것이 아니다. 사람들을 갈라놓아 계층을 나누는 것이다.

이제 하나님의 법은 존재하지 않는다. 자칭 하나님의 아들들은 하나님의 법을 자기 법으로 만들었다. 그러므로 더 이상 하나님 보시기에 좋은(토브) 세상이 아니다. 하나님의 법을 자기 법으로 유린한, 하나님의 아들들이 보기에 좋은(토브) 죄악의 세상이 된 것이다. 하나님의 법인 '칠 배'를 '칠십칠 배'로 강화하여 아주 교묘히 하나님의 법에서 나온 것인 양 말함으로써(4:24) 자기 권력을 구축한다. 하나님을 빙자한 것은 절대권력을 정당화하기 위함이다. 이것이 구조악이다. 구조악에서는 선과 악이 뒤집혀 있다.

예수는 '안식일법'이라는 구조악과 싸웠다. 알고 보면 당시 안식일법은 종교지도자들이 절대권력을 행사할 수 있도록 돕는 악법일 뿐이다. 사람을 통제하고 억누르는 법이다. 이런 의미에서 바리새파 사람들, 대제사장들, 율법학자들은 하나님의 아들들이다. 예수는 이들의 "완악함"(막 3:5)을 보았다. 그래서 예수는 "안식일에 선을 행하는 것과 악을 행하는 것, 생명을 구하는 것과 죽이는 것, 어느 것이 옳으냐"(막 3:4)라고 물으신 것이다. 악법이 버젓이 당당한 법으로 서 있는 것, 이것이 구조악이다. 엄격히 지키면 지킬수록 악해지는, 그러나 선이라고 표방하는 법이다. 주님 보시기에 좋은 법의 기준은 "안식일이 사람을 위하여 있는 것이요 사람이 안식일을 위하여 있는 것이 아니니"(막 2:27)라는 말씀으로 파악할 수 있다.

반공 이데올로기를 절대화한 국가보안법이 그러하다. 국가보안법은 영원한 분단으로 남북을 가르는 악법이다. 남과 북을 적대시하는 것을 선(토브)으로 여기는 법이다. 지키면 지킬수록 악해지는 법이다. 북의 동포를 죽이면 훈장을 주는, 많이 죽이면 죽일수록 정당하다는 악법이다. 수많은 양민 학살, 제주 4·3 사건은 그 결과이다. 물론 그 반대의 경우를 반동으로 척결한 북측도 예외는 아닐 것이다.

세상의 법 자체가 악한 것일 때, 하나님이 보시기에 좋은 것과 사람이 보기에 좋은 것이 서로 대척점을 이룰 때, 하나님의 법이 교묘히 사람의 법으로 뒤틀려 있을 때, 하나님의 자리에 소위 '하나님의 아들들'이라는 사람들이 들어설 때, 그래서 결국 선과 악이 뒤바뀌어 있을 때 이것을 구조악이라고 할 수 있다. 무법천지가 된 세상이다. 5절이 말하는 대로 사람의 죄악이 세상에 가득한 상황이다. "마음으로 생각하는 모든 계획이 악할 뿐임"은 죄악이 악한 마음에서 나왔음을 말한다. 3절이다.

> 여호와께서 이르시되 나의 영이 영원히 사람과 함께 하지 아니하리니 이는 그들이 육신이 됨이라 그러나 그들의 날은 백이십 년이 되리라 하시니라

하나님의 자리에 사람이 앉고, 하나님의 법이 사람의 법으로 바뀌면서 선과 악이 뒤바뀌는 구조악의 상황에서 하나님이 말씀하신 것이다. 새번역 성서에서는 '나의 영'(רוחי, 룩히, 루악흐의 1인칭 연계형)을 '생명을 주는 나의 영'으로, '육신'(בשׂר, 바사르)을 '살과 피를 지닌 육체'로 풀어서 번역했다. 무리한 의역이다. 인간을 해부한 듯한 모습이다. 이것은 죄로 인해 갈 데까지 간 인간의 모습을 육신(육체)으로 말한 것이다. 바울의 말을 빌리자면 "육신의 생각은 사망이요 영의 생각은 생명과 평안이니라"(롬 8:6)라는 말이다. '영원히'라고 번역한 '러올람'(לעלם)은 오랜 과거의 기간을 가리키는 말로 '오랫동안'이라고 번역해야 한다. '머무르다'의 의미로 번역한 '야돈'(ידון)에는 '지배하다', '통치하다', '주권을 누리다'의 뜻이 있는데, 어원은 '지배하다'는 뜻의 동사 '아돈'(אדון)이며, 이 말에서 '주인'을 뜻하는 '아도니아'가 나왔다.

그러므로 "나의 영이 영원히 사람과 함께 있지 아니하리니"라는 말은 나의 영이 사람 안에서(באדם, 바아담) 주인으로 있지 않겠다는

말이다. 하나님의 영이 없는 사람, 그는 죄로 점철된 육의 사람이다. 또한 3절의 '사람'은 단수이기에 '그들의 날'이 아니라 '그의 날'(יָמָיו, 야마우, 욤(יוֹם)의 3인칭 남성 단수 연계형)로 번역해야 한다. 구조악에까지 이른 죄로 인해 사람의 목숨은 5장 족보에 나열된 기나긴 장수의 축복과 대조적으로, 단 120년으로 대폭 제한된다. 이를 종합하여 3절을 직역하자면 "나의 영이 사람(단수) 안에 오랫동안 주권자로 있지 않으리라. 그가 육체가 된 바, 그의 날들이 백이십 년이 된다"이다. 죄의 급증으로 하나님의 영은 떠나고, 육을 따라 사는 죄에 사로잡힌 인간이 되었다는 말이다.

네피림의 후예들

하나님의 아들들이 제멋대로 하나님의 법을 유린하고 하나님의 자리를 차지하는 행태는 그들 자손인 네피림으로 이어진다. 네피림은 이후 민수기 13장 32절 하반부터 33절에도 등장한다("우리가 두루 다니며 정탐한 땅은 그 거주민을 삼키는 땅이요 거기서 본 모든 백성은 신장이 장대한 자들이며 거기서 네피림 후손인 아낙 자손의 거인들을 보았나니 우리는 스스로 보기에도 메뚜기 같으니 그들이 보기에도 그와 같았을 것이니라"). 출애굽한 히브리들이 가나안 땅에 갔다가 본 존재들, 아낙 자손이 바로 네피림의 한 분파였고, 거인족이었다. 네피림(נְפִלִים)은 복수 명사로서 원형은 '네필'이고, 어원은 '나팔'이다. 나팔은 '타락하다', '떨어지다', '실패하다', '엎드리다', '눕다' 등의 뜻이 있다.

네피림에 대한 부연 설명은 4절 마지막 부분에 나오는데, 그들은 용사들이요 유명한 사람들이다. 네피림은 앞에 나온 하나님의 아들들(בני-האלהים, 버네 하엘로힘, 힘 센 사람들)과 사람의 딸들 사이에서 태어난 자식들이다. 하나님의 아들들이 사람의 딸들에게 '들어가'(בוא, 보, 동침하다) 그들을 위하여 자식을 낳았다. 네피림은 강자, 승자, 유능한 자, 엘리트, 지배자, 권력자들이며 지배층을 형성하는 계급이다. 또한 이들로 인해 도시국가 문명의 죄와 포악함이 땅에 가득하게 되었다. 그들은 용사들(הגברים, 학깁보림)이었다. 용사란 전쟁하는 자, 군인을 일컫는다(이영재, 『토라서론』 참조).

그리고 그들은 '고대에 명성이 있는 사람들'(אנשי השם,아너쉐 하쉠)이었다. 직역하면 '그 이름의 남자들'인데, 유명하고 실세인 존재들을 일컫는다. 그러나 앞서 말했듯이 그들을 일컫는 네피림은 '타락하다'는 뜻에서 왔다. 히브리 사상에 비추어 그들은 타락한(נפל, 나팔) 사람들일 뿐이다. 이들이 지배하는 세상은 곧 무법천지에 이른다(6:5, 13). 거인들, 강자들, 유명한 사람들이 지배하는 세상은 그 힘의 다툼만이 존재하며, 남자와 여자(איש ואשה, 이쉬 와이샤) 사이의 '앎'(ידע, 야다, 동침)으로부터 탄생하는 생명이 아니라, 힘의 지배(בוא, 보, 들어가다)로 인해 태어나는 존재들로 가득하다. 세속의 눈으로 보면 거인이며 승자이고 강자이겠으나, 하나님의 창조의 뜻으로 보면 그것은 타락의 창궐일 뿐이다. 네피림은 구조악의 대물림이라고 할 수 있다.

오늘의 네피림을 생각하며

네피림은 오늘날에 오히려 더욱 굳건하게 이어지고 있다. 먼저 금수저가 떠오른다. 금수저와 흙수저 사이에는 도저히 건너갈 수 없는 강이 있다. 아르바이트생과 비정규직 노동자들에게 최저시급 만 원을 지불하면 대한민국 경제가 흔들릴까? 비선실세 딸에게 수백억 원을 뇌물로 주는 재벌은 무엇이며, 그것을 스포츠 인재 육성이라고 비호하는 최고 통치자는 무엇인지 묻지 않을 수가 없다.

삼성 반도체·LCD 공장 등의 유해한 환경으로 인해 생겨난 백혈병 환자 중 공식적으로 32명이 사망했다. '반도체 노동자의 건강과 인권지킴이 반올림'에 중증 질환으로 접수된 삼성계열사 전자산업 분야 노동자는 400명이 넘고, 그중 100여 명이 숨졌다. 삼성은 수년간 이를 인정하지 않았다. 오히려 진실을 덮고 피해자들을 회유하려 했다. 단돈 500만 원으로. 이는 일간지에 의혹으로 보도되었듯이 삼성 총수가 여성들을 하룻밤 농락한 값과 같다.

삼성반도체 백혈병 문제를 세상에 처음 알린 황유미 씨가 세상을 떠난 지 10년이 되었다. 강산이 변하는 시간이 흘렀는데도 여전히 그 공장에서는 백혈병으로 사망하는 노동자가 나오고 있다. 가해자인 그들에게는 여전히 죄책감을 찾아볼 수 없다. 그들은 이미 하나님의 아들들이기 때문이다. 그리고 그 아들들 보기에 좋아(토브) 선택받은 사람의 딸들이기 때문이다. 하나님의 아들들과 선택된 사람의 딸들이 만났다는 이야기가 어째 내 귀에는 '정경유착'처럼 들려온다. 구조악 속에 있는 네피림들의 삶이다. 금수저 네피림의 권세가 온갖 탈세, 불법 증여로 대를 잇고 세를 확장하고 있다.

재벌 덕에 경제가 발전했다고 한다. 맞다, 수치상으로는. 그것은 '번성'이다. 하나님이 사람을 만들고 내린 복의 단어이다. 그러나 사람의 번성(1절, "사람이 땅 위에 번성하기 시작할 때에"), 특히 하나님의 아들들인 네피림의 번성은 저주로 치닫고 있다. 젊은이들은 이것을 '헬조선'이라고 한다. 1960년대 군부독재 시절부터 부르던 "잘살아보세"의 번영이 얼마나 허구인가를 성서는 일찍이 고발하고 있다. 그런데도 선택받지 못한 사람의 딸들조차 여전히 우상처럼 노래하고 있다. 번성의 구조악, 개발의 구조악이다. 하나님 보시기에 좋은 번성이 사람들 보기에 좋은 번성으로 바뀌었기 때문이다.

세월호 희생자와 그 가족들은 이 구조악의 최대 희생자였다. 그들 때문에 경제가 가라앉았다는 말도 나왔다. 아무것도 밝혀지지 않은 채 온갖 것이 의혹투성이인데도, 세월호 이야기만 나오면 '시체장사', '종북', '빨갱이'로 맞받아친다. 권력 실세의 욕망과 조금이라도 다른 방향의 이야기가 나오면 그것은 당장 악으로 치부됐다. 그들에게는 그들의 욕망과 어긋나는 모든 것이 악이었다. 여기에 하나님 보시기에 좋은, 그러나 그들 눈에는 좋지 않은 사람들의 명단, 블랙리스트가 나온다. 권력 실세가 하나님의 아들이고 네피림이기 때문이다.

사실 박정희 숭배는 사이비 종교가 아니고서는 이해할 수 없다. 이들은 하나님의 아들들이고, 그 후손은 네피림이다. 오늘날 태극기를 휘날리는 일부 보수 기독교가 신봉하는 박정희나 그 딸 박근혜가 이교도임에도, 거기에 대고는 "예수 천당, 불신 지옥"이라고 하지 않는다. 왜냐하면 박정희가 이미 하나님의 아들이고, 박근혜가 그의 후손인 네피림이기 때문이다. 그들은 이미 우리의 신성한 태극기를 '악'을 쓰며 휘날려 더럽혔다.

지난 4월 26일 새벽, 성주 소성리에 북핵을 막겠다며 사드 무기가 도둑처럼 반입되었다. 이에 대해 정부는 아무런 해명이 없다. 한반도를 위한 북의 미사일 요격이 거의 불가능하다는 것을 한미 정부는 잘 안다. 그런데도 왜 사드를 강행하는가? 어째 몰래 주고받은 것이 있나? 미국이라는 하나님의 아들이 사람의 딸이라는 이 나라를 선택했다는 것이 한미 동맹인가? 전쟁이 평화라고 우기는 구조악이 그들의 사고이다. 전쟁을 평화로 여긴다. 악을 선으로 둔갑시키는 구조악이다. 평화는 수단도 평화여야 한다. 분단된 우리 조국의 문제는 간단하다. 평화협정과 한반도 비핵화이다. 그러나 강대국이라는 하나님의 아들들은 분단을 즐기는 것 같다. 다른 국가의 분단으로 자신의 국가 이익을 챙기는 것이 선이라고 여긴다. 선택받은 사람의 딸들인 이 땅의 네피림과 함께.

이 글이 나올 때쯤 새 대통령이 새 정부를 이룬다. 좋은 대통령이 선출되어야 함은 당연하다. 그러나 대통령보다 중요한 것은 이런 구조악을 직시할 수 있는 백성이다. 대통령은 메시아를 뽑는 것이 아니다. 백성의 심부름꾼을 뽑는 것이다. 중요한 것은 백성이다. 민주주의는 말 그대로 민이 주인이 되는 정치체제이다. 가짜 하나님의 아들들인 네피림이 보기에 좋은 세상이 아니라, 우리의 창조주 하나님 보시기에 좋은 세상에 대해 책임지는 주인의식 말이다. 주인의식을 갖고 있는 민의 성숙만이 구조악의 적폐를 물리칠 수 있다. 그래서 촛불이 켜진 것이다.

하나님의 후회와 홍수 심판, 그러나 노아 한 사람

(창세기 6:5-8)

여호와께서 사람의 죄악이 세상에 가득함과 그의 마음으로 생각하는 모든 계획이 항상 악할 뿐임을 보시고 땅 위에 사람 지으셨음을 한탄하사 마음에 근심하시고 이르시되 내가 창조한 사람을 내가 지면에서 쓸어버리되 사람으로부터 가축과 기는 것과 공중의 새까지 그리하리니 이는 내가 그것들을 지었음을 한탄함이니라 하시니라 그러나 노아는 여호와께 은혜를 입었더라(창 6:5–8).

구조악에 이른 악과 그 세련된 위장

사람의 번성(רבה, 라바)은 더 이상 하나님의 복(1:28)이 아니다. 사람이 땅에서 번성하기 시작할 때(6:1) 그것은 이미 죄로 인한 오염의 시작(החל, 학할: 오염, 모욕, 더럽혀짐)이었다. 사람(אדם, 아담)의 번성은 죄의 번성이다. 그리고 땅(אדמה, 아다마)의 오염이다. 그 죄의 정점은 절대 권력을 가진 통치자들인 '하나님의 아들들'(בני־האלהים, 버네-하엘로힘)과 그들이 선택한 '사람의 딸들'(בנות האדם, 버노트 하아담, 2절)이 만든 구조악이다. 이 구조악은 하나님 보시기에 좋(טוב, 토브) 것이 사람들 보기에 좋은(토브, '아름다움', 1:2) 것으로 대치된 것이다. 하나님의 자리를 사람이 차지하고 있다. 구조악은 네피림들로 대를 이어가며 뿌리 깊은 고착화를 이룬다. 뱀이 말한 대로 '하나님과 같이 되어'(3:5) 하나님의 자리를 차지하고 있는 것이다. 하나님의 아들들의 권력, 또는 이들이 선택한 사람의 딸들과 함께 만든 힘의 행사는 사람이 보기에는 우러러보는 '용사들'(גבורים, 깁보림)이나 '명성이 있는 사람들'의 화려함일지 모르나, 하나님이 보시기에는 구제받을 수 없는 전적인 타락이다. 그래서 네피림(נפלים, 복수 명사로서 원형은 '네필'(נפיל)이고, 어원은 '타락하다'라는 뜻의 '나팔'(נפל)이다(앞편에 실린 "오늘의 네피림을 생각하며" 참조).

구조악은 갈 데까지 간 죄의 번성이다. 하나의 문장으로 된 5절을 나누어 보면, 5절 전반부에서 이 구조악을 "사람의 죄악이 세상에 가득함"이라고 말했다. 야훼께서는 이것을 보셨다. 직역하면 "야훼께서 땅(ארץ, 에레츠)에 사람의 악(רעת, 라아트)이 많은(רבה, 라바) 것을 보셨다"이다. 야훼께서는 그 많은 악이 저질러지고 있는 것만 보신 것이 아니다. 5절 후반부가 말하듯 악을 자행하는 마음을 보셨다. 5절 후반부는 직역하면 "야훼는 그(사람)의 마음(לב, 레브)의 생각의 모든 꼴들(יצר, 예체르)이 모든 날에(כל־היום, 콜-하욤, 항상) 악

(רע, 라아)할 뿐임을 보셨다"이다. 후반부 문장에서 '마음'(לב, 레브)은 사람의 심장을 가리킨다. 그런 의미에서 마음은 사람의 영적 중심이라고 볼 수 있다. 그리고 '생각'(מחשבה, 막하샤바)은 동사 '하샤브'(חשב)에서 파생된 명사인데, 이것은 무언가를 꾸미고 도모하는 것을 뜻한다. 이런 의미에서 '막하샤바'는 '고안, 궁리, 도모, 음모'를 의미한다고 볼 수 있다.

여기서 주목할 단어가 하나 더 있다. 분사형 명사 '예체르'(꼴)이다. 그 기본형은 '야차르'(יצר)인데, 이 단어는 '바라'(ברא, 창조하다)나 '아사'(עשה, 만들다)와는 달리 섬세한 조형을 뜻할 때 쓴다. 그래서 하나님이 사람을 '지으실 때'(2:7)에 이 단어를 사용했으며, 특별히 도공이 도자기를 빚는 동작에도 사용되었다(사 29:16). 예술적인 섬세함이 느껴지는 어휘이다. 그러나 늘 좋은 의미로만 쓰이지는 않는다. 우상의 꼴을 나타날 때도 쓰였다(합 2:18).

본문 5절과 더불어 창세기 8장 21절, 신명기 31장 21절은 부정적인 의미로 쓰였다. 악의 세련된 모습이다. 사람이 저지르는 악은 악인지도 모르는 세련됨을 갖고 있다. 사람은 악도 예술적으로 한다. 이는 마치 외설과 예술의 구별이 쉽지 않은 것과 유사하다. 아니, 속은 외설인데 겉은 예술로 포장되어 있다. 그렇기에 수많은 사람들이 하나님의 아들들과 사람의 딸들 그리고 그들에게서 나온 네피림에 의해 속아왔다. 구조악은 항상 그러하다. 구조악은 세련된 예술품의 모습을 한 '꼴'(יצר, 예체르)을 가지고 있다. 누가 말하지 않았던가? 악마는 디테일에 있다고. 인간의 교활함을 잘 말해준다.

악행의 마음까지 보신 하나님

5절 후반부가 너무 복잡하게 표현되어 있다는 생각을 지울 수가 없지만, 다만 그 내용은 악을 행하게 된 인간의 마음의 악함을 하나님이 보셨다는 것을 암시하려는 것이 분명하다. 사람이 모여 하는 짓이라고는 남을 해칠 음모나 꾸미는 것이다. 악행은 마음의 악한 생각에서 나온다. 행위든, 그 행위를 낳은 마음이든 '악함'(רע, 라아)은 '토브'(טוב, 선)의 반대말이다. 하나님은 하나님 보시기에 좋은(토브) 창조의 질서를 파괴하는 사람들의 악한 행위와 마음을 보신 것이다. 이러고 보니 율법의 행위만으로 의로워질 수 있다는 유대인의 구원관은 이미 창세기에서부터 그 잘못을 지적받고 있는 것이다.

이것은 산상설교에서 "폐하러 온 것이 아니요 완전하게 하려 한"(마 5:17) 율법에 대한 말씀을 생각나게 한다. 이를 두고 예수는 그 다음 구절(마 5:18)에서 "천지가 없어지기 전에는 율법의 일점 일획도 결코 없어지지 아니하고 다 이루리라"고까지 말씀하신다. 율법이 철저히, 완전히 이루어질 것이라는 말도 율법의 행위 이전, 즉 마음을 문제 삼았기 때문이다. 당시 행위만을 따진 '율법학자나 바리새인들보다 더 나은 의'를 요구한 것도(마 5:20) '더 나은 의'가 행위를 낳은 '마음의 의'임을 보셨기 때문이다.

마태복음 5장 21절 이하에는 여섯 개의 대립 명제가 나오는데, 한결같이 "옛 사람에게 말한(ἐρρέθη, 에레쎄, 에이폰εἶπον의 수동태) 바"라는 명제와 "나는 너희에게 이르노니"라는 반제를 말하고 있다. 여기에서 명제가 바로 행위요, 반제는 마음이다. 그래서 '살인과 살인에 이르게 한 마음의 노'(마 5:21-26), '간음과 간음에 이르게 한 마음에 있는 음욕'(마 5:27-30), '이혼과 자기 여자를 버리는 것에 이르게 하는 마음의 악함'(마 5:31-32), '거짓 맹세와 그 맹세에 이른 마음의 거짓'(마 5:33-37), '복수와 복수에 이르게 한 적대감'(마 5:38-42), '이웃 사랑과 이웃을 제한한 마음'(마 5:33-48)이 이어진다. 악한 행위만이 아니라 그 행위에 이르는 마음도 보고 있음을 하나님뿐만 아니라 예수 역시 말하고 있다. 이런 점에서 구조악은 사람의 마음의 악함에 근거를 두고 있다는 것이다.

하나님의 후회와 근심

하나님은 사람의 바닥을 보셨다. 단지 악한 '행위'만이 아니다. 뼛속까지 악한 모습을 보셨고, 그 악의 세련됨으로 위장된 꾀(יצר, 예체르)까지 보신 것이다. 결국 하나님은 후회에 이르게 되었다. 본문 6절이다.

> 땅 위에 사람 지으셨음을 한탄하사 마음에 근심하시고

'한탄하다'로 번역한 히브리어 동사 '이낙헴'(ינחם)은 '후회하다', '탄식하다'라는 뜻의 동사 '낙함'(נחם)의 니팔형(수동태) 미완료태이다. 후회하게 되었다는 것이다. 킹제임스버전(KJV)을 제외한 대부분의 영어 성서가 "And the LORD was sorry that he had made man on the earth"라고 번역했다. 'sorry'라는 말이 다소 모호하다. KJV는

"And it repented the LORD that he had made man on the earth"로 번역했다. '후회하다', '회개하다', '뉘우치다'라는 뜻의 동사 'repent'가 원뜻에 가까워 보인다. KJV는 '낙함'을 38회에 걸쳐 'repent'로 번역했고, 그 대부분이 하나님의 후회를 가리킨다.[1]

여기서 자연스레 의문이 생긴다. 죄가 없는 하나님이 어떻게 뉘우치고 회개하는가? 물론 그렇기에 뜻은 '후회하다'에 맞춰진다. 그럼에도 의문은 생긴다. 전지전능하신 하나님이 어떻게 후회하는가? 하나님도 실수하는가? 그렇다! 하나님이 사람을 만들 때는 그만큼 전적으로 믿었다는 것이다.

우리는 하나님을 믿지 않아도, 하나님은 우리를 믿는다. 우리는 배신해도, 하나님은 배신하지 않는다. 우리는 변해도, 하나님은 변하지 않는다.[2]

우리를 전적으로 믿은 하나님의 후회가 얼마나 컸겠는가? 성서는 사실 하나님의 기대를 저버린 사람에 대한 하나님의 후회(낙함)의 기록물이라고도 할 수 있다. '낙함'은 7절에 다시 나오며, 출애굽기 32장 14절, 사사기 2장 18절, 사무엘상 15장 11절에도 나온다. 하나님의 '낙함'은 전적으로 사람에 대한 믿음과 사랑을 전제하고 있다.

그러나 하나님의 후회는 후회로 그치지 않는다. 사람에 대한 큰 실망과 후회 때문에 본래의 계획을 포기하시지 않는다(대상 21:15,

---

1 이영재, 『토라서론』.

2 삼상 15:29 "이스라엘의 지존자는 거짓이나 변개함이 없으시니 그는 사람이 아니시므로 결코 변개하지 않으심이니이다 하니"; 시 110:4 "여호와는 맹세하고 변하지 아니하시리라."

렘 18:8, 26:3, 19, 암 7:3, 욘 3:10). '후회(낙함)하다'는 동사에 이어 마음에 '근심하다'(יתעצב, 이트아체브)는 단어가 나온다. 이는 '슬퍼하다'는 뜻인 '아차브'(עצב)의 히트파엘형(재귀동사)으로서, 직역하면 '스스로 한탄이 된'이다. '깊은 슬픔에 잠긴다, 마음이 아프다, 나아가 육체적 고통을 느끼다'는 뜻으로 읽을 수 있다. '낙함'보다 더 깊은 아픔의 감정을 담고 있다고 하겠다. 그러나 하나님은 이 슬픔과 아픔에서 돌이켜 새 계획을 세우신다.

심판을 넘은 구원의 세례

> 이르시되 내가 창조한 사람을 내가 지면에서 쓸어버리되 사람으로부터 가축과 기는 것과 공중의 새까지 그리하리니 이는 내가 그것들을 지었음을 한탄함이니라 하시니라(7절).

야훼께서 하신 이 말씀은 마음의 후회와 탄식으로부터 나온 결단이다. 하나님의 심판이다. 하나님의 심판은 지면으로부터 사람을 치워버리는 것이다. 그 사람은 야훼께서 창조하신 존재이다. 하나님의 심판 대상은 땅 위에 존재하는 피조물들이다. 땅 그 자체가 아니다. 그 심판의 동사 '쓸어버리다'로 번역된 '에믁헤'(אמחה)는 '막하'(מחה)의 1인칭 미완료, 즉 '쓸어버릴 것이다'이다. 앞으로 일어날 일의 선언인 것이다. 하나님의 심판 대상은 사람으로 끝나지 않고, 사람으로부터 시작될 뿐이다. 사람으로부터 시작하여 짐승(בהמה, 버헤마), 기는 짐승(רמש, 레메시), 날짐승(עוף, 오프)까지이다. 하나님이 손수 지으신(1:25) 대상이 쓸려버릴(막하) 대상이 된다.

심판의 말씀은 6절에 언급된 심판의 이유가 하나님의 깊은 후회임을 밝힘으로써 마무리된다. 심판의 대상은 사람(아담)이며, 아담으로부터 시작하여 다른 짐승들까지 확대된다. 심지어 땅 위의 피조물에서 끝나지 않고, 하늘의 날짐승까지 그 심판의 대상이 된다. 그들 역시 흙으로 지어진 것들이기 때문이다. '하늘과 땅'(שמים וארץ, 샤마임 워에레츠)이 이제 창조의 장소가 아니라 심판의 장소가 된다. 아담이 아다마로부터 쓸려버리게 된 것은 왜일까? 아담의 근원은 아다마이다. 그런데 그 아담이 아다마를 오염시켰다(헥헬). 아다마의 타락은 순전히 아담 때문이다. 그러므로 아담을 제거함으로써 아다마를 깨끗이 하는 것이다. 그리고 심지어 장차 있을 물의 심판으로 땅은 그 물 아래로 내려간다. 창세기 1장 2절의 창조 이전으로 회귀한다. 자기의 근원을 잊고 강성해질 때(라브), 그것은 오히려 악(라아)이 된다. 악은 자신뿐 아니라 세계를 파괴시킨다. 구조악이다. 전체 구조를 쓸어버리지 않고서는 다시 세워질 수 없다.

이것은 심판이면서 동시에 구원이다. 하나님은 후회만 하시는 것이 아니다. 그의 후회는 비극적인 일에서 새로운 길을 위한 결심으로 이어진다. 이 결심의 전반부는 홍수 심판이다. 홍수는 죄악을 씻는 도구이다. 사실 하나님의 구원 사건인 것이다. 사도 베드로는 베드로전서 3장 20-21절을 통해 이에 대해서 말한다.

> 그들은 전에 노아의 날 방주를 준비할 동안 하나님이 오래 참고 기다리실 때에 복종하지 아니하던 자들이라 방주에서 물로 말미암아 구원을 얻은 자가 몇 명뿐이니 겨우 여덟 명이라 물은 예수 그리스도께서 부활하심으로 말미암아 이제 너희를 구원하는 표니 곧 세례라 이는 육체의

더러운 것을 제하여 버림이 아니요 하나님을 향한 선한 양심의 간구니라

베드로는 홍수 심판을 구원의 세례라고 보았다. 십자가가 심판이 아니라 부활의 영광임을 깨닫게 한 것과 같다는 것이다. 씻음으로 선한 양심을 회복하는 부활의 사건이 바로 홍수 심판이다.

그러나 노아 한 사람은

하나님조차 후회하신 세상을 두고 성서는 단 한 줄의 이야기로 국면을 바꿔버린다. 8절이다.

그러나 노아는 여호와께 은혜를 입었더라

문장의 첫 단어 '그러나'(ו, 와우) 하나로 모든 창조의 기쁨이 뒤집힌 비극 앞에서 희망으로의 반전을 꿈꿀 수 있다. 노아는 단 한 사람이다. 하아담은 집단이다. 하아담 중 하나님의 아들들'(בני־האלהים, 버네 하엘로힘), 이들에 의해 선택된 '사람의 딸들'(בנות האדם, 버노트 하아담), 네피림, '용사들'(גבורים, 깁보림), '명성이 있는 사람들'(אנשׁי השׁם, 아너쉐 하쉠) 등은 집단이다. 번성하고 강성해진 세력이다.

그런데 단 한 사람 노아만이 하나님의 은총을 입었다. 8절을 직역하면 "노아는 야훼의 눈에서 은총을 발견했다"이다. 우리말 성서 대부분이 "노아는 하나님의 은혜를 입었다"라고 다분히 수동적으로 번역했다. 그러나 원문은 노아가 하나님의 은총을 발견했다는

능동적 의미이다. 대부분의 영어 성서는 이 의미를 살려 "Noah found favor(grace) in the eyes of the LORD"라고 번역했다. 사람들의 죄악으로 가득 찬 세상이었지만, 노아는 모든 창조가 하나님의 은총임을 하나님의 눈에서 찾고 발견한다. 이것이 창조된 원 인간의 모습이다. '하나님의 눈에서 은총을 발견했다'(מצא חן בעיני יהוה, 마차 헨 버에이네 야훼)라는 말은 상투어로서 창세기에 12회 나온다(6:8, 18:3, 19:19, 32:5, 33:8, 10, 15, 34:11, 39:4, 47:25, 29, 50:4, 이영재, 『토라서론』).

노아는 하나님의 눈에서 은총을 발견한 사람이었다. 발견하는 것은 그 대상이 이미 있을 때 가능하다. 즉 하나님의 은총이 먼저 있었다. 그리고 노아는 그 은총을 볼 수 있는 눈을 가졌다. 하나님의 은총을 발견한 자는 그 은총을 볼 수 있는 눈, 볼 수 있는 마음을 가진 사람이다. 당대에 의롭고 흠이 없다는 것이 노아가 구원받은 이유였다(6:9; 7:1). 그는 아직 하나님의 형상(צלם, 첼렘, 본질)을지켜내고 있었던 것이다.

세상의 강자들이 힘과 권세를 추구할 때, 노아만은 하나님의 은총을 찾았다. 노아는 라멕(가인의 자손이 아님)의 아들이며, 셈, 함, 야벳의 아버지이다. 그는 하나님의 심판으로부터 가족과 세상의 생명들을 구해냈다. 악이 된 인간(아담과 아다마로부터 온 피조물들)을 땅 위에서 쓸어버리는 수단은 물이었다. 창조 때 드러났던 뭍(땅)이 다시금 물 아래로 잠기게 되었다(1:2, 9). 그러나 하나님은 많은 것이 아닌, 강성한 것들이 아닌, 하나님의 눈에서 은총을 발견한 단 한 사람 노아로부터 다시 시작하신 것이다. '노아'(נח)라는 이름은

'멎다', '쉬다'라는 뜻이다. 은총을 찾는 사람은 심판을 멈추게 한다. 그리고 참 쉼을 준다.

길고 긴 심판의 홍수가 끝났을 때 하나님은 맑은 하늘에 무지개를 주셨다(9:13). '영원한 언약'(9:16)이며, 평화의 언약이다. 아무리 악이 가득한 세상일지라도, 사람이 하는 짓이라고는 악한 행위와 마음뿐이지만 하나님은 하나님의 은총을 찾는 한 사람을 찾으신다. 하나님은 하나님의 눈에서 은총을 발견한 한 사람, 노아와 그 눈을 맞추신다. 그리고 무지개 영롱한 세상을 시작하신다. 사람만이 희망이기 때문이다. 시인 박노해는 시 「사람만이 희망이다」에서 이렇게 노래한다.

희망찬 사람은
그 자신이 희망이다
길 찾는 사람은
그 자신이 새 길이다
참 좋은 사람은
그 자신이 이미 좋은 세상이다
사람 속에 들어 있다
사람에서 시작된다
다시
사람만이 희망이다

꾀꼬리가 하나님께 가서 불평을 했다. 개구리의 시끄러운 울음소리 때문에 자기의 아름다운 노래가 들리지 않는다고. 그러자 하나님은 이렇게 말했다고 한다. "가서 노래를 계속하려무나. 네가 그 노래를 부르지 않으니까 개구리의 울음소리가 더욱 시끄럽잖니."

후회와 절망, 원망과 불평이 넘치는 세상이지만, 우리가 불러야 할 아름다움의 노래를 포기해서는 안 된다. 아파하는 하나님의 마음으로 돌이켜 다시 일어서야 한다. 지난 겨울 우리는 하나님의 은총에 눈을 맞춘 한 사람, 또 한 사람이었다. 우리는 그 은총의 빛을 촛불로 들고 광장에 섰다. 이제 다시 광장이 민주주의의 배움과 실천의 터가 되고 있다. 사람이 만들어내는 새로운 세상이 보인다. 사람다운 사람, 노아 한 사람으로 다시 열리는 새로운 세상이다.

그러나 노아는 야훼의 눈에서 은총을 발견했다.

이 말씀은 사람만이 희망임을 웅변적으로 보여준다. 그 노아는 바로 우리 각자, 나 자신이다.

네가 어디서 왔으며 어디로 가느냐 (1)
(창세기 16:1-16)

아브람의 아내 사래는 출산하지 못하였고 그에게 한 여종이 있으니 애굽 사람이요 이름은 하갈이라 사래가 아브람에게 이르되 여호와께서 내 출산을 허락하지 아니하셨으니 원하건대 내 여종에게 들어가라 내가 혹 그로 말미암아 자녀를 얻을까 하노라 하매 아브람이 사래의 말을 들으니라 아브람의 아내 사래가 그 여종 애굽 사람 하갈을 데려다가 그 남편 아브람에게 첩으로 준 때는 아브람이 가나안 땅에 거주한 지 십 년 후였더라 아브람이 하갈과 동침하였더니 하갈이 임신하매 그가 자기의 임신함을 알고 그의 여주인을 멸시한지라 사래가 아브람에게 이르되 내가 받는 모욕은 당신이 받아야 옳도다 내가 나의 여종을 당신의 품에 두었거늘 그가 자기의 임신함을 알고 나를 멸시하니 당신과 나 사이에 여호와께서 판단하시기를 원하노라 아브람이 사래에게 이르되 당신의 여종은 당신의 수중에 있으니 당신의 눈에 좋을 대로 그에게 행하라 하매 사래가 하갈을 학대하였더니 하갈이 사래 앞에서 도망하였더라 여호와의 사자가 광야의 샘물 곁 곧 술 길 샘 곁에서 그를 만나 이르되 사래의 여종 하갈아 네가 어디서 왔으며 어디로 가느냐 그가 이르되 나는 내 여주인 사래를 피하여 도망하나이다 여호와의 사자가 그에게 이르되 네 주인에게로 돌아가서 그 수하에 복종하라 여호와의 사자가 또 그에게 이르되 내가 네 씨를 크게 번성하여 그 수가 많아 셀 수 없게 하리라 여호와의 사자가 또 그에게 이르되 네가 임신하였은즉 아들을 낳으리니 그 이름을 이스마엘이라 하라 이는 여호와께서 네 고통을 들으셨음이니라 그가 사람 중에 들나귀 같이 되리니 그의 손이 모든 사람을 치겠고 모든 사람의 손이 그를 칠지며 그가 모든 형제와 대항해서 살리라 하니라 하갈이 자기에게 이르신 여호와의 이름을 나를 살피시는 하나님이라 하였으니 이는 내가 어떻게 여기서 나를 살피시는 하나님을 뵈었는고 함이라 이러므로 그 샘을 브엘라해로이라 불렀으며 그것은 가데스와 베렛 사이에 있더라 하갈이 아브람의 아들을 낳으매 아브람이 하갈이 낳은 그 아들을 이름하여 이스마엘이라 하였더라 하갈이 아브람에게 이스마엘을 낳았을 때에 아브람이 팔십육 세였더라(창 16:1-16).

갈라디아서 4장 21절 이하를 보면 아브라함에게 두 아들이 있다고 하면서 하나는 여종에게서, 또 하나는 자유 있는 여자에게서 났다고 말한다(22절). 여기 두 아들이란 이스마엘과 이삭이다. 그리고 여종에게서 난 자식은 육체를 따라(κατὰ σάρκα, 카타 사르카) 났고, 자유 있는 여자에게서 난 자식은 약속을 통하여(δι' ἐπαγγελίας,

디아 에팡겔리아스) 났다고 한다(23절). 이스마엘과 이삭을 철저히 이분화시키며 이스마엘을 배제한다. 그리고 창세기 21장 10절을 인용하여 다음과 같이 결론으로 삼는다. "그러나 성경이 무엇을 말하느냐 여종과 그 아들을 내쫓으라 여종의 아들이 자유 있는 여자의 아들과 더불어 유업을 얻지 못하리라 하였느니라"(갈 4:30).

육을 따라 나온 이스마엘을 내쫓고 약속을 통해 얻은 이삭만이 상속자라는 것이다. 여기서 이스마엘은 철저히 버림받은 것으로 되어 있다. 더욱이 창세기 21장 10절을 인용할 때에 바울은 "성경이 무엇을 말하느냐"라고 말함으로 이 인용이 하나님의 말씀인 것처럼 말한다. 사실 이 인용은 아브람의 아내 사래가 말한 것이다. 성서에 그렇게 쓰여 있으니 틀린 것은 없다고 하나 이스마엘을 의도적으로 배제하려는 인상을 지울 수가 없다.

그러나 바울도 말하듯이 이것은 어디까지나 비유이다(24절). 그냥 명사 '비유'(ἀλληγορι, 알레고리)라고 되어 있는 것이 아니고 동사 '알레고레오'(ἀλληγορέω)의 분사형 '알레고루메나'(ἀλληγορούμενα)로 되어 있다. '비유로 말해진 것이다'라고 번역하는 것이 좋겠다. 바울은 이스마엘과 이삭을 육과 약속으로 갈라 이스마엘을 배제시키려는 것이 아니라 두 아들을 비유로 율법의 유대교와 복음의 기독교 공동체의 차이를 설명하려고 한 것이다. 그러나 두 아들의 비유가 극단적으로 되어 있어 이스마엘을 너무 억울하게(?) 만드는 오해를 불러일으킨다.

육을 따라 난 자식은 버림을 받아야 하는가? 그렇지 않다. 실제로 이스마엘과 그의 자손들은 바울이 인용한 것처럼 내쫓김으로 끝나지 않았다. 창세기 16장(이스마엘의 어머니 하갈에 관한 이야기)은 그것을 말해준다.

이 사건의 발단은 사래에게 있다. 16장 1절은 보통의 문장처럼 동사로 시작하지 않고 사래의 이름으로 시작한다. 의도적으로 앞에 놓은 것이다. 히브리 성서에서 16장 1절의 첫 단어는 사래이고 마지막 단어는 하갈이다. 1절에서 이미 그 순서를 통해 운명의 차이를 나타내는 듯하다. 역시 이 두 이름은 그들 운명의 극명한 차이를 보여준다. 사래는 '공주'를 뜻하고, 이후에 사용된 단어 '거비라'(גבירה, 여주인, 4, 8, 9절)는 그녀의 힘을 보여준다. 이에 반해 하갈은 이집트 종으로 아브람이 자기 아내를 바로에게 넘겨준 대가로 받은 노비 중 하나일 것이다. 12장 16절의 '노비'는 원문에는 '여종들과 남종들'로 되어 있는데 여기 '여종들'(שפחות, 셔팍호트)은 16장 1절의 '여종'(שפחה, 쉬프하)의 복수이다. 하갈의 이름 뜻은 '도망치다'이다. 종의 운명으로부터 도망치려고 한 그녀의 삶이 그 이름에 고스란히 담겨 있다.

그러나 사래에게도 심각한 문제가 있었다. 그녀는 아이를 낳지 못했다. 이 구절의 원문 '로 얄다 로'(לא ילדה לו)는 직역하면 '그녀는 그에게(혹은 '그를 위해') 낳아주지 못했다'이다. 당시 지아비에게 아이를 낳아주지 못한 지어미는 우리의 칠거지악에 해당하는 수치심을 갖는다. 11장 30절에서 이미 사래는 임신하지 못해 자식이 없다고 기록되어 있다. 하나님은 15장 4절에서 아브람에게 "네 몸에서 날 자가 상속자가 되리라"라고 말씀하시는데 이 '몸'(מעה, 메에)은 아브람의 몸이다. 남자의 몸에서 어찌 아기가 출산된다는 것인가? 그런데 '몸'이 생식기에 대한 완곡한 표현이기도 하다는 것을 알면 이해가 된다. 그렇다면 엄마는 누구인가? 사래라고 단정하기 어렵다. 그러므로 사래가 불신앙으로 아브람에게 하갈을 주었다고 단언하기는 어렵다. 사래에게서 아들이 나오리라는 언급은 17장 19절에서 처음 등장한다.

사래는 고육지책으로 자신의 여종 하갈을 이용하여 자식을 얻으려고 한다. 사래는 야훼께서 출산을 허락하시지 않는다고 아브람에게 말한다(2절). '허락하지 않다'는 히브리어로 '아차르'(עצר)인데 어떤 행위를 못하도록 방해하는 것을 말한다. 2절을 직역하면 다음과 같다.

> "보세요, 야훼께서 출산으로부터 나를 막으시니, 나의 여종에게 들어가세요. 혹시 그녀로 인하여 내가 세움을 받을까 합니다." 그러자 아브람은 사래의 소리를 들었다.

'힌네-나'(הנה־נא)와 '보-나'(בא־נא)는 둘 다 간절히 부탁하는 표현이다. 그러나 '힌네-나'는 감탄사이고, '보-나'는 명령형이다. 여기서 히브리어 '나'(נא)는 영어로 'please'를 뜻한다. 사래는 자신의 불임을 야훼께서 하시는 일로 알고 있다. 고대 사회에서 출산은 땅의 수확과 마찬가지로, 하나님이 하시는 일로 간주되었다(창 30:2, 33:5, 삼상 1:6). 사래는 자신의 처지에 대한 탄식을 담아 간청하고(힌네-나: '내 처지를 좀 봐주세요'), 여종에게로 들어가 달라고 명령의 뜻을 담아 간청한다. 사래는 아브람에게 자신의 여종에게 들어가 줄 것, 즉 동침할 것을 요청하면서 그 일을 통해 '혹시라도'(אולי,

울라이) 자신의 위신이 세워질 것을 기대한다. '입반네'(אבנה, 세움을 받는다)는 '세우다', '건축하다'(בנה ,바나)의 1인칭 수동형 미완료태로 쓰였으며, 그 뜻에는 '아이를 얻는다'는 뜻도 있다. 여종을 통해서라도 아이를 얻으면, 수치심을 벗고 체면이나 위신, 지위가 세워지는 것을 말한다.

아무튼 아브람은 사래의 간청을 순순히 받아들인다. 그가 '사래의 소리를 들었다'(שמע, 샤마)는 표현은 히브리어 관용구로 '순종하였다'로 해석된다. 이 장면은 선악과를 권한 하와에게 아무런 의문없이 응한 아담을 떠올리게 한다(창 3:6). 서로의 생각이 같았다는 것을 의미한다. 그러나 아브람과 사래, 아브람과 하갈의 관계가 같지는 않았을 것이다. 그렇기에 4절에서 아브람과 하갈의 '동침하다'(בוא, 보, 들어가다)와 4장 1절의 아담과 하와의 '동침하다'(ידע, 야다, 알다)는 서로 다르다. 순리를 따라서 서로를 아는 동침과 서로에 대한 앎이 없는 강제적이고 인위적인 동침의 차이를 말해주는 것은 아닌가? 그저 자식을 낳기 위한 동침이라면 동물의 짝짓기와 다를 것이 있겠는가?

다시 하갈의 신분이 1절에 이어 3절 첫 문장에서 반복된다. 원문의 첫 문장은 "아브람의 아내 사래가 그녀의 여종 이집트 사람 하갈을 취하였다(לקח, 라칵흐)"이다. "아브람의 아내 사래"와 "그녀의 여종 이집트 사람 하갈"이라고 그 신분이 다시 대조적으로 표현되었다. 하갈이 사래의 소유라는 것을 강조한 것이다. 개역개정과 새번역은 '데려다가'로, 개역한글은 '가져'로, 영어번역(KJV, ESV)들은 'took'으로 번역한 단어 '라칵흐'는 후에 사래의 신분이 위협받는 것에 대한 부당성을 지적하려는 의도를 분명히 하고 있다.

이어 때를 알려주는 문장이 들어간다. 아브람이 가나안 땅에 거주한 지 10년 말 즈음이라는 것이다(창 12:4, 하란을 떠날 때 75세, 지금은 86세). 그리고 이어서 사래가 그 여종을 자기 남편에게 여자로, 첩으로 주었다는 서술이 나온다. '첩'이라는 말이 일부다처제의 고대 중동사회와는 너무나 먼 얘기처럼 들려온다. 공동번역은 '소실'로, 새 번역은 그냥 '아내'로 번역했다. 어쨌거나 주인 여자의 여종은 주인의 아내가 된다.

아브람이 하갈과 동침하자(בוא, 보) 하갈은 임신했다는 것을 알고 자신의 여주인을 멸시하였다(4절). "그의 여주인을 멸시한지라"는 직역하면 "그녀의 여주인이 그녀의 눈에(בעיניה, 바에네하: '바'는 '안에서', '에인'은 '눈', '하'는 '그녀의') 하찮았다"이다. '하찮다'(קלל, 칼랄)는 '가볍다', '작다', '물이 줄다'는 뜻으로 8장 8절, 11절에서도 쓰였으며 피엘형(강조)으로 8장 21절에서는 '저주하다'는 뜻으로 쓰이기도 했다.

여기 '거비라'(גבירה, 여주인)라는 표현이 나온다. '거비라'는 여왕이나 지배권을 가진 여자, 여자 지배자의 뜻으로 사용됐지만, 사전의 맨 밑에는 '첩'이라는 뜻도 있다. 즉 실제로는 사래가 주인이고 하갈이 첩이지만, 하갈은 아브람의 아내가 되었고 사래는 '첩' 신세가 되었다고 해석하면 좀 무리일까.

어쨌든 하갈이 임신하게 됨으로써 사래와 하갈의 관계는 역전된 것처럼 보였다. 고대 사회에서 여자들의 힘의 근원은 태생이나 신분이 아니라 임신 여부였다. 실제로 인류사에서는 이렇게 관계가 역전된 경우가 많다. 특히나 왕조사에서 그렇다. 그러나 사래는 자신의 지위와 권리를 지켜낸다.

사래는 여종 하갈을 남편 아브람에게 아내로 주어 아이를 낳게 하여 위신을 세우고자 했다(2절). 그러나 오히려 그녀는 하갈로부터 모멸을 당한다. 위신이 무너진 것이다. 이에 사래는 아브람에게 근본적인 원인을 돌린다. 아브람의 씨를 위해 하갈을 주었건만 오히려 고통을 당하게 되었다는 것이다. 사래는 5절에서 "내가 받는 모욕은 당신이 받아야 옳도다"라고 말한다. 이것은 히브리어로 '하마씨 알레이카'(חמסי עליך)인데 직역하면 '나의 폭행(하마쓰)이 당신(카) 위에(알)'이다. 즉 "내가 당하는 폭력을 당신도 받을 것이다"라는 뜻이다. 그리고 이 불의, 폭력, 부당함(חמס, 하마쓰)의 심판을 야훼께로 넘긴다. 이때 사용된 동사 '이쉬포트'(ישפת)는 미완료태이지만, 의미는 명령형이다. "야훼께서 당신과 나 사이를 심판하시라!"라는 명령을 하는 것이다.

하갈은 전에 아브람 일행이 이집트에 들렀을 때 데리고 온 노예, 사고 팔리는 처지이다. 노예인 하갈의 삶은 폭력에 의한 고통으로 얼룩져 있다. 그러나 임신으로 신분의 역전을 꿈꾼다. 사래가 하갈에게 행하던 고통, 불의, 부당함을 이제 하갈이 사래에게 행한다. 그 폭력, 잘못, 불의, 무자비를 뜻하는 '하마쓰'는 지금은 사래에게 가해지고 있지만, 전에는 하갈에게, 앞으로는 아브람에게 있게 될 것이라는 말이다. 이것은 '하마쓰'의 악순환이다.

사실 하갈은 내심 아브람이 자기편이 되어줄 것이라고 기대했을 것이다. 그러나 아브람은 사래의 항의에 대하여 전권을 사래에게

맡긴다(6절). 그 여종의 소유를 분명히 밝히며('당신의 여종은 당신 수중에 있으니') 그의 처분에 내맡긴다('당신의 눈에 좋을 대로'). 사래는 아브람의 허락 하에 하갈에게 다시금 '학대'(ענה, 아나)를 돌려준다. 그래서 하갈은 이름 뜻처럼 주인으로부터 도망친다. 노예가 집을 떠난다는 것은 죽음을 의미하는 줄 모를 리 없지만, 죽음보다 더 고통스러운 학대를 피해야 했던 것이다.

'학대하다'는 동사 '아나'는 15장 13절의 이집트에서 종이 되어 '괴로움을 당할 것이다'에 등장한다. 사래와 하갈의 관계는 장차 일어날 이집트-이스라엘 민족 간의 갈등과 억압의 복선이라 할 것이다. 노예를 괴롭힌 사래의 죄를 그 자손들이 노예가 되어 다 갚는 데는 무려 400년이 걸렸다. 폭력의 악순환이 주는 교훈을 여기서 본다. 오늘도 계속되는 중동을 중심으로 한 테러와 트럼프의 미국 우선주의로 인한 이슬람의 배제는 '하마쓰'의 끝을 보이지 않게 한다. 이슬람의 조상이 이스마엘이라는 사실을 볼 때 무거운 피로감이 밀려온다. 극동아시아도 예외는 아니다. 북의 핵 위협과 중국의 군사력 증대, 미국의 사드를 비롯한 동아시아 군사력 증강은 해결 없는 군사력 경쟁만 키워갈 뿐이다. '하마쓰'의 악순환은 오늘도 그대로이다.

하갈은 여주인의 학대를 이기지 못하고 광야로 도망친다. 이때 야훼께서 개입하신다(7절). 야훼의 사자(מלאך, 말아크, 천사, messenger)는 하갈을 '발견한다'(מצא, 마차). 새번역, 개역개정, 공동번역은 모두 '만났다'로 번역했다. 영어번역들은 'found'로 번역했다. 만난 것이 아니라 하나님이 찾고 발견한 것이다. 아무리 하찮은 여종이라도 하나님은 잊지 않으신다.

야훼의 사자는 광야에 있는 물의 샘(샘물) 곁에서 하갈을 발견한다. 그곳은 슈르 길가이다. 슈르는 이집트 앞에 있는 지명(창 25:18)이면서, 출애굽기 15장 22절에 의하면 광야의 이름이기도 하다. 따라서 '버데레크 슈르'(בדרך שור)는 '슈르로 가는 길'로 번역하는 것이 좋겠다. 하갈이 야훼의 천사를 만난 샘, 천사가 하갈을 찾아낸 그 샘은 가데스와 베넷 사이에 있다.

임신한 하갈은 자신도 모르게 고향으로 향한 것이다. 죽음의 위협에 처해 자신이 태어난 곳을 향하는 수구지심(首丘之心)이 작동한 것이다. 그러나 하갈이 이집트까지는 들어가지 못했다. 이집트로 가도 노예 신세를 면치 못한다. 그러나 광야에서 지내는 것은 곧 죽음을 의미한다. 하갈이 도망쳐 나와 헤맨 장소는 광야이면서 동시에 벽이자 담벼락이었다. 슈르의 뜻은 '벽', '담'이다.

하갈이 쫓겨나는 이야기는 21장에서 다시 반복된다. 그때는 혼자가 아니라 배 속의 아들과 함께였다. 그때는 도망친 것이 아니라 쫓겨난 것이다. 그리고 절망의 통곡이 있었다. 그러나 16장에서는 제 발로 도망쳐 나온 것이고, 울부짖음도 없다. 그러나 하나님은 하갈을 찾아내셨다. 그리고 막힌 삶의 벽과 담벼락에서 야훼의 사자가 하갈에게 묻는다. "사래의 여종 하갈아 네가 어디서 왔으며 어디로 가느냐"(8절).

하나님은 비천한 여종에게도 그 온 길을 묻고 갈 길을 물으신다. 삶의 본질을 묻는 말이다. 어떻게 해서 여종이 되었는지는 모르지만, 그 삶이 순탄치는 않았을 것이다. 그러다가 한 족장의 아내로 들어가 대를 이을 아이까지 임신하여 신분 상승을 기대하며 한때 인생 역전을 꿈꾼 적도 있다. 그러나 지금은 여주인의 학대로 고향 이집트를 향해 국경까지 왔지만 고향으로 갈 수도 없는 신세가 되었다. 이런 하갈에게 하나님이 물으신다. "네가 어디서 왔으며 어디로 가느냐?" 하갈만의 이야기가 아니다. 우리 모두가 답해야 할 물음이다. 우리 모두 이 질문 앞에 서 있다. 삶의 현실이 버거워 훌쩍 떠나본 적이 있는 사람들은 알 것이다. 갈 곳 없는 인생이라는 것을. 삶을 도피했다고 갈 곳이 있는 것은 아니다.

그리고 이제 또 묻는다. 이 나라는 지금 어디서 왔으며 어디로 가고 있는 것일까? 이게 나라냐며 분노가 치솟는 현실에서 1,000만 명이 넘는 사람들이 손에 촛불 하나씩 들고 각자의 자리에서 벗어나 광화문 광장에 모였다. 가족들과 집에서 보내야 할 주말에 서로 약속이나 한 듯이 모였다. 호젓한 곳에 있어야 할 젊은 연인들이 모였다. '광화문'(光化門)은 '모든 것을 빛이 되게 하는 문'이라는 뜻이다. 빛은 길을 밝힌다. 가야 하는 길을 밝힌다.

광화문에 삼엄한 장비를 갖춘 병사들과 탱크가 들어선 적이 있었다. 꽉 막힌 술 광야였다. 어둠으로 가득 찼었다. 빛이 없는 시대였다. 하긴 지금도 광화문 저편 시청 앞쪽으로 "계엄령 선포", "군대여 일어나라"를 외치고 있는 무리가 있기는 하다. 가서는 안 될 길을 가는 사람들이다. 역사의 악마적 회귀이다. 하갈은 폭력에 폭력으로 대항했다. 결과는 '하마쓰'의 악순환만 있을 뿐이다. 그들은 어디로 가려는 사람들일까? 참담하다.

개인의 일이든 나라의 일이든, 하나님은 오늘 이런 우리를 찾아

조용히 물으신다. “어디서 왔으며 어디로 가느냐?” 이 글을 독자가 읽을 무렵에는 촛불이 밝힌 길이 마침내 보이기를 그리고 평화를 안고 각자의 행복한 길을 가기를 빈다.

네가 어디서 왔으며 어디로 가느냐 (2)
(창세기 16:1-16)

아브람의 아내 사래는 출산하지 못하였고 그에게 한 여종이 있으
니 애굽 사람이요 이름은 하갈이라 사래가 아브람에게 이르되 여
호와께서 내 출산을 허락하지 아니하셨으니 원하건대 내 여종에
게 들어가라 내가 혹 그로 말미암아 자녀를 얻을까 하노라 하매
아브람이 사래의 말을 들으니라 아브람의 아내 사래가 그 여종
애굽 사람 하갈을 데려다가 그 남편 아브람에게 첩으로 준 때는
아브람이 가나안 땅에 거주한 지 십 년 후였더라 아브람이 하갈과
동침하였더니 하갈이 임신하매 그가 자기의 임신함을 알고 그의
여주인을 멸시한지라 사래가 아브람에게 이르되 내가 받는 모욕
은 당신이 받아야 옳도다 내가 나의 여종을 당신의 품에 두었거늘
그가 자기의 임신함을 알고 나를 멸시하니 당신과 나 사이에 여호
와께서 판단하시기를 원하노라 아브람이 사래에게 이르되 당신
의 여종은 당신의 수중에 있으니 당신의 눈에 좋을 대로 그에게
행하라 하매 사래가 하갈을 학대하였더니 하갈이 사래 앞에서 도

망하였더라 여호와의 사자가 광야의 샘물 곁 곧 술 길 샘 곁에서 그를 만나 이르되 사래의 여종 하갈아 네가 어디서 왔으며 어디로 가느냐 그가 이르되 나는 내 여주인 사래를 피하여 도망하나이다 여호와의 사자가 그에게 이르되 네 주인에게로 돌아가서 그 수하에 복종하라 여호와의 사자가 또 그에게 이르되 내가 네 씨를 크게 번성하여 그 수가 많아 셀 수 없게 하리라 여호와의 사자가 또 그에게 이르되 네가 임신하였은즉 아들을 낳으리니 그 이름을 이스마엘이라 하라 이는 여호와께서 네 고통을 들으셨음이니라 그가 사람 중에 들나귀 같이 되리니 그의 손이 모든 사람을 치겠고 모든 사람의 손이 그를 칠지며 그가 모든 형제와 대항해서 살리라 하니라 하갈이 자기에게 이르신 여호와의 이름을 나를 살피시는 하나님이라 하였으니 이는 내가 어떻게 여기서 나를 살피시는 하나님을 뵈었는고 함이라 이러므로 그 샘을 브엘라해로이라 불렀으며 그것은 가데스와 베렛 사이에 있더라 하갈이 아브람의 아들을 낳으매 아브람이 하갈이 낳은 그 아들을 이름하여 이스마엘이라 하였더라 하갈이 아브람에게 이스마엘을 낳았을 때에 아브람이 팔십육 세였더라(창 16:1-16).

야훼의 천사가 한 질문 "네가 어디서 왔으며 어디로 가느냐?"는 모든 인생의 화두이다. 현실도피가 없는 인생이 있는가? 우리 모두 이 질문 앞에 서 있다. 우리 모두는 하갈이다. '하갈'이라는 이름의 뜻 '도망치다'가 말하듯 버거운 현실로부터 도망치고 싶은 우리 모두의 이야기이다.

우리는 "네가 어디서 왔느냐?"라는 질문에는 답할 수 있다. '어디서'(어디로부터, אי־מזה, 에이-미쩨)의 답은 현실이다. '왔다'(באת, 바트)는 과거이다. 이미 살아온 과거이고 변하지 않은 현재이다. 그리고 변하지 않을 것 같은 미래이다. 그래서 일단 도망쳤다. 살아온 삶이기에 당연히 "네가 어디서 왔느냐?"라는 이 질문에 하갈은 대답한다. "나의 여주인의 면전으로부터(מפני, 미퍼네) 나는 도망쳤습니다"(8절).

그러나 하갈은 "네가 어디로 가느냐?"라는 질문에는 답하지 못한다. 생각 없이 도망친 것이기 때문이다. 마치 부모의 꾸지람이 싫어 집을 나간 철없는 아이와 같다. 이것은 출가(出家)가 아니라 가출(家出)이다. 출가는 갈 곳이 있어 나간 것이고, 가출은 갈 곳이 없는데도 나간 것이다.

"네가 어디로 가느냐?"라는 질문은 하갈로 하여금 자신의 현재와 미래에 대해 생각하게 하였다. 이집트로 가봤자 노예의 운명이 기다리고 있다. 자신뿐만 아니라 배 속의 아이도 노예가 될 운명이다. 하갈은 천사의 첫 번째 질문에는 대답하지만, 두 번째 질문에는 대답하지 못한다. 사실상 첫 번째 대답을 할 때 두 번째 질문에 대한 대답도 깨달았던 것이다. 하갈이 살 길은 다시 돌아가는 것뿐! 아브람의 집은 사래의 여종으로서 자신이 있어야 할 자리이고, 또한 살려야 할 그의 아들의 자리였던 것이다. 야훼의 천사가 말한다. 9절이다.

너의 여주인에게로 돌아가라

도망쳐 나온 그곳으로 돌아가라는 것이다. 야훼의 천사는 제3의 새로운 길을 제시하지 않는다. 오히려 그 돌아감의 목적을 말한다.

그 수하에 복종하라

즉 그 삶의 자리를 감당하라는 말이다. 직역하면 "그녀의 손(ידיה, 야데하) 아래서(תחת, 탁하트) 고통을 당하라(התעני, 히트안니)"이다. '여주인'은 하갈이 '돌아갈'(שוב, 슈브) 곳이다. 즉 생명의 근원이라는 뜻이다. 하갈이 아무리 남자 주인의 아내가 되고, 남자 주인의 아이를 낳아도 노예라는 신분과 운명의 굴레를 벗어날 수는 없다. 그러나 신분이 바뀌는 것보다 더 우선적인 것은 일단 자신이 '사는 것' 그리고 동시에 더 중요한 것은 자신보다 더 소중한 배 속의 생명을 '살리는 것'에 있다. 야훼의 천사가 한 명령 "네 여주인에게로 돌아가 복종하라"는 그 운명에 대한 저항도 우선 생명이 보장되는 곳에서나 의미 있는 것임을 강조한 것이다. 그렇기에 하갈을 처음 만나 그 이름을 부를 때부터 하갈이 살아가야 할 현실을 분명히 말하고 있다. "사래의 여종 하갈아"(8절)라고.

여기 다시 '아나'(ענה, 학대) 동사가 히트파엘(재귀동사) 형태인 '히트안니'로 등장한다. 스스로를 고통당하게 하라는 뜻으로, '복종하라'로 번역할 수 있다. 스스로(yourself) 살아가는 삶이다. 노예의 삶으로 복귀(שוב, 슈브)이지만 전과 같지 않다. 그 삶을 스스로 결심하고 자발적으로 살아가는 것이다. 예수께서 "또 너를 고발하여 속옷을 가지고자 하는 자에게 겉옷까지도 가지게 하며 또 누구든지 너로 억지로 오 리를 가게 하거든 그 사람과 십 리를 동행하라"(마 5:40-41)라는 말씀을 하실 때 그 뜻은 억지로 하지 말고 주인이 되어 행하라는 의미다. 신분이 노예여야만 노예인 것이 아니다. 무엇이든 억지로, 할 수 없이 괴로운 마음으로 하고 있다면 그 삶이 바로 노예의 삶이다. 그러나 시대와 질서의 한계 안에서 사회적 신분이 비록 '노예'일지라도 그 마음에 자유가 있으면 더 이상 노예가 아니다. 고통에 대한 자발적 선택이다. 거기에는 그만한 희망이 있기 때문이다. 야훼의 천사는 그녀에게 엄청난 복의 약속을 준다. 10절이다.

내가 네 씨를 크게 번성하여 그 수가 많아 셀 수 없게 하리라.

직역하면 "번성한다!(הרבה, 하르바) 내가 너의 씨(자손, 단수)를 늘려줄(ארבה, 아르베) 것이다. 많아서 헤아릴 수 없을 것이다"이다. 스스로 고통의 시간을 겪어야 주어지는 복에 대해 말한다. 너의 씨, 즉 자손(זרע, 제라)을 늘려줄 것인데, 너무 많아서 셀 수조차 없다는 것이다. 또한 여기서 늘려줄 것이라는 동사 '라바'(רבה)는 히필(사역)형으로 두 번이나 반복하여 쓰였다(하르바, 아르베). 게다가 절대형 부정사와 함께 두 번 사용한 것은 강조의 용법이다. 하나님께서 하갈의 씨를 늘리는 일을 매우 적극적으로 해나가시겠다는 의도를 담고 있다. 이 복은 하나님께서 아브람에게 내리신 복(15장)과 같다. 아브람과 하갈이 지금 동격이 된다. 하나님의 복이 아브람을 통하여 이삭에게로, 하갈을 통하여 이스마엘에게로 내려간다. 그 씨는 생물학적 아버지인 아브람의 씨(자손)가 아니라 하갈, 바로 너의 씨다!('네 씨') 그리고 그 씨는 지금 배 속의 아이로부터 시작된다. 그 아이를 살림으로 씨(자손)의 번성은 시작된다. 그리고 이어 그 복의 약속이 어디서부터 오는지를 말해준다. 11절이다.

> 네가 임신하였은즉 아들을 낳으리니 그 이름을 이스마엘이라 하라 이는 여호와께서 네 고통을 들으셨음이니라.

직역하면 "보라, 임신하여(הרה, 하라, 형용사) 네가 아들을 낳는다. 그의 이름을 이스마엘이라고 부른다. 왜냐하면 야훼께서 너의 고통에 귀를 기울이셨기 때문이다"이다. 하갈은 곧 아들을 낳고, 그 이름을 '이스마엘'(하나님이 들으실 것이라는 뜻)로 지을 것이다. 왜 이런 이름을 가질 수 있냐면 야훼께서 '고통'(עני, 오니, 학대를 뜻하는 '아나'와 어원이 같음)에 귀를 기울이셨기 때문이다. '이스마엘'이라는 영광스러운 이름은 그 어머니의 고통으로부터 온 것이다. 하나님은 하갈의 고통을 제거하시지 않는다. 단지 들으실 뿐이다. 하나님을 향한 우리의 기도는 가난과 고통과 비참을 제거해 주시라는 것이다. 그러나 우리를 향한 하나님의 응답은 인생의 고통을 스스로 참고 견디라는 것이다. '복종하라'('고통을 당하라')는 말이 문자적으로만 보면 굴욕적으로 느껴질 수 있다. 어쩔 수 없이 노예 운명으로 돌아왔다고 하는 패배감을 느끼게도 한다. 그러나 분명히 그 동사는 재귀동사이다. '스스로'의 의미가 표현되어야 한다. 신분은 노예이지만 존재는 자유인, 즉 주인이다. 강복의 약속은 12절에도 이어진다.

그가 사람 중에 들나귀 같이 되리니 그의 손이 모든 사람을 치겠고 모든 사람의 손이 그를 칠지며 그가 모든 형제와 대항해서 살리라 하니라.

역시 직역하면 "그리고 그는 들나귀 사람이 된다. 그의 손이 모든 사람에게, 모든 사람의 손이 그에게, 모든 그의 형제들의 얼굴 위에 군림하여 살 것이다"이다. 그 아이의 장래 모습이다. 이 문장에서 주어는 '그 아이'(הוא, 후)이다. 그 아이 이스마엘이 강조된다. 그 아이는 들나귀 사람(פרא אדם, 페레 아담)이 된다. "그의 손이 모든 사람에게(ידו בכל, 야도 바콜), 모든 사람의 손이 그에게(ויד כל בו, 워야드 콜 보)"라는 문장에는 동사가 생략되었다. 앞에 '이흐예'(יהיה, be 동사)가 생략된 것으로 보인다. 이스마엘이 모든 사람과 대적하는 거친 삶을 살아갈 것이라는 내용이지만, 이스마엘 한 사람이 모든 사람을 대적할 만큼 강력한 힘을 지닌다는 뜻이기도 하다.

이 구절은 계속해서 복에 대해 말한다. 그렇기 때문에 자기의 모든 형제와 "대결하며/대항하여/등지며"(על־פני כל־אחיו, 알-퍼네 콜-엑하우) 살아가리라는 번역은 조금 수정될 필요가 있다. '알'이라는 전치사는 '~위에'라는 뜻을 가지고 있다(창 1:2의 '흑암이 깊음 위에', '수면 위에', 6:1의 '땅 위에', 7:18의 '물 위에'). 모든 형제 친족들 '위에 군림'하며 산다는 뜻으로 번역하는 것이 낫다. 단지 대항하는 정도가 아니라 위에서 제압하는 강력한 민족을 이룰 것이라는 말이다. 성서 곳곳에서 이스라엘도 이들과 부딪친다(37:25 이하, 삿 7장, 민 31장). 오늘의 무슬림이 이스마엘을 민족의 시조로 삼을 만하다. 이 복의 선언은 17장 20절에서 좀 더 구체적으로 등장한다.

> 내가 그에게 복을 주어 그를 매우 크게 생육하고 번성하게 할지라. 그가 열두 두령을 낳으리니 내가 그를 큰 나라가 되게 하려니와

이스마엘은 강하고 독립적인 사람이었다. 하지만 그의 어머니 하갈은 그렇지 않았다. 그녀는 남자나 아들에 기대어 신분의 변화를 꿈꾸었다. 그러나 광야에서 돌아온 하갈은 그런 아들을 '임신하고 낳는' 어머니가 되었다. 즉 광야에 나갔다 돌아온 하갈은 강하고 독립적인 여성으로 바뀐 것이다. 그의 신분은 사래의 여종 그대로였으나 스스로 자기 삶의 주인이 되었다. 이스마엘은 어머니처럼 노예가 될 필요가 없었다. 그의 아버지가 그를 심지어 상속자로까지 생각했기 때문이다(17:18).

이 엄청난 복 앞에서 하갈은 새롭게 하나님을 경험한다. 이 경험을 하갈은 13절에서 고백한다.

> 하갈이 자기에게 이르신 여호와의 이름을 나를 살피시는 하나님이라 하였으니 이는 내가 어떻게 여기서 나를 살피시는 하나님을 뵈었는고 함이라

이를 직역하면 다음과 같다. "그녀가 그녀에게 말씀하신 야훼의 이름을 불렀다. '당신은 보시는 하나님(אל ראי, 엘 로이)입니다.' 왜냐하면 그녀가 '내가 여기서 뒤에서 보시는 분(살피시는 분)을 보았단 말인가?'라고 말했기 때문이다."

하나님은 하갈의 고통을 '들으셨고'(שמע, 샤마), 하갈은 하나님을 '보았다'(ראה, 라아) 하갈이 야훼의 이름을 '지어 부른다'(קרא, 카라)

그 이름은 '엘-로이'이다. 그렇게 부르게 된 이유는 하갈이 한 말에 기인한다. 광야의 샘가에 있는 임신한 하갈을 발견한 것은 야훼의 천사였다. 하갈 입장에서는 하나님의 천사가 자신을 발견해준 것이다. 무인도에 표류했거나 산속에서 길을 잃었을 때, 우연히 누군가를 만난 것이 아니라 나를 찾아 나선 사람을 만났다면 그 감격은 몇 배일 것이다. 하갈의 심정이 그러했다. 하갈은 그때 만난 그 하나님의 천사를 '엘-로이'(나를 보시는 하나님)라고 부른다. '엘-로이'는 하갈이 만난 하나님의 이름이다.

그런데 하갈의 말을 직역하면 "내가 여기서 뒤에서 나를 보시는 분을 보았단 말인가!"이다. 의문사로 시작하는 문장이나 설의법(감탄문)으로 해석할 수 있다(창 30:2, 삼상 2:27, 렘 31:20 등). 이를 영어로 풀면 "Have I also here looked after him that seeth me?"(KJV)이다. 이 문장의 핵심은 "나는 나를 뒤에서 살피시는 그를 보았다"이다.

'엘-로이'는 하나님이 하갈에게 계시하신 이름이 아니다. 하갈의 구원체험 속에서 우러나온 고백, 하갈이 그렇게 불렀기 때문에 생긴 이름이다. 하나님의 이름은 고백하는 자의 고백으로부터 나온다. 그러므로 하나님의 이름을 묻는 모세에게 하나님은 "나는 나다"(אהיה אשר אהיה, 에흐예 아쉐르 에흐예)라는 대답으로밖에 자신을 계시할 수 없었던 것이다.

그래서(על־כן, 알-켄) 그 샘 이름도 그 일과 관련되는 이름으로 지어 부르게 되었다(카라, 14절). 그 이름은 '브에르락하로이'(באר לחי ראי, 브엘라해로이)이다. 이 단어를 분석하면, 브엘(באר, 샘)+락하이

(לחי, 살아있는)+로이(ראי, 나를 보시는)이다. '나를 살피시는(보시는, 돌보시는) 살아계신 분의 우물'(well of the living One seeing me)이다. 광야의 그 샘, 술 광야로 가는 길의 그 샘에서 무슨 일이 일어났는지를 이 이름이 그대로 드러내고 있다. 그리고 그 샘의 위치를 밝히고 있는데, 이런 형식은 기원을 알리는 창세기의 흔한 형식이다. 그 위치는 가데스와 베렛 사이이다. 가데스(קדשׁ)는 거룩함, 베렛(ברד, 바레드)은 우박을 뜻한다. '우박'은 이집트 땅에 내린 하나님의 재앙을 연상케 한다. 우박의 재앙이 멀지 않은 곳에 살피시는 하나님의 거룩함이 있다는 말이 아닐까? 우리의 인생이 재앙과 거룩함 사이 어느 자리에 있다는 뜻이 아닐까? 하나님의 돌보심과 함께.

하갈은 이 복의 약속을 가지고 여주인 사래에게로 돌아간다. 다시 사래의 여종의 자리로 돌아가는 것이다. 그러나 이전과는 다르다. '자발적 종'이다. 학대를 이기지 못하는 이전의 하갈이 아니다. 이제는 기꺼이 종의 고통을 감수하겠다는, 스스로 고통을 선택한 하갈이다. 그가 만난 '돌보시는 하나님'의 엄청난 복의 약속과 함께.

돌아온 하갈은 아브람에게 아들을 낳아주었고, 그 이름을 '이스마엘'이라고 불렀다(15절). 15절은 하갈이 주어이다. 하갈이 아브람에게 아들을 낳아주었다. 그러고 나서 아브람으로 주체가 바뀐다. 이제부터 아들은 그 아비에게 속하게 된다. 아브람은 '하갈이 낳은 그의 아들'(בנו אשר ילדה הגר, 버노 아쉐르-얄다 하가르)의 이름을 '이스마엘'이라고 지었다. 아브람이 그 이름의 연유를 알 리 없다. 그 이름을 짓는 권한이 하갈에게 있었던 것이다. 그 이름은 그 미래이다. 약속이 있다는 것이다. 아기란 얼마나 사랑스럽고 놀라운 존재인지 그 자식이 배 속에 있을 때는 무참히 쫓겨날 때에도 그 감정을 드러내지 않던 아브람이 이제 그 아기를 아들로서, 상속자로서 생각한다(17:18). 하나님의 약속은 까맣게 잊고(15:4), 하갈에게 주신 약속은 꿈에도 모른 채.

이 일은 아브람의 나이 86세 때의 일이다(16절). 가나안에 정착한 지 11년째 되는 해에 이스마엘을 낳는다(3절). 아브람의 나이 100살에 이삭을 얻게 되니까 이스마엘과 이삭의 나이 차는 14살이다. 뿌리 깊은 폭력과 질투의 속성은 21장에서 다시 한 번 표출된다. 이번엔 그 아들로 인해서 하갈은 다시 한 번 광야로 내몰린다. 이번에는 도망친 것이 아니라 쫓겨나는 것이다. 그 고통 역시 통곡을 할 정도로 크다(21:16). 그러나 이번에는 이스마엘이 있다. 약속의 아들이다. 이름 그대로 들어주시는 하나님의 약속이 곁에 있다(21:17). 하나님은 여기서 하갈에게 준 약속을 재확인한다.

> 일어나 아이를 일으켜 네 손으로 붙들라 그가 큰 민족을 이루게 하리라 하시니라(21:18).

왜 하나님은 약속을 주며 다시 돌아가게 했을까? 약속의 성취는 반드시 대가를 요구한다. 져야 할 자기 십자가가 있는 것이다. 큰 민족을 이루기 위해서는 그만한 값을 지불해야 한다. 그것은 종으로서의 고통이었지만, 아들 이스마엘을 위해서는 상당 기간 안전을 보장받는 시간이었다. 때가 있는 것이다. 고통도 익어야 한다. 삶도 익어가는 기간이 있어야 한다. 제대로 익어야 결실을 보지 않겠는가?

충북 제천 평동리 박달재 아랫마을에서 농사를 지으며 작품 활동을 하는 판화가 이철수의 작품 중에 「땅콩」이 있다. 판화 한복판에는 꼬투리 몇 개가 달린 땅콩 줄기가 있다. 그리고 하단에는 줄기에서 떨어진 땅콩 꼬투리 몇 개가 뒹굴고 있다. 그 판화에는 이런 글이 있다.

땅콩을 거두었다.
덜 익은 놈일수록 줄기를 놓지 않는다.
덜된 놈! 덜떨어진 놈!

덜 익어서는 떨어지지 않는다. 익을 때까지 기다려야 한다. 덜 익은 채로 그만 툭 떨어져 버린다면 수확도 안 되고 썩어갈 것이다.

우리 모두 현실이 두려워 도망치는 사람들이다. 아직 익지 않은 사람들이다. 도망치는 하갈은 바로 우리 각자, 나의 자화상이다. 하나님께서는 고통에 못 이겨 부르짖는 자를 찾아주신다. 고통을 들어주시는 하나님이시다. 그리고 "네가 어디서 왔으며 어디로 가느냐?" 하고 물으신다. 그 물음과 함께 약속을 주신다. 그러나 약속이 성취되는 데 값을 지불해야 한다. 문제는 그 약속에 대한 믿음에 있다. 고통의 현실 속에 약속이 있다는 것을 듣는 사람은 들을 귀, 들을 믿음이 있는 것이다.

갈 길을 못 찾은 우리의 민주주의는 광야 같은 광장으로 내몰렸다. 민주주의는 이름 그대로 민(民)이 주인(主)이 되는 것이다. 주인이 되기 위해 얼마나 책임을 져야 하겠는가? 아직 익지 않은 우리의 민주주의이다. 갈 길은 멀다. 세월호 유가족과 미수습자의 고통이 진동한다. 위안부 할머니들의 상처는 더 깊어간다. 참교육의 전교조는 밖으로 쫓겨 광야(재야)에 있다. 통진당 해체는 민주주의는커녕 전체주의로 치닫게 했다. 한참 덜 익었다.

그렇다고 팔자려니 생각하고 노예로 살 수는 없다. "이게 나라냐!"며 내 나라를 버릴 수는 없다. 그래서 내쫓긴 민중이 어두운 광장에 촛불을 밝힌 것이다. 익어가는 고통이 무서워 현실에 주저앉을 수는 없다. 그렇기에 힘들더라도 현실로 돌아가야 한다. 개인이건, 민족의 역사이건 우리는 하늘이 준 물음을 들어야 한다. "네가 어디서 왔으며 어디로 가느냐?"

출애굽기

뜻으로 본 3·1 운동 | **출애굽기 3:13-15**

네가 혼자 할 수 없으리라 | **출애굽기 18:13-23**

뜻으로 본 3·1운동
(출애굽기 3:13-15)

모세가 하나님께 아뢰되 내가 이스라엘 자손에게 가서 이르기를 너희의 조상의 하나님이 나를 너희에게 보내셨다 하면 그들이 내게 묻기를 그의 이름이 무엇이냐 하리니 내가 무엇이라고 그들에게 말하리이까 하나님이 모세에게 이르시되 나는 스스로 있는 자이니라 또 이르시되 너는 이스라엘 자손에게 이같이 이르기를 스스로 있는 자가 나를 너희에게 보내셨다 하라 하나님이 또 모세에게 이르시되 너는 이스라엘 자손에게 이같이 이르기를 너희 조상의 하나님 여호와 곧 아브라함의 하나님, 이삭의 하나님, 야곱의 하나님께서 나를 너희에게 보내셨다 하라 이는 나의 영원한 이름이요 대대로 기억할 나의 칭호니라(출 3:13-15).

모세는 하나님의 산 호렙(3:1)에서 하나님을 만나기까지 40년을 이집트 왕궁에서 그리고 40년을 미디안 땅에서 보냈다. 그렇다고 그가 히브리인임을 모르고 산 것은 아니었다. 그는 히브리 사람이 '자기 형제'임을 분명히 알았다(2:11). 그리고 자기 형제를 때리는 이집트 사람을 몰래 쳐 죽이기까지 한다(2:12).

그러나 이 사실은 다음 날 발각된다. 모세가 히브리 사람 두 명이 싸우는 것을 말리려 하자 잘못을 저지른 히브리인으로부터 "누가 너를 우리를 다스리는 자와 재판관으로 삼았느냐 네가 애굽 사람을 죽인 것처럼 나도 죽이려느냐"라는 비판을 받는다(2:14). 이후 바로가 모세를 수배하여 죽이려고 했기에 모세는 미디안 땅으로 도망친다(2:15).

어떻게 보면 이 일로 인해 모세는 이집트인도, 히브리인도 아닌 사람 곧 정체성이 모호한 경계인이 되었다. 그리고 이후 40년 동안 미디안에서 처가살이를 하며 살게 된다. 사실상 40년이면 미디안 사람이 다 된 것이다.

그런데 그는 미디안 제사장이자 장인인 이드로의 양 떼를 치는 목자로 살던 중(3절) 하나님의 부르심을 받는다. 하나님은 모세에게 자신을 '네 조상의 하나님'(אלהי אביך, 엘로헤 아비카, 6절)이라고 말씀하신다. 그리고 노예로 고통받는 백성을 구하라는 사명을 주신다.

모세는 당황스러웠을 것이다. "내가 누구이기에(מי אנכי, 미 아노키, 칠십인역으로 '티스 에이미 τίς εἰμι') 바로에게 가며 이스라엘 자손을 애굽에서 인도하여 내리이까"(11절)라는 모세의 질문은 당연하다. 오랜 세월을 경계인으로 살아왔기 때문이다.

그러나 하나님은 이 질문에 직접적으로 대답하지 않으신다. 다만 '네 조상의 하나님'(6절)이라고 말씀함으로써 그의 존재가 지닌 역사성을 인식시킨다. 또한 너와 함께하겠다는 약속(12절)과 이후 이 호렙산에서 하나님을 섬기게(עבד, 아바드, 예배하다) 되는 것이 하나님이 그를 보내신 증거가 될 것이라는 대답을 주실 뿐이다. 지금이 아니라 미래에 확인될 수 있는 증거인 것이다. 모세로서는 얼마나 불확실한가? "내가 누구이기에"라고 물을 수밖에 없는 얼마나 당혹스러운 사명인가? 본문은 여기에서 시작한다.

모세는 13절에서 자신이 이스라엘 자손에게 가서 "너희 조상의 하나님(אלהי אבותיכם, 엘로헤 아보테켐, 6절의 '네 조상의 하나님'의 복수)이 나를 너희에게 보내셨다 하면 그들이 내게 묻기를 그의 이름이 무엇이냐 하리니 내가 무엇이라고 말하리이까"라고 하나님께 묻는다. 당돌하게도 모세는 성서에서 하나님의 이름을 물은 최초의 사람이다. 그러나 출애굽이라는 이 엄청난 사명을 받은 그로서는 절박한 질문이었을 것이다. 자기를 보낸 분이 누구인가에 대한 질문 없이 보냄 받은 사람이라고 할 수 있겠는가? 하나님의 대답은 이어 14-15절에 나온다.

> 하나님이 모세에게 이르시되 나는 스스로 있는 자이니라 또 이르시되 너는 이스라엘 자손에게 이같이 이르기를 스스로 있는 자가 나를 너희에게 보내셨다 하라 하나님이 또 모세에게 이르시되 너는 이스라엘 자손에게 이같이 이르기를 너희 조상의 하나님 여호와 곧 아브라함의 하나님 이삭의 하나님 야곱의 하나님께서 나를 너희에게 보내셨다 하라 이는 나의 영원한 이름이요 대대로 기억할 나의 칭호니라

하나님은 여기서 자신의 이름을 세 가지로 말씀하신다. 첫 번째 이

름은 '스스로 있는 자'라고 번역한 '에흐예 아쉐르 에흐예'(אהיה אשר אהיה)이다. 이 이름은 칠십인역에서 '나는 존재하는 그분이다'(ἐγω εἰμι ὁ ὤν, 에고 에이미 호 온)로 번역되었고, 기원후 라틴어 번역에서는 '나는 존재하는 그 존재다'(ego sum qui sum, 에고 숨 퀴 숨)로 표현되었다. 즉 신은 다른 존재 내의 개념으로 정의할 수 없는 존재이다. 신은 신 자체로만 정의되는 존재, 현상과 실제가 일치하는 존재, 현실과 이상이 동일한 존재인 것이다. 그런 의미에서 흔히 영어로 번역되는 "I am that I am"보다는 "I am that of My self" 혹은 "I am My self"가 의미상으로 더 적합하다. 이것은 모세가 들은 내면의 소리 "나는 나 자신이다"라는 말이라고 본다(배철현, 『신의 위대한 질문』, 218-220에서 발췌).

그렇다면 새번역과 공동번역의 "나는 곧 나다"(3:14)라는 번역이 매우 적합한 것이 아닌가 생각한다. 또한 이것은 11절에 기록된 "내가 누구이기에"라는 모세의 질문에 결정적인 대답이 될 수 있다. 모세가 물은 '나'의 존재 근거는 "나는 곧 나다"라고 말씀하시는 하나님이다. 그 하나님은 모세와 떨어져 있는 하나님이 아니라 '함께 있는'(12절) 하나님이다.

그 하나님은 더 나아가 역사 속에 존재해온 '나의 조상의 하나님'이다. 그렇기에 하나님은 처음에 모세에게 '네 조상의 하나님'이라고 자신을 소개했고, 지금 모세와도 '함께 있는' 하나님이다. 역사를 통해 조상 때부터 내려온 하나님이기에 히브리인으로서의 모세의 정체성을 밝혀주며, "나는 곧 나다"라고 말씀하신 하나님이 함께하심으로써 모세의 존재 근거를 밝혀준다. 이것이 모세의 정체성이자 주체성이다.

이는 두 번째 신명 '에흐예'(אהיה)에서도 마찬가지다. 이 신명은 '에흐예 아쉘 에흐예'에서 '에흐예'만 따온 것으로, '스스로 있는 자'라고 번역되었다. 그러나 '에흐예'는 명사가 아니라 동사이다. 동사를 고유명사인 신명으로 사용한 것이다.

이 신명에는 아주 중요한 세 가지 의미가 담겨 있다. 먼저 이 동사는 '하야'(היה)의 미완료이다. 그래서 "나는 과거로부터 현재까지, 또 나아가 미래에 이르기까지 존재한다"라는 뜻을 지닌다. 그리고 그 하나님이 모세를 장차 이스라엘에게로 보낸다. 이 '에흐예'가 동사이면서 하나님의 이름인 것은 14절의 '보내다'(שלחני, 셜락하니, '그가 나를 보냈다')와 연관되어 있다. 과거에 조상을 보냈듯이 지금 모세를 보내는 하나님이시다. 미완료이기에 미래까지 계속되는 이름으로 영원히 기억해야 할 이름이다(15절). 믿음의 조상들로부터 모세에 이르기까지 이들을 보낸 주체가 하나님임을 천명함으로써 모세를 출애굽의 주체로 이끌어내신다.

이 동사의 두 번째 의미는 사역적 의미로 '존재케 하는 존재', '성취하는 존재'를 뜻한다. 12절의 '에흐예'는 14절과 16절에서 네 차례 언급된 '에흐예'와 함께 하나님의 역동적인 활동을 가리키는 것이라고 할 수 있다. 사실 신명을 동사로 쓴 자체가 이미 역동성, 활동성을 내포한다. 하나님은 고정된 대상으로서 누구에게나 공통적으로 경험되는 동일한 하나님이 아니라 각 개인에게 경험되는 각각의 하나님이다. 그러므로 '조상의 하나님'이라고도 못박을 수 없다. 그래서 '아브라함의 하나님', '이삭의 하나님', '야곱의 하나님'인 것이다.

이 동사의 세 번째 의미는 12절의 '에흐예 임마크'(אהיה עמך)에서 알 수 있다. 여기서 '임마크'는 '너와 함께'라는 뜻이다. 모세와 함께 하시는 하나님이라는 의미이다. 창세기에서 조상들에게 나타난 하나님은 초지일관 '함께하시는 하나님'이었다(창 21:22, 24:40, 26:3, 24, 28, 28:15, 31:3). 그리고 출애굽에서도 이 하나님이 모세와 백성을 이끄신다(출 3:12, 10:10, 18:19, 33:3, 16, 민 14:9). 사실 '함께하시는 하나님'은 여기서 멈추지 않고, 이스라엘의 후대 역사의 기록인 예언서에 이르기까지 구약성서에 광범위하게 나타난다.

나아가 세 번째 신명이 나온다. 15절의 '야훼'(יהוה, YHWH)라는 말로 '주'(אדני, 아도나이)로 번역된다. 주는 주인이시다. 주인이 함께 하시기에, 하나님이 주인이 되어 주체적으로 살아가기에 그의 백성 또한 주체적 삶을 살게 된다. 이것은 모세의 주체성의 근거가 된다. 바울은 그 주체성을 "이제는 내가 사는 것이 아니요 오직 내 안에 그리스도께서 사시는 것이라"(갈 2:20)라고 말하고 있다. 그리스도라는 참된 주인이 자기 안에서 산다고 하는 자기 인생의 주체성을 고백하는 것이다.

'야훼'라는 이름은 성서 저자가 의도적으로 첨가한 것이며, 후에 유대교에서는 공식 명칭으로 사용된다. 이 이름이 어떻게 발음되는지 아는 사람은 아무도 없다고 한다. 후대에 전해 내려온 히브리 원문에는 4자음뿐이다. YHWH, 이 신비한 4자음은 흔히 '테트라그라마톤'(tetragrammaton)이라 하며, YHWH를 '신성사문자'(神性四文字)라 한다(배철현, 『신의 위대한 질문』, 219).

본문에 나타난 세 가지 이름의 하나님은 모세의 정체성과 주체성이 바로 출애굽의 근거가 되었음을 말해준다. 동시에 이것이 모세가 보냄받은 이유가 된다. 이렇게 밝혀진 모세의 정체성과 주체성은 노예로 살던 히브리인들의 새로운 정체성과 주체성으로 이어진다. 하나님은 모세에게 출애굽을 명하며 다음과 같이 말한다.

> 너는 그들의 장로들과 함께 애굽 왕에게 이르기를 히브리 사람의 하나님 여호와께서 우리에게 임하셨은즉 우리가 우리 하나님 여호와께 제사를 드리려 하오니 사흘길쯤 광야로 가도록 허락하소서 하라(출 3:18)

출애굽은 바로의 노예로 살고 있는 이스라엘에게 해방이고 독립이다. 그런데 그 해방과 독립의 구체적인 내용은 사흘 길을 걸어 광야에서 하나님께 예배를 드리는 것이다. 지배하는 인간 바로로부터 해방되어 하나님을 예배하며 하나님을 섬기는 이스라엘의 독립이 출애굽의 본질이다. '나는 곧 나다'이신 하나님을 예배하며 '나는 곧 나다'라는 분을 섬김으로써 주체적 존재로, 독립적 존재로 살아가는 것, 인간을 지배하는 인간의 나라 애굽을 벗어나 하나님께 예배드리는 삶, 이것이 자유인의 해방이고 독립인 것이다.

올해, 3·1운동 99주년을 맞는다. 과거 3·1운동은 '나라'(國)의 독립에 강조점이 있었다. 그러나 오늘날 다시 3·1운동을 해석할 때 '민'(民)의 주체성으로 그 중요성이 이동한다. 즉 3·1운동은 민주주의를 지향하는 운동이라는 것이다. 민주주의란 민이 주인 의식, 주체성을 갖는 이념이다. 독립운동은 민이 '나는 곧 나다'라고 할 수 있는 주체성의 운동이었다. 단재 신채호 선생은 이를 두고 '역사는 아(我)와 비아(非我)의 투쟁'이라고 하였다. 주체성과 정체성을 상실한 비아(非我)는 식민지 노예근성을 떨쳐낼 수 없기에 진정한 해방을 이룰 수 없다.

3·1운동은 갑자기 홀로 일어난 운동이 아니다. 민의 주체성을 위한 끊임없는 민의 몸부림이 쌓인 결과였다. 우리 역사에 많은 신분해방운동이 있었지만, 민이 역사의 주체로 부상하지는 못했다. 그러나 3·1운동은 모세의 '내가 누구이기에'라는 질문과 함께 '나'라는 주체성에 대한 추구로부터 일어난 운동이다. 3·1운동이야말로 '나는 곧 나다'라는 하나님의 주체적 존재가 일어난 출애굽 운동인 것이다.

1894년 갑오농민혁명 이후 민권신장을 통해 민중이 외세와 맞섰다. 이후 3·1운동은 양반 지배자 중심의 왕조적 성격을 배격하며 민의 주체성을 일으키는 계기가 되었다. 사실 3·1운동 이전의 독립운동은 옛 왕조의 회복이라는 '복벽(復辟)운동'의 성격을 가지고 있었다. 이런 의미에서 동학은 종교로서 출애굽 해방의 참 의미를 찾게 해주었다. 특별히 동학의 제사(예배)에서 주장하는 향아설위(向我設位)는 이론적이기는 하지만 전통적으로 벽을 향하는 향벽설위(向壁設位)를 극복하려 했다. 자신을 향한 제사와 죽은 조상의 신위(神位)가 놓여 있는 벽을 향한 제사의 차이는 주체성에 있다.

전봉준의 동학농민혁명이 실패로 끝나고 민중 교육의 필요성이 절실해졌다. 외세의 침입으로 나라가 망하게 되었을 때 나라를 구하는 길은 오직 민중을 나라의 주인과 주체로 깨워 일으키는 것이었다. 그래서 곧이어 독립협회와 만민공동회를 통해서 주체적인 민중을 일깨우는 교육이 일어났다. 기독교에서는 안창호의 흥사단과 이승훈의 오산학교가 그 대표라고 할 수 있다.

안창호는 흥사단 입단문답을 통해 민족 독립의 주체를 확고히 세우려고 했다. 그는 "누가 독립운동을 해야 합니까?"라는 질문을 집요하게 해서 "내가 해야 합니다"라는 대답을 이끌어냈다. 외국의 세력과 연대하여 독립운동을 하라는 제안에 대해 이승훈은 씨앗이 땅을 밀치고 올라올 때 제힘으로 밀치고 올라오지 남의 도움을 받아 올라오는 것을 본 일이 없다면서, 모든 일은 제힘으로 해야 한다는 것을 역설했다. 그의 사상과 정신의 중심에는 스스로 하는 인격적 주체의 자아가 있었다. 민 한 사람의 개별적이고 사적인 주체를 나라의 주인과 주체로 세우는 교육독립운동이 3·1 혁명운동을 낳은 것이다. 민이 주체로 일어선 민주운동이고, 민이 주인과 주체로서 나라의 자주독립을 선언한 운동이고, 세계정의와 평화의 길을 활짝 열어놓은 비폭력 평화운동이다.[1]

이 정신은 「독립선언서」에 고스란히 담겼다. 3·1운동은 지도자를 앞장세우고 일어난 운동이 아니라 민중이 앞장선 운동이었다. 천황제에 얽매인 일본과는 분명한 차이가 있다. '나는 곧 나다'라는 출애굽의 하나님이 자아를 잃어버린 모세의 주인이 되어 400년간 노예로 살아온 이스라엘의 새로운 정체성과 주체성을 세웠듯이, 3·1운동은 봉건제와 외세에 맞서 나라의 참된 주인이 누구인지를 자각

1 박재순, "3·1혁명의 계승과 21세기 민주시민운동의 정신과 철학", 「기독교사상」 2017년 3월호, 21-22에서 발췌.

한, 민이 주인이 되는 민주운동의 초석이 되었다. 이 3·1운동 정신 위에 대한민(民)국 임시정부가 세워졌다. 99년 전 「독립선언서」에 서명한 33인 중 16인이 기독교인이었다는 사실은 출애굽과 결코 무관하지 않을 것이다.

그런데 어찌된 일인가? 1919년 3·1운동이 일제를 몰아내지 못하고 실패로 끝나자 1920년대부터 기독교 신앙은 염세적이고 타계적인 신앙으로 바뀌기 시작했다. 훗날 변절한 이광수 같은 이도 '교회 망국론'을 주장하며 교회의 현실 도피를 비판했다. 교회는 너무나 쉽게 조선기독교에서 일본기독교로 변질됐다.

이만열 교수는 신사참배 등 일제에 동조하고 옹호한 일본적 기독교를 말하면서 이것에 대한 반성과 회개가 없었다는 점이 일제를 청산하지 못한 원인이 되었다고 말한다. 그로 말미암아 친일파들이 다시 교권을 잡았고 오늘날까지 주체성과 정체성을 잃고 친일, 친미로 사대주의적인 기독교로 전락하였다고 말한다.

그러나 불행히도 이와는 전혀 다른 입장이 있다. 그들이 비록 친일파로 불리지만 바로 그들이야말로 전국적 조직의 교회와 기독교 기관을 유지시킨 인물이라는 주장이다. 교단과 기독교 기관의 책임자들로서 자유로울 수 없는 상황에서 이것들을 유지시키려면 종교 행위를 일제의 요구에 알맞게 맞추는 방법 외에 다른 방도가 없었다는 것이다.

신사참배를 지지하고 일본적 기독교에 맞춰서라도 교회의 외양적 모습을 유지하는 것이 과연 옳았을까? 사실 일제의 억압 속에서 교회를 바르게 유지하는 것은 대단히 힘든 일이었을 것이다. 그렇다고 교회의 본질을 왜곡해서라도 그 조직을 유지하는 것이 옳은 일이라고 할 수 없다. 사실 더욱 문제가 되는 점은 일제하에서 어쩔 수 없었다는 것에 그치는 것이 아니라 오히려 친일을 두둔하여 반민족적이고 반기독교적인 행위를 정당화하는 것이다. 이것이 결국 이승만으로 하여금 일제 청산의 반민특위를 짓밟게 했고 친일파를 옹호하여 자신의 세력으로 만들도록 허용했다. 결국 교회는 이승만, 박정희로 이어지는 친일의 굴레를 끝내 씻지 못했고, 오늘날에도 교계의 중심을 그들이 차지하게 되었다.

우리는 여기서 출애굽 그날 밤, 왜 누룩 없는 무교병과 쓴 나물을 먹었는지(12:8)를 생각해야 한다. 어릴 때 병원에서 처방해준 쓰디쓴 가루약을 먹는 일은 쉽지 않았다. 그 약을 먹을 때 어머니는 사탕 하나를 들고 계셨다. 어린 나는 사탕을 먹기 위해 그 약을 먹었다. 쓴 혀에 사탕이 들어갈 때의 느낌이란 말로 표현할 수 없었다. 어릴 때는 약이 목적이 아니었다. 사탕이 목적이었다. 그러나 본질은 쓴 약이다.

누룩은 본질이 아니다. 본질은 밀이다. 누룩이 들어가야 목 넘김도 좋고 맛도 괜찮다. 그렇다고 누룩만 먹을 수는 없지 않은가? 교회 조직이나 이름만 유지하려 한다면 그게 교회인가? 교회다운 교회여야 한다. 교회는 조직이나 건물이 아니다. 그것은 본질이 아니다. 본질은 그리스도의 몸인 교회의 지체가 바로 '나'라는 사실이다. 본질은 십자가이다. 예수께서 말씀하신 '자기 십자가' 말이다. 고난을 상징하는 '쓴 나물'도 같은 의미이다. 주님은 마태복음 16장 24절에서 말씀하신다.

> 이에 예수께서 제자들에게 이르시되 누구든지 나를 따라오려거든 자기를 부인하고 자기 십자가를 지고 나를 따를 것이니라.

주님을 따르는 일에 '자기 부정'과 '십자가'를 요구하신다. 주체적인 '자기 십자가'이다. 불행히도 한국교회는 여전히 예수의 십자가에 편승한 구원에 의존하고 있다. 여전히 십자가는 높이 세워진 장식품에 불과하다.

주님은 "네 믿음이 너를 구원했다"라고 말씀하신다. 내가 너를 구원했다고 말씀하시지 않는다. 믿음은 주님을 따르는 것이다. 주님의 십자가를 쳐다보는 것에만 머물러서는 안 된다. 주님이 지는 십자가가 아니라 내가 지고 가는 '자기 십자가'가 본질이다. 3·1운동은 우리 민족의 '자기 십자가'가 이뤄낸 운동이었다. "나는 곧 나다"라고 말씀하신 하나님은 "내가 거룩하니 너희도 거룩하라"(레 19:2) 말씀하시며, 예수께서는 "하늘에 계신 너희 아버지의 온전하심과 같이 온전하라"(마 5:48) 말씀하신다. 거룩하심과 온전하심으로 "나는 곧 나다"라고 감히 말할 수 있을 것이다. 그것은 자기 십자가를 실천함으로 이룰 수 있다.

3·1운동은 우리 선조들의 자기 십자가였다. 99년 전에 3·1운동을 일으킨 선조들은 남을 죽이는 것이 아니라 나를 죽이는 자기 십자가만이 분단을 넘어 평화와 통일로 가는 유일한 길임을 제시하고 있다.

네가 혼자 할 수 없으리라

(출애굽기 18:13-23)

이튿날 모세가 백성을 재판하느라고 앉아 있고 백성은 아침부터 저녁까지 모세 곁에 서 있는지라 모세의 장인이 모세가 백성에게 행하는 모든 일을 보고 이르되 네가 이 백성에게 행하는 이 일이 어찌 됨이냐 어찌하여 네가 홀로 앉아 있고 백성은 아침부터 저녁까지 네 곁에 서 있느냐 모세가 그의 장인에게 대답하되 백성이 하나님께 물으려고 내게로 옴이라 그들이 일이 있으면 내게로 오나니 내가 그 양쪽을 재판하여 하나님의 율례와 법도를 알게 하나이다 모세의 장인이 그에게 이르되 네가 하는 것이 옳지 못하도다 너와 또 너와 함께 한 이 백성이 필경 기력이 쇠하리니 이 일이 네게 너무 중함이라 네가 혼자 할 수 없으리라 이제 내 말을 들으라 내가 네게 방침을 가르치리니 하나님이 너와 함께 계실지로다 너는 하나님 앞에서 그 백성을 위하여 그 사건들을 하나님께 가져오며 그들에게 율례와 법도를 가르쳐서 마땅히 갈 길과 할 일을 그들에게 보이고 너는 또 온 백성 가운데서 능력 있는 사람들 곧 하나님을 두려워하며 진실하며 불의한 이익을 미워하는 자를 살펴서 백성 위에 세워 천부장과 백부장과 오십부장과 십부장을 삼아 그들이 때를 따라 백성을 재판하게 하라 큰 일은 모두 네게 가져갈 것이요 작은 일은 모두 그들이 스스로 재판할 것이니 그리하면 그들이 너와 함께 담당할 것인즉 일이 네게 쉬우리라 네가 만일 이 일을 하고 하나님께서도 네게 허락하시면 네가 이 일을 감당하고 이 모든 백성도 자기 곳으로 평안히 가리라(출 18:13-23).

출애굽기 18장 13절 이하의 내용은 이집트를 탈출해 가나안으로 향하는 광야 길에서 이스라엘에게 일어난 사건으로, 가히 이스라엘 민(民)이 주인(主人)이 되는 과정[民主化]이라고 할 수 있다. 400여 년 동안 바로의 노예로 주인이 되어본 적이 없으니, 가본 적이 없는 길, 그야말로 광야 길일 수밖에 없을 것이다.

어느 날, 모세의 장인이 모세 혼자서 하루 종일 백성에 대한 재판을 하는 것을 보았다. 이에 모세의 장인은 모세에게 말한다. 17절의 말씀이다.

네가 하는 것이 옳지 못하도다

여기 "옳지 못하도다"에서 '옳다'라는 말은 히브리어로 '토브'(טוב) 인데, 이 말은 하나님이 세상을 창조하실 때 창조의 하루를 끝내고서

하신 말씀, "하나님이 보시기에 좋았더라"에서 '좋았더라'와 같은 말이며, 하나님이 먹지 말라고 하신 창세기 2장 9절의 "선악을 알게 하는 나무"에서 '선'에 해당한다. 이런 의미에서 모세의 장인이 "옳지 못하도다"(לא־טוב, 로-토브)라고 말한 것은 모세가 혼자 하는 것이 선하지 않았다는 것을 의미한다. 이 말은 창세기 2장 18절에서도 볼 수 있다. 하나님이 아담을 만들고 나서 하신 말씀이다.

> 사람이 혼자 사는 것이 좋지 아니하니 내가 그를 위하여 돕는 배필을 지으리라 하시니라.

왜 혼자 사는 것이 좋지 않다고 말씀하신 것일까? 왜 혼자 하는 것이 선하지 않다고 하는 것일까? 혼자 일하고 혼자 사는 것이 안돼 보일 수는 있다. 그런데 이것을 선하지 않다고 하는 것은 무슨 이유일까? 그것은 혼자 판단하고 혼자 결정하는 것이 독단이 될 수 있기 때문이다. 실제로 본문 13절과 14절은 이것을 말해주고 있다.

> 이튿날 모세가 백성을 재판하느라고 앉아 있고 백성은 아침부터 저녁까지 모세 곁에 서 있는지라 모세의 장인이 모세가 백성에게 행하는 모든 일을 보고 이르되 네가 이 백성에게 행하는 이 일이 어찌 됨이냐 어찌하여 네가 홀로 앉아 있고 백성은 아침부터 저녁까지 네 곁에 서 있느냐

여기 13절과 14절의 '서다'는 원문에서는 서로 다른 단어를 사용한다. 13절의 '서다'는 자동사로 '아마드'(עמד)이고, 14절의 '서다'는

'나차브'(נצב)의 수동태인 '니차브'이다. 백성들이 서 있는데(13절), 그냥 서 있는 것이 아니라 누군가에 의해 수동적으로 세워져(14절) 있다는 것이다. 따라서 이 말은 '세워두다'(새번역)라고 번역하는 것이 좋을 듯싶다.

그런데 모세는 앉아 있고(ישׁב, 야샤브), 백성들은 '모세 곁에' 서 있다. KJV나 새번역은 '곁에'(על, 알)라는 전치사를 'by'(곁에)라고 번역하고 있지만, 공동번역은 '둘레'에, NAS는 'about'(주변에), ESV는 'around'(주위에)라고 번역하고 있다. 칠십인역은 '곁에 서다'는 말을 한 단어로 '파리스테미'(παρίστημι)라고 했는데 이는 전치사 '파라'(παρα, 곁에, 주위에)와 '히스테미'(ἵστημι)의 합성어이다. 히스테미는 '서다'라는 의미의 자동사로 쓰이지만 '놓다', '두다', 가져오다'의 타동사 의미도 있다. 여기서는 타동사로 쓰인다. 이것은 누군가가 자기 마음대로 '곁에' 혹은 '주변에' 가까이 세워두었다는 의미이다(put at one's disposal). 대체로 그려지는 그림은 모세 혼자 중심에 앉아 있고, 모세를 중심으로 백성이 둘러 세워져 있는 모습이다. 그 백성은 그저 모세의 판결만을 기다리고 있다.

본문에서는 또한 '네가 홀로'(לבדך, 러바떼카)라는 말을 주목해야 한다. '홀로'를 뜻하는 '빠드'(בד)의 어원은 '빠다드'(בדד)인데, 이는 단순히 '혼자', '홀로'의 의미가 아니라 '나뉘다', '고립되다'의 뜻이다. 소통이 되지 않는다는 말이다. 그러므로 '홀로'라는 말은 지도자 모세의 외로움, 고군분투를 뜻하기보다는 백성과 소통하지 않는 독단의 의미에 가깝다. 물론 의도적인 것은 아니었겠지만, 모세는 권력의 중심에 앉아 있고 백성들은 그 권력 주변부에 놓여 있다. 모르는 사이에 바로의 자리에 모세가 앉은 것은 아닐까? 나아가 하나님의 자리에 모세가 앉아 있는 것은 아닐까?

바로 이 점을 장인 이드로는 질책한다. “어찌하여 너는 혼자 앉아 있고 네 중심으로 백성들을 하루 종일 세워두고 있느냐?”라는 것이다. 하루 종일 ‘아침부터 저녁까지’ 백성을 세워 잡아두는 것, 이것이 독재가 아니고 무엇이겠는가? 백성을 하루 종일 노예처럼 부리는 바로와 무엇이 다르겠는가? 그러자 모세는 15절에서 변명한다.

> 백성이 하나님께 물으려고 내게로 옴이라

“하나님께 물으려고”(לדרשׁ אלהים, 리드로쉬 엘로힘)는 직역하면 ‘하나님을 알려고’이다. ‘다라쉬’(דרשׁ)는 ‘공부하다’, ‘조사하다’의 뜻으로서 율법학자들이 사용한 성서연구 방법이다. 랍비들의 성서해석 방법인 미드라쉬가 이 단어에서 나왔다. 미드라쉬는 성서를 문자에 가두어놓는 연구가 아니라 현실 속에서 살아있게 하는데 본질과 핵심이 있다. 재판의 자리라는 것을 감안하면, 백성은 자신들의 삶에서 일어난 일에 대한 하나님의 뜻(판단)을 알려고 모세에게 온 것이라고 보아야 할 것이다. 그래서인지 공동번역은 “백성은 하느님께서 판가름해 주셔야 할 일이 생기면 저에게로 옵니다”라고 했고, 새번역은 “백성은 하나님의 뜻을 알려고 저를 찾아옵니다”라고 했다.

그런데 하나님의 판가름이건, 하나님의 뜻이건 왜 모세에게 오는 걸까? 마치 모세가 하나님의 대리자가 된 것 같다는 생각이 든다. 물론 모세도 재판을 받으러 오는 백성에게 하나님의 율례와 법도를 알게 한다(16절). 그럼에도 이드로는 그런 모세를 향해 "네가 하는 것이 옳지(선하지) 못하도다"(17절)라고 말한다.

이드로는 사위 모세가 일을 혼자 너무 많이 해서 힘들까봐 그런 말을 한 것일까? 18절의 "기력이 쇠하리니"를 보면 그런 생각도 든다. 그렇다면 '너무 무리하게 일하고 있네', 혹은 '잘못하고 있네' 정도로 말했을 것이다. 그런데 이드로는 분명 '옳지(선하지) 못하다'고 말한다. 특히 18절에서 "이 일이 네게 너무 중함이라"라는 말은 단지 일이 많아서 한 말이 아니다. '중하다'(כבד, 카바드)의 명사형은 '영광'(카보드)이다. 그 '중한' 일을 통해 받는 영광에 대한 질책이다. 이드로는 이 중함을 두고 "네가 혼자 할 수 없으리라"고 말한다. 말하자면 모세 혼자 감당할 일이 아니라는 말이다. 이것은 그 영광을 독차지하려는 모세의 야심을 은연중 비춘 말일 것이다. 그러므로 그 자리에 모세가 있는 것이 선하지 않다는 이드로의 질책은 옳다.

이것이 오늘 교회의 모습이 아닐까? 하나님의 자리에 목사가 앉아 있는 것은 아닐까? 하나님의 교인이 아니라 나의 교인이라고 생각하면서 모세처럼 "교인들이 내게로 옵니다. 내가 그들에게 하나님의 말씀을 알려줍니다"라고 말하는 것은 아닐까? 마치 하나님의 뜻을 다 알기라도 하듯이 말이다. 덧붙여 말하자면 "내가 안수하면 낫고, 내가 축복기도하면 성공하고…" 등등. 주어가 '나'가 아닌가? 어느새 하나님의 대리자 혹은 하늘과 땅 사이의 브로커가 되어 있다. 상당수의 교회가 이렇지 않은가? 교회에 부와 힘이 생기면서 이렇게 되고 있다.

교회의 타락은 바로 여기서 시작된다. 사도행전 3장에서 베드로와 요한은 기도하러 성전에 올라갈 때 걸을 수 없는 걸인 하나를 만나게 된다. 이 걸인이 뭔가 얻을까 하여 이들을 바라보자 베드로가 그에게 말한다. 6절이다.

> 은과 금은 내게 없거니와 내게 있는 이것을 네게 주노니 나사렛 예수 그리스도의 이름으로 일어나 걸으라

은과 금이 많은 부자 교회에 예수는 없다. 금과 은이 훨씬 더 위력을 발휘하기 때문이다. 교회의 타락은 부에 있고, 부를 축적한 힘에 있다. 그 부와 힘 때문에 세습도 있는 것이다. 이유도 기가 막히다. 북쪽이 '혁명의 세습'을 말하듯 남쪽 교회는 '신앙의 세습'을 말한다. 물론 하나님의 말씀에 순종하라고 하겠지만, 어느새 하나님께 순종하라는 것이 목사에게 순종하라는 것으로 변하고, 거기에 '아멘' 하며 익숙해져 가고 있다.

지금 모세의 장인 이드로는 절대 권력인 이집트의 바로 왕으로부터 해방된 하나님의 백성이 다시금 옛날 방식대로 살아가고 있는 모습을 본 것이다. 이드로는 "너와 또 너와 함께 한 이 백성이 필경 기력이 쇠하리니"라고 말한다(18절). "자네도(גם־אתה, 깜-아타) 백성도(גם־העם, 깜-하암) 확실히(נבל, 나볼) 지칠 것이다(נבל, 나벨)"라는 말이다. 여기 '지치다'(나벨)는 일이 많아 피곤해 지친다는 말이 아니다. 나벨은 '지치다' 외에 '시들다,' 나아가 '산산조각 나다'의 의미를 갖고 있다. 이것은 파멸을 뜻한다. 그렇기에 선하지 않다는 것이

다. 절대 권력의 파멸을 어디 한두 번 보았는가? 절대 권력만의 파멸이 아니라 백성도 파멸이고 나라 전체가 파멸이라는 말이다. 그러면서 모세의 장인은 모세에게 아주 중요한 가르침을 주고 있다. 본문 19절 이하이다.

> 이제 내 말을 들으라 내가 네게 방침을 가르치리니 하나님이 너와 함께 계실지로다 너는 하나님 앞에서 그 백성을 위하여 그 사건들을 하나님께 가져오며 그들에게 율례와 법도를 가르쳐서 마땅히 갈 길과 할 일을 그들에게 보이고

모세의 문제점을 지적한 이드로는 이제 새로운 대안을 제시한다. 명령형으로 시작하는 문장이다. 첫 문장을 직역하면 "들으라, 내가 너에게 충고하는 내 소리를"이다. 그러고 나서 충고의 구체적인 내용이 나온다. 이드로는 구체적인 충고를 하기 전에 모세에게 그의 행동 목적 그리고 그 위치를 분명히 밝혀준다. "너는 하나님 앞에서 그 백성을 위하여"는 직역하면 "너는 백성을 위해(לעם, 라암) 하나님 앞에(מול האלהים, 물 하엘로힘) 있으라(היה, 헤예)"이다. 여기 '앞에 있으라'를 공동번역은 '대변인'이라고 번역했고, ESV는 '대변하다'(represent)로 번역했다. 물론 하나님의 대변인이 아니라 백성의 대변인이다. 신의 대리인인 척하는 절대 권력이 아니라 백성의 대변인으로서 모세의 자리를 분명히 하라는 것이다.

충고의 첫 번째 내용은, 백성의 사건을 하나님께 가져가라는 것이다. 이것은 16절의 모세의 말 "일이 있으면 내게로 오나니"라는 말과 대조된다. 모세가 아니라 하나님께 가져가라고 한다. 즉 하나

님의 뜻을 묻는 것이다. 그리고 하나님의 뜻의 기준인 규례와 율법을 백성에게 가르쳐 그들로 하여금 마땅히 가야 할 길과 해야 할 일을 알게 하라는 것이다. 즉 백성들로 하여금 누구의 지시를 무조건 받아서 움직이는 노예가 아니라 스스로 법을 지켜 살아가는 주인이 되게 하라는 것이다. 이것이 민주주의이다. 이름 그대로 민이 주인이 되는 정치체제이다. 타율에서 신율로 그리고 신율이 자율이 되는 길이다. 그래서 어르신들은 스스로 잘 알아서 하는 사람을 두고 "그 사람, 제법이네"라고 말한다. 하나님의 법이 자기 법이 되는 것이다. 모세를 향한 권력 줄서기를 중지하고 모세와 백성 모두 하나님을 향해 선다. 모세 앞에서가 아니라 '하나님 앞에' 선다.

이어서 이드로는 그동안 모세 혼자 해온 일들을 백성에게 돌려주라고 한다. 권한이 백성에게로 이양되는 것이다. 이드로는 그 일을 할 수 있는 사람들을 "온 백성 가운데서"(מכל־העם, 미콜-하암, 18:21) 고르라고 충고한다. 온 백성 가운데에서 고른 사람들이 천부장, 백부장, 오십부장, 십부장이다(18:21). 새번역은 이를 "능력과 덕을 갖춘 사람"이라고 번역했다. '능력 있는'(חיל, 하일)에는 도덕적·영적인 요소와 기능적인 요소 둘 다가 있다. 원문을 직역하면 지도자의 요건은 '하나님을 경외하는 능력 있는 사람, 불의한 이익을 미워하는 진실한 사람'이다.

바로 이런 사람들, 천부장, 백부장, 오십부장, 십부장을 세움으로 모세는 자신이 혼자 해온 일을 분산시킬 수 있었다. 이들에게 재판을 각기 맡기는 것은 권력의 분담, 권력의 분산을 말한다. 사실 이렇게 함으로써 권력의 집중이 주는 중압감으로부터 모세 자신이

해방된다. 22절 이하에서 이드로는 말한다.

> 그들이 때를 따라 백성을 재판하게 하라 큰 일은 모두 네게 가져갈 것이요 작은 일은 모두 그들이 스스로 재판할 것이니

이드로의 마지막 말, "이렇게 그들이 자네와 짐을 나누어지면, 자네의 일이 훨씬 가벼워질 걸세"라는 말이 가슴에 다가온다. 이 문장은 직역하면 "너 자신으로부터 가벼워지게 하라. 그들이 너와 짐을 나누어졌다"이다. 새번역과 개역개정은 뒤의 문장부터 번역하여, 짐을 나누어짐으로써 모세가 가벼워짐을 표현했다. 본래 뜻은 모세로 하여금 스스로에게서 가벼워지라(자유)는 명령이 담긴 충고이다. 그러나 사람 마음이 그렇지 않다. 감당하지도 못할 권력을 쥐고 싶어 한다. 그칠 줄 모르는 권력에 대한 탐욕이 있다. 제게 안 맞고 무거워도 입고 싶은 것이 권력의 옷이다. 여전히 가벼워지는 법을 모르고 있다. 아직도 하늘이 무서운 줄 모르고 있다. 결국 권력의 남용은 참을 잊어버리고 거짓을 선택하게 하여 부정직한 소득을 노리는 부정과 부패로 이어진다.

마지막으로 이드로는 조언을 잘 행했을 때의 결과를 말해준다.

> 그리하면 그들이 너와 함께 담당할 것인즉 일이 네게 쉬우리라 네가 만일 이 일을 하고 하나님께서도 네게 허락하시면 네가 이 일을 감당하고 이 모든 백성도 자기 곳으로 평안히 가리라.

만일 내 충고를 듣고 행하고, 하나님이 허락하시면 이 일이 가능

해진다는 말이다. 모세가 받아들이고, 하나님도 허락하실 때 가능한 일이다. 23절의 '감당한다'(יכלת עמד, 야콜타 아모드)는 '너는 할 수 있다'(야콜타)와 '선다'(아모드)의 두 동사가 결합했다. '야콜타'는 18절에도 나왔다. 혼자서는 할 수 '없다'고 했었던 구절이다. '아모드'는 13절에서 나왔다. 그때 모세는 권력의 중심부에 앉아 있고, 백성은 그의 곁에 서 있었다. 이제 모세는 더 이상 앉아 있는 위치에 있지 않다. 백성과 같이 백성의 대변인으로서 하나님을 향해 서 있다. 백성과 함께 서는 것이 모세의 일이며, 모세의 위치이다. 그리고 혼자서는 할 수 없었던 일을 이제는 함께 할 수 있다.

그렇게 했을 때, 모든 백성이 '그들의 집'으로 돌아간다. '집'을 의미하는 '마콤'은 자리를 의미하기도 한다. 모세가 제 위치에 섰을 때, 백성들 역시 자기 자리로 돌아갈 수 있다. 군인이 제 자리를 벗어남으로써 우리 백성이 얼마나 힘들었던가. 이것은 명령과 복종이 미덕인 군사적 사고에 기인한다. 백성을 자기 부하로 삼다니 말이다. 군인이 통치하면 백성도 자기 소유인 것이다. 이드로는 이스라엘 백성을 두고 '너(모세)의 백성'이라는 표현을 쓰지 않는다. 18절에서 "너와 함께 한 이 백성"이라고 표현했다. 언제나 '이 백성'(העם, 하암)이라고 표현한다. 그들은 하나님의 백성이기 때문이다. '나의 백성'(עמי, 암미)은 야훼만이 쓸 수 있는 표현이었다. 명령과 복종의 군사문화에서 백성은 통치자의 소유에 불과하다. 군인이 군인의 자리로 돌아가는 것, 그것이 평화(שלום, 샬롬)이다. 그럴 때 백성도 권력에 줄 설 필요가 없고 자기 집으로 돌아가면 된다. 그것이 평화이다.

혹 목사나 장로 등 교회 지도자들도 그렇지 않은가? 모세의 백성이 없듯이 '나의 교인'은 없다. '하나님의 교인'이다. 상당수 우리나라 교회에 '민주주의'라는 말이 금기라는 것을 아는가? 일방적인 순종을 미덕으로 여기고 있기 때문이다. 하나님에 대한 순종이 목사에 대한 순종으로 변질되었기 때문이다. 일부 목사와 장로들은 교인들이 민주주의를 잘못 이해하고 있다고 말한다. 그런 교인들이 "우리도 민주주의 합시다"라고 할까봐 민주주의라는 말을 쓰지 말아야 한다는 것이다. 목사와 장로 몇몇은 앉아 있고 교인들은 그 권력의 주변에 '순종'이라는 끈으로 묶여 세워져 있다. 심지어 성경공부도 자제해야 한다는 이야기까지 들린다. 루터의 '만인사제설'은 어디 갔는가? 날이 갈수록 교회와 교인이 평화롭지 못하다.

복음서

✝

제자의 이름으로 주는 냉수 한그릇 | **마태복음 10:40-42**

마음으로부터 용서하지 않으면 | **마태복음 18:21-35**

한 사람·청년·부자 | **마태복음 19:16-22**

품꾼을 구하러 이른 아침에 나간 집주인(1) | **마태복음 20:1-16**

품꾼을 구하러 이른 아침에 나간 집주인(2) | **마태복음 20:1-16**

씻김을 받고 나서 | **마가복음 1:9-11**

예수, 위로의 마을에서 꾸짖다 | **마가복음 1:21-27**

부름—버림—따름 | **마가복음 1:16-20**

들을 귀 있는 자는 들으라 | **마가복음 4:21-25**

땅이 스스로 열매를 맺되 | **마가복음 4:26-29**

한 청년의 부활 | **마가복음 14:50~52, 16:1-8**

벙어리가 된 사가랴 | **누가복음 1:5~20, 57-66**

시므온의 기다림 | **누가복음 2:25-35**

내려가는 길에서 | **요한복음 4:43-54**

한 아이의 보리떡 다섯 개와 물고기 두 마리 |**요한복음 6:1-13**

실로암 못에 가서 씻어라 | **요한복음 9:1-7**

제자의 이름으로 주는 냉수 한 그릇
(마태복음 10:40-42)

> 너희를 영접하는 자는 나를 영접하는 것이요 나를 영접하는 자는 나를 보내신 이를 영접하는 것이니라 선지자의 이름으로 선지자를 영접하는 자는 선지자의 상을 받을 것이요 의인의 이름으로 의인을 영접하는 자는 의인의 상을 받을 것이요 또 누구든지 제자의 이름으로 이 작은 자 중 하나에게 냉수 한 그릇이라도 주는 자는 내가 진실로 너희에게 이르노니 그 사람이 결단코 상을 잃지 아니하리라 하시니라(마 10:40-42).

마태복음 10장은 예수께서 제자들을 불러 사도로 보내는 장면을 담고 있다. 제자로 부름 받아 사도로 보냄 받는 과정은 4장 18절부터 시작된다. 그리고 이어지는 제자들(무리들과 함께, 5:1)에게 준 가르침(말씀)은 '산상설교'로 5-7장에서 전개되며, 8-9장은 예수의 이 말씀이 삶으로 나타나는 기적 이야기를 기록하고 있다. 10-11장은 이 말씀으로 무장된 제자를 파송하는 명령과 그 제자들의 고난을 말하고 있다.

특별히 마태복음 10장 전체는 예수의 제자인 사도들을 보내면서 해야 할 일들과 보냄 받은 자의 자세 그리고 겪어야 할 고난과 그 대처방법 등을 말하고 있다. 이 중 10장의 마지막 부분인 40-42절은 예수께서 보낸 자들을 영접하는 자에 대한 보상을 말하고 있다.

10장에서 예수께서는 열두 제자를 불러 더러운 귀신을 쫓아내며 모든 병과 모든 약한 것을 고치는 권능을 주신다(1절). 그리고 이들을 사도(2절)로 내보내며 복음을 전파하라고 하시면서 천국이 가까이 왔다고 말하고, 병든 자를 고치며 죽은 자를 살리며 나병환자를 깨끗하게 하며 귀신을 쫓아내라고 하신다(7-8절). 이것은 마태복음 4장 23절의 '가르치시며 천국 복음[1]을 전파하시며 백성 중의 모든 병과 모든 약한 것을 고치시는' 주님의 사역과 일치한다고 볼 수 있다. 예수의 일이 제자들의 일이 된 것이다. 부름 받아 가르침을 받아온 제자들이 가르치는 스승이 된 것이고, 보냄 받은 사도가 된 것이다.

그렇기에 예수는 "너희를 영접하는 자는 나를 영접하는 것이요 나를 영접하는 자는 나를 보내신 이를 영접하는 것이니라"(40절)라고 말씀하신다. '너희'가 곧 '나'라는 것이다. 제자가 곧 스승인 것이다. 25절의 "제자가 그 선생 같고 종이 그 상전 같으면 족하도다"라는 예수의 말씀과도 어울린다. 단지 가르침인 말씀을 받아 제자가

---

1 ὁ εὐαγγέλιον τῆς βασιλείας, 호 유앙겔리온 테스 바실레이아스, 그 나라의 복음.

된 것인가? 주님의 말씀은 단지 가르침의 '말'이 아니다.

산상설교 마지막 구절인 7장 29절은 주님의 가르침에는 가르치는 자의 '권위'(ἐξουσία, 엑수시아, 권능 또는 권세)가 있었다고 말하고 있다. 이 권위가 무엇인가? 7장 28-29절의 말씀은 어디선가 들어본 것처럼 익숙하다.

> 예수께서 이 말씀을 마치시매 무리들이 그의 가르치심에 놀라니 이는 그 가르치시는 것이 권위 있는 자와 같고 그들의 서기관들과 같지 아니함일러라

이것은 마가복음 1장 22절과 일치한다. 마태는 예수께서 더러운 귀신(πνεῦμα, 프뉴마, 영)을 쫓아내신 사건에 대한 마가의 기록을 보고 예수의 가르치심(διδαχή, 디다케, 교훈)의 내용이 무엇인가를 생각하고 그 말씀을 찾았을 것이다. 그 말씀이 바로 '산상설교'이다. 그렇기에 산상설교 마지막에 마가복음 1장 22절을 편집해 넣었을 것이다. 이 권위(권능) 있는 말씀의 능력을 8장 16절은 이렇게 기록한다.

> 예수께서 말씀으로 귀신들을 쫓아내시고 병든 자들을 다 고치시니

이렇게 볼 때 그 '권위'는 더러운 영을 쫓아내는 권위이고, 그 권위의 실체는 당연히 '더러운 영'을 축출하는, 예수의 '깨끗한 영', '거룩한 영', '성령'이다. 이 권위를 제자들이 받는다. 10장 1절이다.

> 예수께서 그의 열두 제자를 부르사 더러운 귀신을 쫓아내며 모든 병과 모든 약한 것을 고치는 권능(엑수시아)을 주시니라

제자들은 예수가 주신 이 권능을 가지고 온갖 고난이 있는 곳으로 보냄 받는다. 그러나 이 거룩한 영의 권능을 받았다고 해서 늘 갖고 있는 것은 아니다. 이 권능을 잃어버리는 순간 베드로처럼 순식간에 반석에서 사탄으로 전락한다(16:23). 예수는 이 거룩한 영의 권능을 받은 제자들을 사도로서 보내며 장차 그들이 겪을 고난에 대해 10장 대부분을 할애하고 있다. 그러므로 이 권능을 받은 제자들을 영접하는 것이 자신을 영접하는 것이라고 주님은 말씀하고 있다.

"너희를 영접하는 자는 나를 영접하는 것이요"(40절)라는 말씀의 정점은 이 본문 직전 38절 "또 자기 십자가를 지고 나를 따르지 않는 자도 내게 합당하지 아니하니라"는 말씀에서 찾을 수 있다. 이것은 16장 24절에서도 반복된다. 예수가 제자를 처음으로 부르시는 장면(4:18-22)의 구도는 부름(καλέω, 칼레오, 4:21)－버림(ἀφίημι, 압피에미, 4:19, 22)－따름(Δεῦτε ὀπίσω μου, 듀테 오피소 무, 내 뒤에 서라, 4:19/ ἀκολουθέω, 아콜루쎄오, 4:20, 22)이다. 따름의 정점은 십자가이다. 예수의 십자가를 따르는, 예수의 십자가가 '자기 십자가'가 될 때 비로소 스승의 삶을 따르는 온전한 제자가 된다.

예수의 십자가로는 구원받지 못한다. 구원은 예수의 십자가에 편승해서 이루어지는 것이 아니다. 바라만 보는(ἀναβλέπω, 아나블레포, 쳐다보며, 막 8:24) 예수의 십자가는 내 삶이 아니다. 구원은

자기 십자가에서 온다. 그때 비로소 "너희를 영접하는 것이 나를 영접하는 것이 된다." 이것은 이미 18절에서 총독들과 임금들 앞에 주님 때문에(ἕνεκεν, 헤네켄) 증언(μαρτύριον, 마르튀리온)해야 하는 모습에서 드러나 있다. '증언'을 하는 '증인'(μάρτυς, 마르튀스)에서 '순교자'를 뜻하는 영어 'martyr'가 나왔다. 이런 의미에서 증인은 단순한 목격자가 아니다. 주님이 사신 그대로 따르는 사람을 말한다. 순교는 자기 십자가를 지는 것이다. 주님과 같은 일을 하는 것이기에 '너희'를 영접하는 것이 '나'를 영접하는 것이라고 말씀하고 있다.

이어 예수께서는 나를 영접하는 것이 나를 보내신 이를 영접하는 것(40절)이라고 말씀하신다. 제자들인 '너희'가 '나를 보내신(ἀποστέλλω, 아포스텔로) 이'인 하나님에게로 연결된다. 하나님의 아들을 영접함으로(δεχόμαι, 데코마이, 받아들이다) 하나님의 아들이 자기 인식이 되고, 그 아들을 보내신 하나님을 받아들이는 것이다. 필자의 귀에는 하나님의 거룩한 영, 성령의 사람이 되는 것으로 들린다. 이것이 하나님의 형상으로 지음 받은 사람의 본래 자리이다. '형상'이란 히브리어로 '첼렘'(צלם)인데, 이 단어는 '동상'이라는 뜻의 아카드어 '찰문'(צלמון)이라는 말에서 나왔다. 고대 아카드 문명에서 '동상'은 겉모양(imago, 이마고)이 아니라 신 자체를 의미했다(배철현, 『창세기, 샤갈이 그림으로 말하다』, 36 참조). 이렇게 볼 때 '하나님의 형상'은 하나님 자신을 가리키는 말이다. 요한이 인용한 바 "너희를 신이라 하였노라"(요 10:34, 시 82:6 인용)라는 말씀이 이해되는 대목이다. 그러므로 하나님이 '나'를 세상에 보내듯이(ἀποστέλλω, 아포스텔로) 제자들인 '너희'를 보낸다는(아포스텔로) 것이다. 그렇기에 그들은 사도(ἀπόστολος, 아포스톨로스, 2절)이다. 여기서 동학의 사인여천(事人如天), 인내천(人乃天)의 시천주(侍天主) 사상을 본다.

이어 41절에서 주님은 "선지자의 이름으로 선지자를 영접하는 자는 선지자의 상을 받을 것이요 의인의 이름으로 의인을 영접하는 자는 의인의 상을 받을 것이요"라고 말씀하신다. 선지자는 헬라어로 '프롭페테스'(προφήτης)라고 하는데 '앞서'를 뜻하는 '프로스'(προς)와 '말하다'는 뜻의 '페미'(φημί)의 합성어이다. 이것은 시간상으로 앞서서 말하는 사람, 점쟁이 같은 예언자를 의미하지 않는다. 원래 이것은 구약성서에 등장하는 히브리어 '나비'(נביא)에서 온 말로 '대신 말하는 사람', '대언자'(출 4:16)를 뜻한다. 그런 점에서 '앞서'는 시간적인 앞을 가리키는 말이 아니라 깨달음의 깊이에 앞서 있는 것을 말한다. '선각자'라는 말이 어울릴 것 같다. 그러므로 선지자는 좀 더 본질적인 것을 본 사람을 의미한다. 다른 사람과 다른 눈을 가진 사람이라고 볼 수 있다. 예루살렘 성전을 보며 한 사람이 "선생님, 보십시오! 얼마나 굉장한 돌입니까! 얼마나 굉장한 건물들입니까!"(막 13:1, 새번역)라고 말하자 예수께서는 "너는 이 큰 건물들을 보고 있느냐? 여기에 돌 하나도 돌 위에 남지 않고 다 무너질 것이다"(막 13:2, 새번역)라고 말씀하신다. 진정한 선지자의 눈이다. 예루살렘의 가식과 위선의 황폐함을 본 것이다. 이러니 그 선지자를 가만두었겠는가? 마태복음에서 진정한 선지자(예언자)의 모습은 구약성서와 마찬가지로 고난받는 모습으로 나타난다(5:12, 13:57, 23:29-37). 사실 10장에 나타난 보냄 받은 제자들의 모습이 이와 같다. 그리고 그 고난의 원형은 예수인 '나'(40절)이며, 그러므로 예수를 영접한 제자들인 '너희'(40절) 역시 그 고난을 겪을 수밖에 없다는 것이다.

'의인' 역시 다르지 않다. 이 의인의 '의'(δικαιοσύνη ,디카이오수네)는 팔복에서부터 나타나 있다. 예수께서는 "의에 주리고 목마른 자는 복이 있나니"(5:6)라고 말씀하시며 팔복의 마지막을 "의를 위하여 박해를 받은 자는 복이 있나니"(5:10)라는 말씀으로 맺는다. 마지막 복은 번역에 문제가 있다. '위하여'로 번역된 헬라어 '헤네켄'이 이유를 나타내는 전치사이기 때문이다.

'의를 위하여'라고 번역하면, 박해를 당하는 사람들이 '의를 위한다'는 목적의식을 가지고 마치 박해를 자초하는 것처럼 오해될 우려가 있다. 그러나 이 문장의 속뜻은 그게 아니다. 박해를 당하는 사람들이 박해받는 '이유'가 그들의 '의 때문'이라는 뜻이다. 더욱이 여기 10절의 '의 때문에'라는 말이 이어지는 11절에서는 '나 때문에'라는 말과 의미상으로 연관되어 있음을 보게 하기 위해서라도, 이 전치사의 번역은 '때문에'로 통일시킬 필요가 있다. 이뿐만 아니다. 동사의 시제를 소홀히 다룬 점도 눈에 띈다. '박해를 당하다'라는 수동태가 '현재완료형'으로 표기된 것을 간과하고, 우리말 번역 모두가 "핍박을(박해를) 받은 자"라고 '과거형'으로 번역했다. 헬라어에서 '현재완료'는 '과거에 일어난 사건이 현재에도 영향을 미치고 있음을 나타낼 때' 쓰이는 어법이기에, 과거에도 박해를 당했고 지금도 박해를 당하고 있다는 의미에서 '박해를 당해왔다'라고 번역하는 게 어떨까 싶다.[2]

이스라엘 역사는 고난을 당해온 의인의 역사이고 그것은 예수를 거쳐 제자들에게도 계속된다. 더욱이 예수는 이 '의'를 두고 "너희의가 서기관과 바리새인보다 더 낫지 못하면 결코 천국에 들어가지 못하리라"(5:20)라고 말함으로 여섯 가지 반제(5:21-48)를 제시하고 있다. 이 '더 나은 의'는 율법의 행위에 근거가 되는 마음이 기준이다. 그리고 율법의 의는 유대인만을 이웃으로 규정하며 의인으로 여긴다. 말하자면 나는 유대인이기에 옳고, 이방인은 그르다는 것이다. 이것을 지적한 예수께 박해는 예정된 것이다. 이런 점에서 선지자나 의인을 영접하는 자에게 고난은 필수이다.

나아가 예수께서는 그냥 "선지자를 영접하고 의인을 영접하고" 라고 말씀하지 않고 그 앞에 '선지자의 이름으로', '의인의 이름으로' 라는 말을 덧붙였다. 이름은 성서에서 단지 사물이나 사건을 지칭하는 이름이 아니다. 노자『도덕경』1장에도 "道可道非常道 名可名非常名"(도가도비상도 명가명비상명: 도를 도라고 말할 수 있으면 영원한 도가 아니고, 이름을 이름할 수 있으면 영원한 이름이 아니다)이라고 하지 않던가? 성서에서 '이름'은 성품과 삶이다. 그러므로 '선지자의 이름'과 '의인의 이름'으로 그들을 영접한다는 것은 예언자와 의인을 알아보는 눈을 가지고 있다는 것이요, 그 성품을 갖고 있다는 말이다.

우리는 예수의 이름으로 기도한다. 하나님의 아들과 딸 된 마음과 삶으로 기도를 드린다는 말이다. 그래서 가르쳐주신 기도가 '주기도문'이다. 내가 아니라 하나님의 다스림을 받겠다는 사람의 기

---

2 강일상,『산상설교, 그 사람됨의 가르침』(대한기독교서회, 2004), 70.

도이다. 그래서 "너희는 먼저 그의 나라와 그의 의를 구하라"(6:33)라고 했고 "구하기 전에 너희에게 있어야 할 것을 하나님인 너희 아버지께서 아시느니라"(6:8)라고 말씀하신 것이다. 그런데 지금 우리의 기도는 어떤가? 하나님의 뜻이 아닌 내 탐욕의 기도로 점철되어 있지 않은가? 그렇다면 '예수의 이름'으로가 아니라 '내 이름'으로 하는 것이 정직하지 않겠는가?

'선지자의 이름', '의인의 이름'은 '예수의 이름'의 내용이다. 이 이름들은 예수의 삶과 마음을 받아들이며 따르고자 하는 제자들의 삶이고 신앙이다. 40년 전쯤이라고 생각되는데, 당시 문익환 목사의 노동자들을 위한 파격적인 기도가 있었다. 당시만 해도 지금과는 달리 노동 조건이 아주 열악한 상황이었다. 그때 문 목사는 기도의 끝을 예수의 이름으로 하지 않고 "오늘만은 전태일의 이름으로 기도드립니다" 하고 기도를 드렸다.

이것은 당시 젊은이였던 필자에게 충격이었다. 오늘 예수 자신도 인간의 이름을, 그 이름의 값대로 사는 이들의 이름을 '예언자의 이름', '의인의 이름', '제자의 이름'이라고 서슴지 않고 부르신다. 이것은 구체적으로 예수를 영접하고 그의 삶을 산다는 것이 무엇인지를 일깨워준다. 그렇다. 예수를 영접한다는 것은 먼 2,000년 전으로 거슬러 올라가서 예수를 영접하는 것이 아니다. 부당한 권력에 맞서던 예언자들을 영접하여 그처럼 사는 삶으로, 불의에 맞서던 의인들을 영접하여 그처럼 사는 삶으로, 나아가 그 부당한 권력과 불의로 고난당하는 가난하고 보잘 것 없는 작은 자 하나를 영접하여 그와 가난과 슬픔과 고통을 나누는 것이다. 이것이 바로 예수의 이름으로 기도드리는 사람들의 삶이라는 것이다.

그리고 주님은 '너희'를 영접하는 자에게 상이 있다고 말씀하신다. 이 '상'은 헬라어로 '미스쏘스'(μισθός)이다. '상'하면 경주나 경쟁에서 주는 상을 말하는 것 같다. 그런 '상'을 의미하는 헬라어 단어는 '브라베이온'(βραβεῖον)이다. 고린도전서 9장 24절에서는 운동장에서 달음질하는 자들이 경주하여 얻는 상이며, 빌립보서 3장 14절에서도 '부름의 상'을 말할 때 사용되었다. 그러나 '미스쏘스'는 그런 상이 아니다. 이것의 동사 '미스쏘오'는 '고용하다'(hire, engage)이다. 즉 일한 대가로 받는 '삯'(마 20:8, 눅 10:7, 딤전 5:18)인 급료(pay, wage)인 셈이다. 어떤 일을 한 대가의 의미를 갖고 있는 것이다.

칠십인역에서도 의인들에게 주는 보상(창 15:1, 사 40:10)으로 쓰였다. 칠십인역에서 동사 '미스쏘오'는 '보수를 주고 고용하다'(삿 9:4)는 뜻으로 쓰이며 명사 '미스쏘토스'(μισθωτός)는 '고용된 일손'(출 12:45, 레 19:13)을 나타낸다. 그러나 대가라고 다 좋은 것은 아니다. 좋은 수고에 대한 대가(마 5:12, 고전 3:8)도 있지만, 나쁜 일에 대한 징벌의 대가(계 22:12, LXX 겔 27:33)도 있다. 특히 요한복음 4장 36절에서는 비유적인 것으로서 영적 수고에 대한 열매의 대가를 가리킨다.

이렇게 볼 때 '선지자의 상'(προφήτου μισθός, 프롭페투 미스쏘스)은 선지자를 알아보고 영접하고, 선지자의 삶을 살아온 사람이 쌓아온 선지자의 성품이라고 봐야 한다. '의인의 상'(δικαίου μισθός, 디카이우 미스쏘스)은 의인을 알고 영접하고, 의인의 삶을 살아온 사람이 쌓아온 의인의 성품이라고 봐야 한다.

이 '미스쏘스'는 '제자의 이름'으로 제자인 '작은 자 중의 하나'(42절)에게 '냉수 한 그릇'(42절)이라도 주는 사람에게도 주어지는 것이다. '제자의 이름으로'라는 말은 선지자나 의인과 마찬가지로 부름 받아 버리고 따르는 삶, 예수처럼 살겠다는 삶, 그래서 자기 십자가를 지는 삶을 사는 자의 모습이다. 이런 삶이라면 제자인 '작은 자'를 알아볼 수 있고 대접할 수 있다. '작은 자'(18:6, 14)는 마태공동체 일원의 자기 인식이다. '작다', '크다' 하는 것은 모두 상대적인 말이다. 큰 것 앞에서는 작고, 작은 것 앞에서는 크다. 마태의 '작은 자'는 '큰' 스승이신 예수 앞에 있는 제자들을 말하고 있는 것이다. 유행가에도 있지 않은가? "그대 앞에만 서면 나는 왜 작아지는가." 마태공동체는 예수 앞에서 '작은 자'임을 깨달은 '작은 자들의 제자공동체'이다.

작은 자임을 알고 있는 제자에게 '냉수 한 그릇'이라도 주는 사람은 상을 잃지 않을 것이라고 말한다. 예수께서는 왜 하필 '냉수 한 그릇'으로 받는 보상을 말하고 있을까? '밥 한 그릇', '돈 한 푼'이라고 표현할 수도 있는데 하필 가장 하찮은 '냉수 한 그릇'이라고 표현했을까? 우리는 오랫동안 이 '냉수 한 그릇'의 의미를 상대방인 목마른 자에게서 찾으려고 했다. 몹시 갈증 나는 사람에게 '냉수 한 그릇'은 얼마나 귀한 것인가? 그래서 우리는 이 상을 갈증을 풀어준 데 대한 보상으로서 생각해왔다. 그러나 이제 상대방의 갈증이 아니라 '우리의 행위 자체'라는 측면에서 생각해보기 바란다. '냉수 한 그릇'을 주는 우리의 마음은 어떤 마음인가? 우리는 어떤 마음으로 냉수 한 그릇을 주고 있는가? 아마도 '냉수 한 그릇'을 주면서 무언가 보상을 바라는 사람은 없을 것이다. 그러고 보니 "너희가 거저 받았으니 거저 주라"(8절)라는 말씀이 깨달음으로 다가온다.

묘협 스님이 쓴 "보왕삼매론"(寶王三昧論)에 "施德不求望報 德望報則意有所圖"(시덕불구망보 덕망보즉의유소도)라는 말이 있다. 이는 "공덕을 베풀려면 과보를 바라지 마라. 과보를 바라면 도모하는 뜻을 가지게 되나니, 그래서 성인이 말씀하시되 덕 베푸는 것을 헌신처럼 버리라 하셨다"라는 뜻이다. 이것이 선지자의 이름으로, 의인의 이름으로, 제자의 이름으로 사는 삶이다. 이것이 부름 받은 삶이요 보냄 받은 삶이다. 그러나 여전히 우리는 '내 이름으로' 살고 기도하고 있지 않는가?

마음으로부터 용서하지 않으면
(마태복음 18:21-35)

그 때에 베드로가 나아와 이르되 주여 형제가 내게 죄를 범하면 몇 번이나 용서하여 주리이까 일곱 번까지 하오리이까 예수께서 이르시되 네게 이르노니 일곱 번뿐 아니라 일곱 번을 일흔 번까지라도 할지니라 그러므로 천국은 그 종들과 결산하려 하던 어떤 임금과 같으니 결산할 때에 만 달란트 빚진 자 하나를 데려오매 갚을 것이 없는지라 주인이 명하여 그 몸과 아내와 자식들과 모든 소유를 다 팔아 갚게 하라 하니 그 종이 엎드려 절하며 이르되 내게 참으소서 다 갚으리이다 하거늘 그 종의 주인이 불쌍히 여겨 놓아 보내며 그 빚을 탕감하여 주었더니 그 종이 나가서 자기에게 백 데나리온 빚진 동료 한 사람을 만나 붙들어 목을 잡고 이르되 빚을 갚으라 하매 그 동료가 엎드려 간구하여 이르되 나에게 참아 주소서 갚으리이다 하되 허락하지 아니하고 이에 가서 그가 빚을 갚도록 옥에 가두거늘 그 동료들이 그것을 보고 몹시 딱하게 여겨 주인에게 가서 그 일을 다 알리니 이에 주인이 그를 불러다가 말하되 악한 종아 네가 빌기에 내가 네 빚을 전부 탕감하여 주었거늘 내가 너를 불쌍히 여김과 같이 너도 네 동료를 불쌍히 여김이 마땅하지 아니하냐 하고 주인이 노하여 그 빚을 다 갚도록 그를 옥졸들에게 넘기니라 너희가 각각 마음으로부터 형제를 용서하지 아니하면 나의 하늘 아버지께서도 너희에게 이와 같이 하시리라(마 18:21-35).

21절에서 베드로는 주님께 말한다.

주여 형제가 내게 죄를 범하면 몇 번이나 용서하여 주리이까 일곱 번까지 하오리이까

베드로는 제 딴에는 이만하면 충분히 주님의 인정을 받을 것이라고 생각하면서 용서에 대해 "일곱 번까지 하오리이까"라고 말한다. 옳은 생각이다. 유대교 랍비들은 대체로 두 번에서 세 번은 용서하라고 한다. 그런데 베드로가 일곱 번을 말했으니 얼마나 많은 용서를 말한 것인가? 그렇지만 주님은 22절에서 말씀하신다. "이르시되"(λέγει, 레게이)는 현재형이다. 역사적 현재형이다. 즉 마태가 이 복음서를 쓰고 있을 때, 마태공동체, 마태교회에서도 이런 문제가 일어나고 있었음을 말해준다. 아니, 이것이 어찌 마태 시대만의 문제였겠는가? 오늘도 여전히 용서의 문제는 어렵다.

예수님은 그 질문에 대해 22절에서 대답하신다.

일곱 번뿐 아니라 일곱 번을 일흔 번까지라도 할지니라

사실 일곱 번도 많은데 예수님은 일곱 번을 일흔 번까지 용서하라고 하신다. 말하자면 무조건 전부 용서하라는 것이다. "일곱 번을 일흔 번까지"라는 말은 창세기 4장 24절에 근거한 것이다.

가인을 위하여는 벌이 칠 배일진대 라멕을 위하여는 벌이 칠십칠 배이리로다

살인한 가인에게 복수하는 자는 7배의 벌을 받을 것이라고 하면서 하나님은 복수금지 명령을 내리셨다. 그런데 이 하나님의 명령을 라멕은 더욱 강화시켜 자신을 다치게 하는 자는 벌이 77배라고 말한 것이다. 마치 하나님을 더 잘 따르는 사람인 양 하나님의 명령을 강화한다. 사실 이것은 복수를 금지한 하나님의 명령인데 자신의 복수를 정당화하기 위해 악용한 것이다. 오히려 더 크고 끈질긴 복수의 길을 열어놓은 것이다.

인간은 이렇게 하나님의 명령을 왜곡한다. 라멕이 말하는 77배는 70+7이지만 예수님의 용서는 70×7, 즉 490번이다. 예수님은 복수의 악순환을 무한한 용서로 바꾼 것이다. 한 번도 용서하기가 쉽지 않은데 490번을 어떻게 용서한단 말인가? 이게 가능한 일인가? 그래서 예수님은 23절 이하에서 한 비유를 들려주신다. 23절의 말씀이다.

그러므로 천국은 그 종들과 결산하려 하던 어떤 임금과 같으니

복음서의 비유에서 하늘나라는 하나님 그리고 하나님의 통치를 말한다. 이 비유도 예외는 아니다. 이것은 35절에서 알 수 있다.

너희가 각각 마음으로부터 형제를 용서하지 아니하면 나의 하늘 아버지께서도 너희에게 이와 같이 하시리라

하늘나라는 하나님이 용서로 통치하는 나라이다. 그리고 비유에 등장하는 임금은 하나님이다. 그런데 이 임금이 23절에서 종들과 결산하려고 한다. 무슨 결산일까? 이 비유의 내용은 분명 돈에 관한 채무이다. 즉 빚을 진 종에게 빚을 청산하라는 것이 이 결산의 내용이다. 그런데 이상하게도 헬라어 원문은 '결산하다'는 말을 두 단어(συνᾶραι λόγον, 수나라이 로곤)로 말한다. '로곤'의 원형은 '로고스'이다. 요한복음 1장 1절에 "태초에 말씀이 계시니라"의 '말씀'이 바로 로고스이다. 번역하기 쉽지 않은 말이다. 단지 말이 아니기 때문이다. '가르침', '근본'이라고 번역할 수도 있는데, 아마도 1912년에 발간된 한문 성경의 '도'(道)가 가장 적절한 번역이 아닐까 싶다(太初有道, 요 1:1). 딱히 떨어지는 말이 없다. 그래서 여기서는 로고스를 그대로 쓰겠다. 그러므로 '결산하다'라는 말은 직역하면 '로고스를 결산하다'이다. 이상하지 않은가? 돈 얘기요 빚 얘기인데, 로고스를 계산해보자니!

오래전 선배 목사님이 자신의 이야기를 들려주었다. 늦게 결혼하여 아이 둘이 아직 어렸는데, 어느 날 큰아이와 약속을 했단다.

스스로 방 청소도 하고 숙제도 잘 하고 일찍 자고 일찍 일어나면 어린이날 로봇을 사주겠다고 약속했다. 어린이날이 되었다. 아이는 일찍 일어나 기다렸다는 듯이 아빠에게 달려가 로봇을 사달라고 했다. 그러자 아빠인 목사님은 아이를 불러놓고 "그래, 우리 성민이가 아빠와의 약속을 잘 지켰나 보자!" 하고 말했다는 것이다. 바로 이것이다. 아빠와의 약속을 잘 지켰나에 대한 결산이다. 우리와 하나님의 관계도 그렇다. 신앙의 결산은 하나님의 가르침에 내가 얼마나 잘 따랐는가에 달려 있다.

분문의 결산은 임금과 종 사이의 결산이다. 주인은 그 종을 데려오게 한다(24절). 분위기가 심상치 않다. "데려오매"(προσηνέχθη, 프로세네크쎄)는 원문에서 수동태이다. 데려왔다기보다는 끌려왔다고 해야 할 것이다. 이 종은 자그마치 1만 달란트 빚을 갚지 않아 끌려온 것이다. 당시 노동자의 하루 품삯이 1데나리온이었다. 1달란트는 6,000데나리온이다. 그러니까 1만 달란트라면 얼마나 되겠는가? "당시 헤롯 왕의 일 년 수입이 900달란트였으며, 갈릴래아와 베레아에서 걷히는 세액이 모두 200달란트였다는 것을 고려하면, 1만 달란트는 엄청난 액수이다"(『마태오복음』, 국제성서주석, 397). 몇 백 년을 살아도 갚을 수 없는 빚이다.

앞서 말한 목사님 아빠와 성민이 이야기로 다시 가보자. 성민이가 아빠가 하라는 대로 열심히 해서 로봇을 상으로 받게 되었다고 하자. 좀 더 성숙한 눈으로 보면 정작 상을 받을 사람은 아빠라는 것을 알게 된다. 스스로 방 청소도 하고 숙제도 잘 하고 일찍 자고 일찍 일어나면 누가 좋은가? 바로 성민이 자신이다. 아빠는 성민이에게 선물을 줘 가면서까지 아이에게 좋은 습관이 들게 했다. 사실 아버지의 은혜이다. 그리고 아버지만이 할 수 있는 교육일 것이다. 지금이야 성민이가 자기가 잘해 선물을 받았다고 생각하겠지만, 훗날 철이 들면 아버지의 계산 없는 은혜를 알게 될 것이다. 그러나 그 은혜는 갚을 길이 없다. 그 은혜가 1만 달란트이다.

「어머니의 마음」이라는 노래가 있다. 그 노래의 끝이 "어머님의 희생은 가이 없어라"이다. '가이'는 '끝'이다. 즉 어머니의 은혜는 끝이 없다는 말이다. 부모님의 은혜는 갚을 길이 없다. 바로 이 1만 달란트는 갚을 길이 없는 빚이요, 은혜이다.

오늘 이 비유는 갚을 길 없는 빚을 진 사람이라는 전제가 있지 않고서는 이해가 되지 않는 본문이다. 우리가 빚진 자라는 것을 깨닫지 않고서는 아무런 의미가 없는 본문이다. 출생에서부터 죽음에 이르기까지 우리가 빚진 자라는 것을 따로 얘기할 필요는 없다. 우리 모두는 자연, 부모는 물론 이웃에게 빚진 자이다. 알고 보면 그들 모두가 하나님이다. 하나님이 무소부재(無所不在)하다는 말은 이를 두고 하는 말일 것이다. 우리가 누리고 있는 모든 것이 하나님이다.

더욱이 신앙인으로서 결정적인 빚은 십자가이다. 로마서 1장 14절에서 사도 바울은 말한다.

> 헬라인이나 야만인이나 지혜 있는 자나 어리석은 자에게 다 내가 빚진 자라

본문 25절 역시 이렇게 말하고 있다.

갚을 것이 없는지라

그리고 임금인 주인은 명령한다.

그 몸과 아내와 자식들과 모든 소유를 다 팔아 갚게 하라

여기 '몸'은 원문에는 없다. 그냥 '그' 혹은 '그 자신'이라고 번역하는 것이 좋을 것이다. 이제 이 빚진 자는 자기 소유는 물론 아내와 자식, 심지어 자기 자신까지 팔아야 되는 처지에 놓였다. 사실 그것들을 다 판다고 해서 갚아지는 것도 아니다. 갚을 길이 없다. 26절에서 이 빚진 종은 주인에게 무릎을 꿇고 애원한다.

내게 참으소서 다 갚으리이다

참 개념 없는 사람이다. 갚을 수 없는데도 조금도 아니고 '다' 갚겠다고 한다. 잘못해서 부모에게 매를 맞으면 무조건 잘못했다고 하고 그 순간을 모면하려는 어린아이과 같다. 그런데 27절에서 주인의 마음이 바뀐다.

그 종의 주인이 불쌍히 여겨 놓아 보내며 그 빚을 탕감하여 주었더니

여기서 주인은 이 종을 불쌍히 여긴다. 갚을 길 없는 그의 처지를 불쌍히 여긴 것이다. "'불쌍히 여기다'라는 말은 헬라어로 '스플랑크니조마이'(σπλαγχνιζομαι)인데 이 동사의 명사형인 '스플랑크논'

(σπλαγχνον)은 '창자'라는 뜻을 가지고 있다. 흔히 우리말에 '애를 태우다, 애를 쓰다, 애를 끓이다'라고 할 때, '애'는 '창자'로서 걱정하고 아파하는 마음을 나타내는 것과 같다. 그러므로 여기 예수님의 불쌍히 여기시는 마음은, 동체대비(同體大悲)의 마음, 우리 식으로 표현하면 그야말로 '애끓는 마음'이다."[1]

탕감의 출발이 이 마음이다. 이 마음이 없이는 탕감도 없다. 그런데 여기서 탕감해준 27절의 '빚'이 문제이다. 빚이라는 단어가 헬라어에서 달라진 것이다. 지금까지는 24절의 '빚진 자'라는 말이 헬라어로 '옵페일레테스'(ὀφειλέτης)인 것으로 보아 '빚'(debt)인 '옵페일레마'(ὀφειλήμα)라는 말을 써야 하는데, 27절에서 '다네이온'(δάνειον)이라고 바뀌어 있다. 왜 그럴까? 전자의 빚인 '옵페일레마'는 분명 갚아야 하는 의무가 있는 빚이요, '용서받을 수 없는 죄'로 연결된다. 그리고 탕감해줌으로 '갚을 수 없는 은혜'와 연결되어 있다. 그런데 27절 후자의 빚인 '다네이온'(δάνειον)은 '대부'(loan)를 뜻한다. 이 차이, '빚'과 '대부'의 차이는 무엇인가? 빚이 채무자의 입장이라면, 대부는 채권자의 입장을 말한다. 즉 주인은 자신이 준 빚을 탕감함으로 채권자의 권한을 포기한다. 채무자가 빚을 탕감받았다는 것은 채권자가 그 빚을 받을 권한을 포기했다는 것을 말한다. 그리고 바로 이어 탕감받은 채무자로서의 종이 채권자의 자리에 있게 된다. 그래서 '빚'을 '대부'로 바꾼 것이다.

그런데 그는 나가자마자 100데나리온 빚진 동료 한 사람을 붙들어 목을 잡고 빚을 갚으라고 한다(28절). 여기 '목을 잡다'는 동사는

---

1 강일상, 『마가복음의 기적 이야기』, 대한기독교서회, 103.

헬라어로 '프니고'(πνίγω)라고 하는데 이것은 '숨을 못 쉬게 하다'는 뜻이다. 이 동사는 미완료 '에프니겐'(ἔπνιγεν)으로 쓰인다. 계속적으로 목을 잡아 숨을 막았다는 것이다. 빚 독촉을 받아본 사람은 그 숨 막힘을 알 것이다. 그 동료는 자기가 주인에게 한 것처럼 엎드려 간구하며 참아달라며 갚겠다고 말한다(29절). 그러나 종은 그 동료의 사정을 봐주지 않고 빚을 갚으라며 옥에 가둔다(30절). 왜 그랬을까? 종은 주인이 품었던 '불쌍히 여기는' 마음을 품지 않았다. 빚을 진 동료의 아픔에 공감하지 않았다. 그는 자신의 채권자인 주인이 어떻게 했는지를 모른다. 은혜를 모르는 것이다.

불쌍히 여기는 마음으로 주인은 이 종을 놓아주었다(27절). '놓아주다'(ἀπολύω, 아폴루오)라는 말은 마태복음 18장 18절의 '풀다'(λύω, 루오)와 맥을 같이하는 말이다. 주님은 18절에서 말씀하신다.

> 진실로 너희에게 이르노니 무엇이든지 너희가 땅에서 매면 하늘에서도 매일 것이요 무엇이든지 땅에서 풀면 하늘에서도 풀리리라

매면 매이고 풀면 풀린다. 그러나 탕감받은 이 종은 100데나리온 빚진 동료를 용서하지 않았다. 그를 감옥에 가두었다. 그 동료를 매어버린 것이다. 그러나 그 결과, 그도 감옥에 갇히게 되었다. 매면 매인다. 하나님은 우리를 매고 싶어 하지 않으신다. 왜냐하면 하나님 자신이 매일 것이라는 것을 너무나 잘 아시기 때문이다. 우리 안에 계신 하나님은 우리가 매이기를 바라지 않는다. 매면 매이기 때문이다. 하나님은 매이시는 분이 아닌 자유로운 분이기 때문이다.

사실 남을 가두고자 할 때 나도 갇힌다.

불쌍히 여기는 마음으로 헤아릴 때 비로소 용서할 수 있고, 스스로도 증오와 원망에 매이지 않는다. 풀면 풀린다. 그러나 주인으로부터 1만 달란트 탕감받은 종은 100데나리온 빚진 동료의 빚을 탕감해주지 않았다. 자신은 용서받았음에도, 동료는 용서하지 않았다. 이 이야기를 들은 주인은 1만 달란트를 탕감해준 종을 다시 불러들여 32절 이하에서 말한다.

> 악한 종아 네가 빌기에 내가 네 빚을 전부 탕감하여 주었거늘 내가 너를 불쌍히 여김과 같이 너도 불쌍히 여김이 마땅하지 아니하냐

주인은 노하여 빚을 다 갚을 때까지 이 종을 감옥에 가둔다. 결국 종 자신도 갇힌다는 것이다. 불쌍히 여기는 주인의 마음을 헤아리지 못하고 증오와 원망에 매여 동료를 용서하지 못하니 자신도 감옥에 갇힌 것이다. 주님은 본문 마지막 35절에서 말씀하신다.

> 너희가 각각 마음으로부터 형제를 용서하지 아니하면 나의 하늘 아버지께서도 너희에게 이와 같이 하시리라

"마음으로부터"라는 말이 가슴에 다가온다. 그 마음은 불쌍히 여기는 마음이다. 푸는 마음이다. 남을 풀 때 나 자신도 풀린다.

그런데 그 마음이 왜 이 종에게는 없었는가? 혹 갚을 수 없는 빚을 탕감받음으로, 갚지 않아도 되는 싸구려 은혜로 여긴 것은 아닐까? 은혜는 교인들이 가장 많이 쓰는 말이면서도 그 은혜를 갚는

사람은 없다. 갚을 수 없기에 갚지 않아도 된다고 여긴 것은 아닐까? 거기 주님의 십자가가 있다. 모두가 주님의 십자가로 구원받았고, 주님의 피로 죄 씻음을 받았다고 찬양하고 기도하면서, 그 구원의 은혜를 받은 자의 삶, 그 은혜를 갚는 자의 삶은 없다. 칭의론은 교인을 마치 죄가 없는 당당하고, 아니 뻔뻔한 사람으로 여기게끔 오해되었다. 그래서 주님은 마태복음 16장 24절에서 말씀하신다.

> 누구든지 나를 따라오려거든 자기를 부인하고 자기 십자가를 지고 나를 따를 것이니라

구원은 자기를 부인하는 자기 십자가를 통과해야 한다. 주님의 십자가가 갚을 수 없는 빚을 탕감받은 은혜라면, 자기 십자가는 그것을 갚는 유일한 길이다. 탕감과 용서는 자기 십자가에 있다. 주님의 십자가가 나를 풀었듯이, 자기 십자가만이 다른 이들을 풀 것이다. 풀면 풀린다. 이것이 주님을 따르는 것이요, 구원의 길이다.

"달라이 라마가 중국 감옥에 18개월이나 갇혀 있다가 석방된 티벳 승려에게 이렇게 물었다. '감옥에 갇혀 있는 동안 가장 두려웠던 것은 무엇인가?' 그 승려는 중국인을 향한 연민의 마음을 잃는 것이 가장 두려웠다고 대답했다. 비록 중국 군인들이 그를 잔혹하게 고문하기는 했지만 중국인을 향한 연민을 잃는 것은 그가 가장 소중히 여기는 가치를 잃는 것이요, 그 가치를 잃으면 증오에 사로잡히기 때문이다. 이 티벳 승려는 가장 높은 단계의 이해, 곧 원수를 향한 연민만이 자신의 선한 마음을 지키는 길임을 알았던 것이다."[2]

그는 자신을 감옥에 가두고 고문한 중국에 대한 원망에 매이면 자기 자신 역시 연민의 가치를 잃고 증오의 감옥에 갇힌다는 것을 알고 있었다.

용서신학을 전개한 신학자 레위스 스미즈의 시가 있다. 이 시를 인용함으로 글을 마치려 한다.

주님이 나에게 말씀하신다.
"포로를 놓아주어라. 안 그러면 죽을 것이다."
포로를 놓아주라고?
나는 대답했다.
"그럼 정의는 어디에 있는데요?"
"포로를 놓아주어라."
다시 한 번 이 외침을 듣는다.
포로를 놓아주라고?
나는 노력해 보겠다고 하는 수 없이 대답한다.
포로를 놓아주어라.
결국 나는 주님 은총 의지하며
포로를 놓아주려 한다.
포로를 놓아주었다.
그런데 알고 보니 그 포로는 나였다.

---

2 송봉모, 『미움이 그친 바로 그 순간』, 바오로딸, 72-73.

한 사람·청년·부자
(마태복음 19:16-22)

어떤 사람이 주께 와서 이르되 선생님이여 내가 무슨 선한 일을 하여야 영생을 얻으리이까 예수께서 이르시되 어찌하여 선한 일을 내게 묻느냐 선한 이는 오직 한 분이시니라 네가 생명에 들어가려면 계명들을 지키라 이르되 어느 계명이오니이까 예수께서 이르시되 살인하지 말라, 간음하지 말라, 도둑질하지 말라, 거짓 증언 하지 말라, 네 부모를 공경하라, 네 이웃을 네 자신과 같이 사랑하라 하신 것이니라 그 청년이 이르되 이 모든 것을 내가 지키었사온대 아직도 무엇이 부족하니이까 예수께서 이르시되 네가 온전하고자 할진대 가서 네 소유를 팔아 가난한 자들에게 주라 그리하면 하늘에서 보화가 네게 있으리라 그리고 와서 나를 따르라 하시니 그 청년이 재물이 많으므로 이 말씀을 듣고 근심하며 가니라(마 19:16-22).

본문은 부자 청년의 이야기로 알려진 말씀이다. 그런데 그가 부자고 청년이라는 이야기는 처음에는 나오지 않는다. 16절이 말하듯이 '어떤 사람'으로 시작한다. 그가 청년임은 20절에 가서야 알게 된다. 그리고 그가 부자였다는 것은 본문의 마지막 절인 22절에 가서야 밝혀진다. 왜 처음부터 청년이요, 부자라고 밝히지 않았을까?

이 본문이 '부자 청년의 이야기'로 알려졌기에 청년도 아니고 부자도 아닌 사람은 이 말씀이 자신과는 무관한 말씀이라고 여길지도 모른다. 본문은 '어떤 사람'(εἷς, 헤이스)으로 시작하고 있다. 이것은 '한 사람'(새번역)으로 번역하는 것이 옳을 듯싶다. '한 사람'은 여러 사람의 각각을 가리키는 대표단수이다. 따라서 그 '한 사람'의 자리에 '나'를 세우고 봐야 될 본문이다. 더욱이 개역개정판 번역에는 빠져 있지만, 이 본문을 헬라어 성서는 '카이 이두'(Καὶ ἰδοὺ, '그리고 보라!')로 시작하고 있다. 읽는 독자를 향해 '보라'고 했으니 보여 줄 것이 있다는 것이다. 이 말씀을 읽고 있는 '내'가 보고 깨달을 것이 있다는 말이다. 즉 '한 사람'은 이 말씀을 보고 깨달아야 할 우리 각자인 것이다. 한 사람이 주님을 찾아와 본문 16절에서 묻는다.

> 선생님이여, 내가 무슨 선한 일을 하여야 영생을 얻으리이까

여기에 쓰인 영생(ζωή αἰώνιος, 조에 아이오니오스)은 헬라어 성서에서는 두 단어로 되어 있다. '영원한 생명'이다. 설마 불로장생의 길을 물은 것은 아닐 것이다. 생명이라는 말은 설명해내기가 쉽지 않다. 성서 전체가 생명에 대한 설명을 하고 있는지도 모른다. 그러

나 전반적으로 읽다 보면 한자 '生命'의 뜻풀이가 가장 가깝지 않을까 싶다. 산다는 것은 명령, 하늘의 명령이라는 말이다. 살고 살리는 것, 이것이 생명이다. 그 살리는 것이 사람다운 삶이고 본문 21절에서 주님이 말씀하시는 '온전한 삶'을 말한다. 이것은 마태의 신앙의 목표이기도 하다. "그러므로 하늘에 계신 너희 아버지의 온전하심과 같이 너희도 온전하라"(마 5:48) 이것은 구원의 길이기도 하다. 그러므로 그의 질문은 신앙의 본질이고 삶의 본질이다.

그러나 이 질문이 아무리 중요해도 그 질문이 던지는 사람의 마음만큼 중요하지는 않다. 그는 겸손히 모르는 것을 알려고 이 질문을 던지고 있는 것이 아니다. 예수님은 왜 이 사람이 이 질문을 던지고 있는지를 잘 알고 있다. 그래서 본문 17절에서 "어찌하여 선한 일을 내게 묻느냐"고 반문한다. 알면서도 왜 묻느냐는 반문이다. 주님께서는 이 사람이 원하는 식으로 진행한다. 주님은 "네가 생명에 들어가기를 원하면 계명들을 지키라"고 말씀하시고 이 사람은 다시 "어느 계명이오니이까"라고 묻는다. 다 알고 하는 질문이다. 그러자 예수님은 18절 이하에서 율법의 계명들을 말씀하신다. 예수님께서 이 계명들을 열거하자마자 기다렸다는 듯이 이 사람은 20절에서 "이 모든 것을 내가 지키었사온대 아직도 무엇이 부족하니이까"라고 말한다. 결국은 자신은 율법의 계명을 다 지켰다, 더 부족한 게 있으면 말해라, 아마 없을 것이다, 그러니 나야말로 선한 사람이 아니겠느냐는 것이다.

그런데 그가 물은 '선한 일'에 대해 예수님은 "선한 이는 오직 한 분이시니라"고 대답한다. 이 사람은 '영원한 생명'의 조건을 '선한 일'로 보았다. 그러나 주님은 그 '선한 일'을 '선한 이'로 바꾼다. 선한 일은 선한 이의 마음에 달려 있다. 선한 일을 한다고 선한 사람이 아니다. 선한 일은 밖으로 드러난 겉사람이고, 선한 마음은 드러나지 않은 속사람이다. 겉이 깨끗하다고 속도 깨끗한 것이 아니다. 예수님은 당시 종교 지도자들인 바리새인들과 율법학자들을 향해 후려치는 말씀을 마태복음 23장 25절 이하에서 하신다. 사실 오늘의 목회자들에게 하시는 말씀이다.

> 화 있을진저 외식하는 서기관들과 바리새인들이여 잔과 대접의 겉은 깨끗이 하되 그 안에는 탐욕과 방탕으로 가득하게 하는도다 눈 먼 바리새인이여 너는 먼저 안을 깨끗이 하라 그리하면 겉도 깨끗하리라

겉으로 드러내는 단상 위의 그 좋은 말씀과는 달리, 그 말씀을 전하는 속사람의 성품은 더럽다는 것이다. 그리고 그런 자신을 보지 못하기에 '눈먼 바리새인이여'이라고 질타하고 있는 것이다. 예수님을 찾아온 이 사람은 이 모든 계명을 잘 지켜온 자신을 말하면서 자신의 선을 뽐내고 있다. "아직도 무엇이 부족하니이까"라고 당당하게 예수님께 묻고 있다. 바로 이 절에서 마태는 처음으로 그를 '청년'이라고 말한다. 짐작이 될 것이다. 신체적인 청년이 아니라 아직 철이 없어, 미숙해서 '청년'이라는 말을 쓴 것이다. 이제 이 철부지 청년이 어떤 특정한 청년이 아니라는 것을 알 수 있다.

이만하면 괜찮다고 생각하는 우리 자신이 이 철부지 청년일 것이다. 교회도 오래 다녔고, 집사도 되고 권사도 되고 안수집사, 장로로도 피택되고, 나아가 목사가 되었다고, 이만하면 괜찮은 사람이

라고 여기는 우리 모습이 아닐까? 혹 남 앞에서 부끄러움 없이 '내가 부족한 게 뭐가 있어? 내가 어때서? 내가 뭐가 모자라? 있으면 말해 봐'라고 마음에 생각하거나 이 청년처럼 드러내 말하고 있다면 우린 아직 나이 값 못하는 철없는 청년일 뿐이다. 그렇기에 그가 물었던 영원한 생명도 의아스럽다. 왜냐하면 생명은 아직 부족한, 그래서 더 자라야 하는 것이기 때문이다. 더 이상 자랄 수 없을 때, 부족함이 없을 때 생명은 더 이상 생명이 아니다.

사실 이 사람이 철없고 미숙한 사람이라는 것은 이미 처음 질문에서부터 드러난다.

선생님이여 내가 무슨 선한 일을 하여야 영생을 얻으리이까

여기 '얻다'라는 말은 헬라어 원문에 의하면 '에코'(ἔχω)인데 이 뜻은 원래 '가지다'이다. 말하자면 그는 영원한 생명조차도 '가지려고' 했던 사람이다. 영원한 생명도 소유하려는 사람이다. 그렇기에 아직 철없는 청년이다. 이에 반하여 예수님은 본문 17절에서 "네가 생명에 들어가려면"이라고 말씀하신다. 예수님은 생명을 가지려는 이 사람에게 넌지시 '가지다' 대신 '들어가다'라는 말로 바꾸어 대답한다. '들어가다'라고 번역한 헬라어는 '에이세르코마이'(εἰσέρχομαι)인데 이 말은 '~에 들어가다', '~에 이른다'는 말이다. 즉 성숙한 사람에 이른다는 것이다. 생명은 소유할 수 있는 것이 아니라 깨우쳐서 이를 수 있는 성숙의 완성을 말하는 것이다. 17절의 예수님의 대답은 '네가 온전하고자 할진대'(Eἰ θέλεις τέλειος εἶναι, 에이 쎌레이스

텔레이오스 에이나이, '네가 완전하게 되려고 하거든') 라는 말로 21절에서 이어진다.

그렇다면 예수님이 열거하고 이 청년이 다 지켰다는 구체적인 계명들이 무엇이기에 이 사람을 철부지 청년으로 만드는가? 예수님은 18절에서 말씀하신다.

> 살인하지 말라, 간음하지 말라, 도둑질하지 말라, 거짓 증언 하지 말라

그리고 이어 19절에서도 말씀하신다.

> 네 부모를 공경하라, 네 이웃을 네 자신과 같이 사랑하라

우리는 여기서 두 문체의 율법의 계명을 만난다. 하나는 18절의 '~하지 말라'이며 또 하나는 19절의 '~하라'이다. 18절의 계명들은 하지 말라는 것이다. 하지 말라고 했으니 아무 것도 안 하면 된다. 그런데 이 계명에는 함정이 있다. 얼마 전 젊은이들에게 '효'가 무엇이냐는 여론조사를 했는데, 제일 많이 나온 대답이 '부모 속 썩이지 않는 것'이었다. 그러므로 효에 대한 이들의 계명은 "부모의 속을 썩이지 말라"이다. 말라고 했으니 아무 것도 안하면 효인 것이다. 아무것도 안했으니 무슨 마음이 거기 들어가 있겠는가? 부모를 향한 공경, 사랑의 마음이 담겨져 있겠는가? 여기 율법의 본질인 사랑은 없다. 마태복음 22장 37절 이하에서 예수님은 말씀하신다.

> 네 마음을 다하고 목숨을 다하고 뜻을 다하여 주 너의 하나님을 사랑하라 하셨으니 이것이 크고 첫째 되는 계명이요 둘째도 그와 같으니 네 이웃을 네 자신 같이 사랑하라 하셨으니 이 두 계명이 온 율법과 선지자의 강령이니라

율법의 본뜻, 율법의 본질은 하나님 사랑과 이웃 사랑으로 집약된다는 것이다. 그러므로 부모 속만 안 썩이는 것을 효로 여긴다면 얼마나 철이 없는 사람이겠는가? 그래서 미숙한 철부지 청년이다. 그리고 이 사랑은 19절의 "~하라"는 것에도 적용된다. 부모를 공경하는 데 부족함이 없이 다했다고 말할 수 있다고 하는 사람이 누가 있겠는가? 철부지 어린 아이는 어버이날 카네이션 한 송이만 드리고도 굉장한 효도를 한 것처럼 느낀다. 부모님 생신에 선물만 드려도 뭔가 한 것처럼 뿌듯해 한다. 이만하면 부모 공경하고 사랑한다는 것이다. 카네이션이 그의 공경, 사랑의 기준이다. 사랑이 가없다는 것을 모르기에 아직 철없는 어린 아이인 것이다.

이 사람은 부모에게 할 만큼 한, 아니 부족함 없이 했다고 말하고 있다. 그는 너무나 당당하게 이 '모든' 계명을 지켰다고 말하고 더 부족한 것이 무엇이냐고 묻고 있다. 왜 그럴까? 이유는 자신이 정한 사랑의 기준에 있다. 그 기준만 넘으면 다 사랑이다. 이웃 사랑, 이 사람에게 이웃은 유대인만을 말한다. 유대인 이웃만 사랑하면 된다. 그의 이웃 기준은 유대인이냐 아니냐에 달려 있다.

오늘 우리와 같다. 북은 북만 이웃이고, 남은 남만 이웃이다. 그리고 서로는 원수다. 이것은 법이다. 이것을 어기면 친북이 되고 종북이 되고 심지어는 국가보안법으로 처벌받는다. 예수님은 이 율법

의 장벽을 무너뜨렸다. 율법이 상종하지 말라는 이방인을 만났고, 가지 말라는 사마리아를 갔고, 안식일에는 절대 해서는 안 되는 일을 했다. 결국 그는 십자가 처형을 당했다. 자신의 기준을 지켜 당당한 사람에게 주님은 본문 21절 전반부에서 말씀하신다.

> 네가 온전하고자 할진대 가서 네 소유를 팔아 가난한 자들에게 주라

이 사람은 분명 이웃을 사랑하라는 계명을 지켰다는 것으로 보아 가난한 이웃들을 물질로도 도울 만큼 도운 것 같다. 그런데도 주님은 네 소유를 팔아 가난한 자에게 주라고 말한다. 왜 이렇게 말씀하셨을까? 그냥 가난한 이웃을 도우라고 말씀하셔도 될 터인데 왜 '소유를 팔아서'라는 말을 덧붙였을까? '소유'라고 번역한 헬라어 '타 휘타르콘타'(τὰ ὑπάρχοντα)에 주의할 필요가 있다. 이 말은 '휘파츠코'(ὑπάρχω)의 분사형이다. 일반명사가 아니다. 그 뜻은 '내 임의대로 쓸 수 있는'(be at one's disposal)이다. 이것은 소유물이라기보다는 소유 의식이라고 볼 수 있다.

이 사람에게는 모든 것이 '소유'였다. 소유가 그의 존재의 기반이었다. 가져야 줄 수 있다고, 부자여야 도울 수 있다고 여긴다. 일단 자신이 가져야 한다. 과연 그럴까? 꼭 있어야, 많아야 줄 수 있나? 없어도 줄 수 있다. 가난한 사람이 더 잘 도와준다. 그 없는 마음을 더 이해하기 때문이다. 물론 이것은 있고 없고의 문제가 아니다. 마음이다. 가없는 사랑만 있다면 말이다. 사회학자 에리히 프롬의 말을 빌자면 그는 '소유양식적' 인간이다. 그는 영원한 생명마저 가지

려는 사람이다. 이웃을 도운 것도 그가 영원한 생명을 소유하려고 했기 때문이다. 그는 율법도 소유한 사람이다. 그래서 그렇게 당당한 사람이었을 것이다. 집을 사면 그 집을 온 가족이 함께 사는 생명의 가치, 존재의 가치로 보지 않고 오직 재산 증식의 가치로만 보는 것, 즉 소유의 가치로만 보는 것이 오늘 우리의 주택개념인 것처럼 이 청년도 그러하다. 그러나 모든 것을 소유로 보는 이 시각을 버려야만 이를 수 있는 생명임을 예수님은 지금 가르치고 있는 것이다.

이어 예수님은 이 사람에게 "그리하면 하늘에서 보화가 네게 있으리라"고 말씀하신다. "보화가 있으리라"(ἕξεις θησαυρὸν, 헥세이스 쎄사우론)는 직역하면 '보화를 가지다'이다. 예수님은 여기서 정작 가져야 할 것을 가르치신다. 그것은 하늘이 주는 보화이다. 그런데 이 보화가 무엇일까? 오해가 있을 수 있다. '가난한 이들을 도와주면 하늘에서 온갖 금은보화로 잘 먹고 잘 살게 되나 보다'라고 생각할지도 모르겠다. 필자는 아직 하늘나라에 가보지 않아서 잘 모르겠지만, 상식적으로 생각해도, 이 세상처럼 거기서도 금은보화가 대세라고 여겨지지는 않는다. 헬라어로도 이 보화는 재물을 나타내는 헬라어 '맘모나스'(μαμμωνᾶς)와 다른 보화(θησαυρός, 쎄사우로스)이다.

이 단어는 마태복음 6장 19-21절에서 '보물'이라는 말로 번역되어 세 번 등장한다. 그리고 그 보물을 땅에 쌓아두지 말고 하늘에 쌓아두라고 한다. 마태복음 6장 1절 이하를 읽다 보면 그 보물은 구제, 기도, 금식이라는 세 가지 의로운 행위임을 알 수 있다. 무엇보다도 물질적인 재물이 아니라는 것은 분명하다. 땅이 아니라 하늘에 쌓아두라는 것은 이 세 가지 의로운 행위가 사람에게 보이려고 하는 외식적인 행위가 아니라 남모르게 하는 하나님만이 아시는 은밀한 것임을 의미한다. 당당할 수 없는, 부족한 마음으로 하는 것이 바로 하늘에 쌓아두었다는 의미다. 그러므로 하늘에서 가지는 보화란 물질적인 금은보화가 아니라 이러한 마음으로 행한 행위를 보고 갚아주시는 하나님의 영적 보상이다. 진정한 보물이란 하늘에 그 은밀한 마음을 쌓아 영원한 생명에 이르게 하는 소망이 아니겠는가?

이런 의미에서 21절의 '보화'는 이 사람이 그토록 가지고 싶었던 영원한 생명일 것이다. 그런데 이 사람은 다 지켰다고 떠벌린다. 남모르게 하는 것이 아니라 남이 다 알도록 말한다. 그리고 무엇이 부족하냐고 물으며 당당하다. 그의 구제는 하늘이 아닌 땅에 쌓은 것이다. 모든 것을 소유로 생각한 이 청년, 영원한 생명도 소유하려고 한 이 청년, 율법의 계명을 자신만의 사랑의 기준을 그어 가며 남보란 듯 당당하게 다 지켰다고 말하는 이 사람, 그는 결코 하늘에서 보화를 받을 수 없다. 그가 원하던 영원한 생명에 이를 수 없다.

나아가 예수님은 "나를 따르라"고 말씀하신다. 주님처럼 살라는 말이다. 무소유의 삶을 사셨던 주님처럼 살라는 말이다. 믿음은 주님을 바라보는 것이 아니라 주님을 따라 사는 것이다. 바라보는 믿음이 아니라 사는 믿음이다. 이것은 이 사람만의 이야기가 아니다. 기도 때마다 주님을 바라보며 "주시옵소서!"를 외쳐대는 우리가 아닌가? 여전히 달라는 소유의 신앙에 주님은 무소유의 신앙을 요구한다. 22절은 말한다.

그 청년이 재물이 많으므로 이 말씀을 듣고 근심하며 가니라

"재물이 많으므로"(ἔχων κτήματα πολλά, 에콘 크테마타 폴라)는 직역하면 '많은 재물을 가지다'이다. 마태는 마지막에 이르러서야 비로소 그가 부자라는 것을 말하고 있다. 왜 마태는 그가 부자라는 것을 처음부터 얘기하지 않았을까? 여기 우리가 주의해야 할 단어가 있다. '재물'이다. 이것은 단지 물질적인 재산만을 말하지 않는다. 여기 '재물'이라고 번역된 헬라어 '크테마'(κτῆμα)는 단지 물질적인 것만을 가리키지 않는다. 유형은 물론 무형의 모든 소유를 말한다. 왜 이 단어를 썼는지 우리는 짐작할 수 있다. '재물이 많으므로'라는 말은 단지 재물만이 아닌 것이다. 이 사람은 율법의 계명에 대해 모든 것을 다 지켰다는, 더 이상 부족한 것이 없다는 '율법의 부자'인 것이다. 그는 더 이상 올라갈 수 없는 신앙의 경지에 이른 것이다. 그에겐 신앙도, 더 부족한 것이 없는 부자다. 그런데 주님처럼 살라니 근심하지 않을 수 없을 것이다. 어찌 이 사람뿐이랴? 우리도 이 말씀에 근심하며 세상으로 돌아갈 것이다.

이 사람이 돌아간 이후 어떻게 살았는지를 성서는 말하지 않는다. 이 근심 끝에 이 사람이 돌아오기를 기도해본다. 그리고 우리도 이 근심으로 더 이상 철없는 청년이 아니라, 더 이상 부족함이 없다는 부자가 아니라 성숙한 사람으로 돌아섰으면 좋겠다. 고린도후서 7장 10절의 말씀이다.

하나님의 뜻대로 하는 근심은 후회할 것이 없는 구원에 이르게 하는

회개를 이루는 것이요 세상 근심은 사망을 이루는 것이니라

필자도 보란 듯이 이 글을 쓴다. 철없는 청년과 같은 마음이다. 이만하면 부족한 것 없다는 평가를 받고 싶은 부자의 마음이다. 그런데 마감 시간이 다가온다. 마음이 급하다. 정현종의 시가 생각난다.

시를 썼으면
그걸 그냥 땅에 묻거나
하늘에 묻어둘 일이거늘
부랴부랴 발표라고 하고 있으니
불쌍하도다 나여
숨어도 가난한 옷자락 보이도다

_ 정현종, 「불쌍하도다」

품꾼을 구하러 이른 아침에 나간 집주인 (1)
(마태복음 20:1-16)

천국은 마치 품꾼을 얻어 포도원에 들여보내려고 이른 아침에 나간 집 주인과 같으니 그가 하루 한 데나리온씩 품꾼들과 약속하여 포도원에 들여보내고 또 제삼시에 나가 보니 장터에 놀고 서 있는 사람들이 또 있는지라 그들에게 이르되 너희도 포도원에 들어가라 내가 너희에게 상당하게 주리라 하니 그들이 가고 제육시와 제구시에 또 나가 그와 같이 하고 제십일시에도 나가 보니 서 있는 사람들이 또 있는지라 이르되 너희는 어찌하여 종일토록 놀고 여기 서 있느냐 이르되 우리를 품꾼으로 쓰는 이가 없음이니이다 이르되 너희도 포도원에 들어가라 하니라 저물매 포도원 주인이 청지기에게 이르되 품꾼들을 불러 나중 온 자로부터 시작하여 먼저 온 자까지 삯을 주라 하니 제십일시에 온 자들이 와서 한 데나리온씩을 받거늘 먼저 온 자들이 와서 더 받을 줄 알았더니 그들도 한 데나리온씩 받은지라 받은 후 집 주인을 원망하여 이르되 나중 온 이 사람들은 한 시간밖에 일하지 아니하였거늘 그들을 종일 수고하며 더위를 견딘 우리와 같게 하였나이다 주인이 그 중의 한 사람에게 대답하여 이르되 친구여 내가 네게 잘못한 것이 없노라 네가 나와 한 데나리온의 약속을 하지 아니하였느냐 네 것이나 가지고 가라 나중 온 이 사람에게 너와 같이 주는 것이 내 뜻이니라 내 것을 가지고 내 뜻대로 할 것이 아니냐 내가 선하므로 네가 악하게 보느냐 이와 같이 나중 된 자로서 먼저 되고 먼저 된 자로서 나중 되리라(마 20:1-16).

이 본문은 앞뒤로 같은 내용의 말씀이 말을 바꾸어 샌드위치로 편집되어 있다.

그러나 먼저 된 자로서 나중 되고 나중 된 자로서 먼저 될 자가 많으니라(19:30).

이와 같이 나중 된 자로서 먼저 되고 먼저 된 자로서 나중 되리라(20:16).

19장 30절은 유대인으로 표상되는 철없는 부자 청년 이야기의 결론이고, 20장 16절은 포도원 일꾼을 고용하려고 집을 나선 주인 이야기의 결론이다. 구원의 생명에 이르려는 한 청년에게 예수님이 "네가 온전하고자 할진대 가서 네 소유를 팔아 가난한 자들에게 주라 그리하면 하늘에서 보화가 네게 있으리라 그리고 와서 나를 따르라"(19:21)고 하시자 재산이 많은 이 청년은 근심을 하면서 떠나갔다(19:22). 그리고 이어 예수님은 제자들에게 "부자는 천국에 들어가기가 어려우니라 다시 너희에게 말하노니 낙타가 바늘귀로 들어가는 것이 부자가 하나님의 나라에 들어가는 것보다 쉬우니라"(19:23-24)고 하시는데 이에 제자들은 몹시 놀라며 "그렇다면 누가 구원을 얻을 수 있으리이까"(19:25)라고 묻는다.

제자들의 반응이 좀 의아스럽다. '놀라며'(ἐξεπλήσσοντο, 엑세플렛손토)는 '엑플렛소'(ἐκπλήσσω)의 미완료 수동태이다. 놀라도 여러 번 놀랐다는 것이다. 그런데 이 말은 전치사 '에크'(ἐκ)와 동사 '플렛소'(πλήσσω)의 합성어인데 '플렛소'는 '때리다'는 뜻이다. 그러니까 갑자기 맞았을 때의 충격적인 놀람을 말한다. 아니 제자들이 부자도 아닌데 웬 충격인가? 뭔가 제자들도 켕기는 구석이 있다는 것이다. 다음 구절인 26절에서 "예수께서 그들을 보시며" 말한 이유가 여기에 있다. '보시며'(ἐμβλέπω, 엠블레포)는 그냥 본 것이 아니다. 이 말은 '안'(속)을 나타내는 전치사 '엔'(εν)과 '보다'를 뜻하는 '블레포'(βλέπω)의 합성어이다. 예수님이 제자들의 속을 들여다봤다는 뜻이다.

그 속이 무엇일까? 베드로는 27절에서 "우리가 모든 것을 버리고 주를 따랐사온대 그런즉 우리가 무엇을 얻으리이까"라고 주님께 묻는다. 여기서 '우리가'(ἡμεῖς, 헤메이스)라는 주어를 따로 떼내어 사용했다. 강조한 것이다. 그러므로 베드로의 이 말을 직역하면 "보십시오('Ιδοὺ, 이두), 우리야말로 당신과의 관계에서(σοι, 소이, 여격) 모든 것을 버렸습니다. 그런즉(ἄρα, 아라) 무엇이(τί, 티) 우리에게

(ἡμῖν, 헤민, 여격) 있겠습니까?(ἔσται, 에스타이, 미래)"이다. 내게 무엇이 생기겠냐는 투의 말이다. 보상에 대한 이야기이다. 베드로는 무엇을 바란 것일까? 마치 할 것 다 하고 더 이상 할 것 없다는 '부족한 것이 없는'(19:20) 부자 청년과 별로 다르지 않다. 당당하다. 29절에서는 모든 것을 버린 사람에게 마치 땅이 그 보상으로 주어질 것같이 말씀하셨다. 구체적으로 버린 것의 '여러 배' 혹은 '백 배'(사본에 따라 다르다.)의 엄청난 양으로 보상될 것처럼 보인다. 베드로가 당당하게 요구하는 것도 그렇게 보이는 이유이다. 여러 배(백 배)의 토지와 '영원한 생명'(ζωὴ αἰώνιος, 조에 아이오니오스)을 상속받을 것이란다. 그러나 어째 어울리지 않는다. 땅 백 배와 영원한 생명이 서로 어색하다.

여러 배니 백 배니 할 때, 그 '배'가 단지 양적인 것일까? 28절의 메시아(인자)가 통치하는 '새 세상'(παλιγγενεσίᾳ, 팔링게네시아, 새 번역)이 다시, 새로 낳았다는 영적인 의미라고 생각한다면,[1] 이 개념은 곧이어 나오는 비유의 '포도원'으로 이어진다. 단지 세상의 토지 보상이라고는 볼 수 없다. '여러 배'의 '배'는 양적인 배수가 아니라 질적인, 영적인 배수를 말한 것이다. 그러나 베드로를 비롯한 제자들이 추구하고자 한 것도 다른 사람들과 다르지 않았다. 주님은 바로 그런 제자들의 속을 보신 것이다. 따라서 부자 청년과는 달리 '나중 된 자로서 먼저 된'(19:30) 사람을 제자들로 보는 해석은 어불성설(語不成說)이다.

---

1 ESV는 'the new world,' NIV는 'the renewal of all things,' NKJV는 'the regeneration'으로 표현.

본문의 비유 직후 예수님은 예루살렘으로 올라가시며("예루살렘으로 올라가려 하실 때에," 20:17) 열두 제자를 따로 데리고 고난과 죽음 그리고 부활에 대한 세 번째 예고를 하신다. 같은 곳을 향해 열두 제자와 같이 가고 있다는 것이다. 그런데 동상이몽(同床異夢)이다. 같이 예루살렘을 향해 갔지만, 제자들의 길은 예수님의 길과 다른 길이었다. 고난과 죽음, 부활에 대한 세 번째 예고 다음 단락(20절 이하)은 "그 때에"(Τότε, 토테)로 시작한다. 앞과 연결되어 있다는 접속사이다.

세베대의 아들들의 어머니가 그 아들들을 데리고 예수님께 나아와 "나의 이 두 아들을 주의 나라에서 하나는 주의 우편에, 하나는 주의 좌편에 앉게 명하소서"(20:21)라고 청탁한다. 같은 사건을 보도하는 마가복음에서는 야고보와 요한이 직접 청탁을 하지만(막 10:35-45), 마태는 사도들의 체면을 생각해서 어머니가 청탁한 것으로 바꾼다. 그리고 두 사도의 이름도 밝히지 않는다. 청탁의 내용은 예수님이 예루살렘에 입성하여 주의 나라를 세우시면 두 아들을 우의정, 좌의정의 자리에 앉게 해달라는 것이다.

그들 제자들의 예루살렘 입성 목적은 예수님과는 달리 권력을 쥐는 것이었다. 그렇기에 베드로의 "무엇"(τί, 티, 19:27)에 이어 청탁하러 온 두 아들의 어머니에게도 "무엇을 원하느냐"(Τί θέλεις, 티 쎌레이스, 20:21)라고 물은 것이다. 이것은 이어 29절 이하에서 두 맹인 치유에서 또 나온다("너희에게 무엇을 하여 주기를 원하느냐", Τί θέλετε, 티 쎌레테). 두 맹인은 바로 두 아들이다. 두 제자는 예수님의 예루살렘 길을 제대로 보지 못한 맹인들이다. 원자료인 마가복음에는 '두 맹인'이 아니라 바디매오라는 한 맹인이 등장한다(막 10:46). 그런데 마태는 이를 두 맹인으로 바꾸어 치유받게 함으로써, 두 사도가 결국은 예수님의 길이 어떤 길인가를 보게 되었다는 식으로 사도들의 체면을 세워준다.

그런데 이 청탁을 두고 다른 제자들이 분을 냈으니(19:24), 사실은 다 비슷한 마음이 아닌가 싶다. 예수님은 바로 제자들의 이런 마음속을 들여다보고(ἐμβλέπω, 엠블레포, 19:26) 계셨다. 예루살렘을 향해 같은 길을 가면서도 고난을 당하고 죽임을 당하는 예수님의 길과 우의정, 좌의정 자리를 노리는 제자들의 길은 달랐다. 그러니 제자들은 부자들이 하나님의 나라에 들어가는 것이 낙타가 바늘귀로 들어가는 것보다 어렵다고 하는 말에 놀랄 수밖에 없었고, 그렇기에 그럼 어느 누가 구원을 얻을 수 있느냐고 반문한 것이다. 제자들은 여전히 먼저 된 자로서 있다. 그러니 나중 된 자가 될 수밖에 없다. 그런데 놀랍게도 예수님은 부자가 구원받을 길을 열어놓는 발언을 하신다.

> 사람으로는 할 수 없으나 하나님으로서는 다 하실 수 있느니라(19:26).

하나님으로서는(παρὰ θεῷ, 파라 쎄오) 부자도 구원받게 할 수 있다는 것이다. 의외의 말씀처럼 들려온다. 그래서 본문 20장 1절 이하에서 포도원을 가진 집 주인의 이야기가 등장하는 것이다. 포도원을 가졌고 일꾼들을 고용할 정도면 상당한 부자가 아니겠는가.

이 하늘나라 비유는 "천국은 마치 품꾼을 얻어 포도원에 들여보내려고 이른 아침에 나간 집 주인과 같으니"라는 구절로 시작한다. 개역개정 성서에서 '천국'이라고 번역한 헬라어 단어는 한 단어가 아니라 두 단어(ἡ βασιλεία τῶν οὐρανῶν, 헤 바실레이아 톤 우라논)로 되어 있다. 직역하면, '하늘들의 나라'이다. 하늘이 복수이다. '천국'이라고 하면 죽은 다음에 가는 어떤 장소처럼 여겨진다. 하지만 '하늘들의 나라'는 그 뜻이 한눈에 들어오지 않는다. 그런데 이 구절은 두 단어가 빠진 채 번역되었다. '이를테면'을 뜻하는 '가르'(γάρ)와 '사람'을 뜻하는 '안쓰로포스'(ἀνθρώπος)이다. 직역하면 "이를테면 하늘나라는 포도원에 일꾼들을 고용하기 위해 일찍이 나선 포도원 주인인 사람과 같다"이다. 우리말 성서나 영어 성서에서 '사람'을 번역한 것은 보지 못했다. 큰 착오이다. 복음서에서 예수님의 하늘나라, 혹은 하나님 나라 비유는 하나님 자신, 하나님의 통치이다. 그러나 여기서 하늘나라는 사람과 같다는 말이다. 그렇다. 하늘나라는 사람이다. 하늘나라는 각 사람 마음에 있어 주인이신 하나님의 뜻으로 사는 사람을 말한다. 하나님은 반드시 사람을 통해 자신의 뜻을 펼치신다. 그래서 하늘(οὐρανος, 우라노스)이 각 사람의 마음에 있기에 복수형인 하늘들(οὐρανοι, 우라노이)이라고 쓴 것이다. 비유 내용은 복잡하지 않다.

이른 아침(오전 6시) 포도원 주인이 하루 한 데나리온을 주기로 하고 일꾼들을 포도원으로 보냈다. 한 데나리온은 당시 5인 가족 기준 평균 생계비라고 할 수 있다. 최저생계비라고 말하기도 한다. 주인은 '제삼시'인 오전 9시에 또 장터(ἀγορᾷ, 아고라)로 나갔다. 이 장터는 아침에 여는 인력시장일 것이다. 포도원 주인은 거기서 일을 구하지 못한 사람들을 다시 고용해 포도원으로 보내고, 제육시(정오)와 제구시(오후 3시)에도 나가 사람들을 고용하고, 또 제십일시(오후 5시)에도 인력시장에 나가 고용되지 못한 사람들에게 포도원 일을 시킨다. 대체로 오후 6시면 일을 마치니까 오후 5시에 고용된 사람은 한 시간밖에 일을 하지 않은 것이다.

일을 마치고 나서 하루 품삯을 주는데 이상하게도 나중에 온 사람부터 준다. 한 시간밖에 일하지 않은 사람에게 한 데나리온을 주었다(20:9). 먼저 온 사람들은 이것을 보고 자신들에게는 더 많은 품삯을 줄 것이라 생각했다(20:10). 그러나 주인은 일한 시간과 관계없이 모든 이들에게 한 데나리온을 주었다. 불평은 당연했다. 먼저 와서 일을 많이 한 사람들이 주인을 원망하며 말한다. 12절 말씀이다.

> 나중 온 이 사람들은 한 시간밖에 일하지 아니하였거늘 그들을 종일 수고하며 더위를 견딘 우리와 같게 하였나이다

그러자 주인은 13절 이하에서 대답한다.

> 친구여 내가 네게 잘못한 것이 없노라 네가 나와 한 데나리온의 약속을 하지 아니하였느냐 네 것이나 가지고 가라 나중 온 이 사람에게 너와 같이 주는 것이 내 뜻이니라 내 것을 가지고 내 뜻대로 할 것이 아니냐 내가 선하므로 네가 악하게 보느냐

어떻게 생각하는가? 주인이 불공평한 것인가? 일한 시간만큼 품

삯을 주는 것이 공평하지 않겠는가? 그런데 주인은 단호하다. 나중 온 사람에게도 먼저 온 사람에게 준 것과 똑같은 삯을 주는 것이 주인의 뜻(θέλω, 쎌로, '내가 원하다')이라고 주장한다. 나아가 내 돈 갖고 내 마음대로 할 수 없느냐고 하며 "내가 선하므로 네가 악하게 보느냐"라고 질타한다. 주인과 먼저 온 사람과의 충돌, 사실 이것은 세상의 한 현실이다.

현실에서 모든 갈등과 반목은 대부분 좋은 사람과 나쁜 놈 사이에 일어나는 것이 아니다. 정의와 불의 사이에 일어나는 것이 아니라는 말이다. 갈등과 반목은 저마다 다른 의(義) 때문에 일어난다. 노동자와 사용자 간의 노사분쟁도 어느 한쪽이 옳고 다른 쪽이 틀려서가 아니다. 각각의 의가 있다. 노동자의 의와 사용자의 의가 다르기 때문에 분쟁이 일어난다.

자본주의와 공산주의도 그러하다. 자본주의는 자유를, 공산주의는 평등을 강조한다. 자본주의는 사유를, 공산주의는 공유를 강조한다. 자본주의는 성장을, 공산주의는 분배를 강조한다. 자본주의의 의와 공산주의의 의가 이와 같이 다르다. 두 의는 모두 중요하다. 새는 좌우로 난다고 하지 않았는가? 그러나 두 의가 충돌하여 인류는 거의 반세기를 냉전체제로 지내왔다. 불행히도 그 냉전체제가 분단된 우리나라에서는, 그 내용은 좀 다르지만, 아직도 진행 중이다.

이런 문제는 가정에서도 일어난다. 아이의 교육을 두고 아빠와 엄마가 다투기도 한다. 한쪽은 아이를 엄격하게 키워서 예의가 바른 아이를 만들자고 하고, 다른 한쪽은 그렇게 하면 아이가 기가 죽어 열등감만 가질 뿐이니 자유롭게 키워야 한다고 주장한다. 모두 옳다. 그렇다면 누구의 의를 선택해야 하는가? 이 비유는 주인이신 하나님의 의를 제시하는 것이다.

마지막에 온 사람은 한 시간을 일했으니 시급으로 따져서 품삯을 받아야 한다. 아니면 먼저 온 사람들에게 삯을 더 쳐주어야 한다. 먼저 온 사람의 불평을 생각해보면 주인이 불공정한 것 같다. 그러나 분명 주인은 약속을 지켰다. 먼저 온 사람과 한 데나리온을 주기로 약속했고, 그대로 지불했다. '약속하다'(συμφωνέω, 숨포네오)는 말은 함께(συν, 순) 목소리(φώνη, 포네)를 낸 것을 말한다. 서로 동의한 것이지 일방적인 계약이 아니라는 뜻이다. 주인은 이 약속을 지켰다. 그러므로 늦게 온 사람에 대해서 먼저 온 사람들은 상관하지 말았어야 했다.

그러나 먼저 온 사람들의 주장에도 나름 정당성이 있어 보인다. 3절이다.

> 또 제삼시에 나가 보니 장터에 놀고 서 있는 사람들이 또 있는지라

놀고 있는 사람들이 있었다고 말한다. 이 말은 6절에서도 나타나는데 제십일시, 즉 오후 5시에 다시 인력시장에 나간 주인은 일하지 않고 있는 사람들을 향해 말한다(λέγει, 레게이, 현재형).

> 너희는 어찌하여 종일토록 놀고 여기 서 있느냐

마치 일하기 싫어 놀고 있는 것처럼 읽힌다. 주인 역시 그들이 게을러서 일하지 않는 사람들인 것처럼 말하고 있다. 그런데 여기 '놀다'라는 말은 잘못 번역된 말이다. 이 말은 헬라어로 '아르고스'(ἀργος)라고 하는데 이 말은 '없다'를 뜻하는 '아'(ἀ)와 '일'을 뜻하는 '에르곤'(εργον)의 합성어이다. 즉 놀거나 게으른 것이 아니라 '일이 없는' 상태를 가리키는 것이다. 그들은 일하고 싶어도 일자리가 없어 일하지 못하고 있는 것이다. 이것을 직역하면 "어째서 당신들은 일 없이 하루 종일 여기에 서 있었소?"라고 할 수 있다. 더욱이 주인은 이 말을 현재형(λέγει, 레게이)으로 하고 있다. 마태가 이 복음서를 쓰고 있는 현재도 그렇다는 것이다. 역사적 현재형이다. 주인의 이 말은 오늘까지도 유효하다. 일자리가 없는 오늘 우리 젊은 세대도 그러하기 때문이다. 그렇기에 7절에서 그들이 일하지 않은 제대로 된 이유가 나온다.

이르되 우리를 품꾼으로 쓰는 이가 없음이니이다

이 문장을 직역하면 "그들은 그에게 말한다(현재형). '왜냐하면 아무도 우리를 고용하지 않기 때문입니다'"이다. 늦게 온 사람들은 일하기 싫어 놀다 온 사람들이 아니다. 일하고 싶어도 써주는 사람이 없어 배회하고 있는 사람들이다. 이렇게 볼 때 이들을 향한 주인의 선함(ἀγαθός, 아가쏘스, 15절)을 이해할 수 있다. 그나마 다행이라고 해야 할까? 먼저 온 사람들이 나중에 와서 한 시간밖에 일하지 않은 사람들에게 요즘처럼 6,470원[2]만 줘야 한다고 주장하지 않은 것만도! 주인의 의는 다르다. 본문 4절은 주인에게 있는 '의'를 내비친다.

> 그들에게 이르되 너희도 포도원에 들어가라 내가 너희에게 상당하게 주리라 하니

이것은 직역하면 "그리고 그는 그들에게 말했다. '당신들도 포도원으로 가시오! 그리고 정당한 것이면 무엇이든 나는 당신들에게 줄 것이오!'"이다. 여기 '상당하게'(정당한)라는 말에 주목할 필요가 있다. 이것은 헬라어로 '디카이오스'(δίκαιος)라고 하는데 '의롭다'는 뜻이다. 일한 만큼 주겠다는 말이 아니라 주인의 의를 기준으로 주겠다는 것이다. 그 의는 몇 시에 오든, 몇 시간을 일했든 한 데나리온을 지급하는 것이다. 주인의 의는 일한 시간에 따라 계산된 품삯을 지급하는 것이 아니다. 그에게 중요한 것은 사람이다. 그리고 그 사람이 이끄는 가족 전체이다. 6,470원을 누구 코에 붙이겠는가? 그것은 죽으라는 이야기이다. 무노동, 무임금 그리고 해고, 이것은 살인이다. 주인은 그가 받은 삯으로 살아가는 그의 식구들까지 생각했다. 주인인 하나님의 의는 살리는 의이다.

그런데 아직 문제가 있다. 왜 주인은 나중에 온 사람들부터 삯을 지불했는가? 주인은 이런 원망이 나올 줄 예상하지 못했을까? 알았을 것이다. 알면서도 나중에 온 사람들에게 먼저 품삯을 주었다. 사실 먼저 온 사람들부터 삯을 주어 보내고, 나중에 온 사람들에게 그

---

2 2017년도 최저시급.

들의 삯을 주었다면 별문제가 없었을 것이다. 이상하게 보이는 주인의 이 방식은 사실은 매우 의도적이다. 먼저 온 사람들에게 보여주기 위해 그렇게 한 것이다. '먼저 온 사람들'이란 하나님과 먼저 약속(συμφωνέω, 숨포네오, 20:2, 13)을 맺은 이스라엘 공동체를 가리킨다. 이스라엘은 계약(약속) 공동체이다. 하나님과 하나님의 백성으로서 누구보다도 먼저 계약을 맺은 계약 공동체이다. 하나님과 약속을 맺은 이스라엘, 이것은 이스라엘의 자부심이었다. 이스라엘은 처음에 이것을 은혜로 받아들였다.

이른 아침 주인의 눈에 띄어 포도원으로 보내진 사람은 처음에는 정말 감사했을 것이다. 오늘 일을 얻어 이제 그 가족들이 먹을 수 있게 되었음에 안도의 숨을 내쉬며 주인에게 감사했을 것이다. 그러나 일을 마치고 나중에 온 자에게 자신과 마찬가지로 한 데나리온을 주는 것(9-10절)을 본 순간, 그 감사는 깨졌다. 감사가 원망으로 바뀌었다(11절). 먼저 온 사람이 나중으로 밀리는 순간, 감사가 원망으로 변하는 순간이었다. 더욱이 '원망하다'(γογγύζω, 공귀조)는 단순한 원망을 넘어 불평과 비방에 가깝다. 이 동사의 시제는 미완료이다. 불평이 반복되었다는 것이다. 이것이 이스라엘의 역사이다. 광야의 불평 시리즈를 연상시킨다. 젖과 꿀이 흐르는 가나안인 포도원으로 '먼저' 들어갔음에도 말이다. 그들은 주인이신 하나님의 살리는 의를 깨닫지 못했다.

열왕기상 3장에 솔로몬의 지혜로운 재판 이야기가 있다. 서로 자기 아기라고 주장하는 두 엄마가 솔로몬에게 판결을 구한다. 솔로몬은 칼을 가져오라고 해서 그 아기를 나누라고 명한다. 그러자 가짜 엄마는 솔로몬의 제안에 동의한다. 균등의 의이다. 공정한 분배의 의이다. 그럴싸하다. 그러나 결과는 죽임이다. 진짜 엄마는 차라리 그 아기를 가짜 엄마에게 주라고 한다. 재판은 끝났다. 솔로몬은 그 아기를 죽이느니 차라리 가짜 엄마에게 주라고 한 진짜 엄마의 손을 들어준다. 이 재판의 메시지는 아주 강력하다. 살리는 자가 진정한 의인이라는 뜻이다. 진짜 엄마의 의는 살림이다.

주인에게는 처음부터 끝까지 이 포도원을 통해 자기 이익을 구할 욕심은 없었다. 그는 내내 살리기 위해 날이 저물 때까지 사람을 찾아 나섰고, 새로운 이스라엘(παλιγγενεσίᾳ, 팔링게네시아, 19:28)인 포도원으로 그들을 들여보냈다. 그리고 몇 시에 왔든 그와 그의 가족을 살리는 데 필요한 한 데나리온을 주었다. 이것이 주인의 의이다. 그러나 먼저 온 사람들은 주인을 원망했다. 그들의 의는 달랐다. 그들의 의에는 욕심이 작용했다. 약속과는 다르게 더 많이 받으려는 욕심, 살리려는 것을 넘어서 누리려는 욕심이다. 이것이 그들을 감사에서 불평과 비방으로 변하게 하였다. 그들의 불평과 비방은, 할 만큼 했다는 '아직도 부족한 것이 있냐'는 부자 청년의 교만에서 비롯된다. 그 교만한 욕심이 도사리고 있는 한, 은혜에 대한 감사에서 불평과 비방으로 가기까지 그 거리는 멀지 않다. 그 청년은 근심(λυπούμενος, 루푸메노스, 루페오(λυπέω)의 수동태, 괴로워지다)이라도 했는데….

품꾼을 구하러 이른 아침에 나간 집주인 (2)
(마태복음 20:1-16)

천국은 마치 품꾼을 얻어 포도원에 들여보내려고 이른 아침에 나간 집 주인과 같으니 그가 하루 한 데나리온씩 품꾼들과 약속하여 포도원에 들여보내고 또 제삼시에 나가 보니 장터에 놀고 서 있는 사람들이 또 있는지라 그들에게 이르되 너희도 포도원에 들어가라 내가 너희에게 상당하게 주리라 하니 그들이 가고 제육시와 제구시에 또 나가 그와 같이 하고 제십일시에도 나가 보니 서 있는 사람들이 또 있는지라 이르되 너희는 어찌하여 종일토록 놀고 여기 서 있느냐 이르되 우리를 품꾼으로 쓰는 이가 없음이니이다 이르되 너희도 포도원에 들어가라 하니라 저물매 포도원 주인이 청지기에게 이르되 품꾼들을 불러 나중 온 자로부터 시작하여 먼저 온 자까지 삯을 주라 하니 제십일시에 온 자들이 와서 한 데나리온씩을 받거늘 먼저 온 자들이 와서 더 받을 줄 알았더니 그들도 한 데나리온씩 받은지라 받은 후 집 주인을 원망하여 이르되 나중 온 이 사람들은 한 시간밖에 일하지 아니하였거늘 그들을 종일 수고하며 더위를 견딘 우리와 같게 하였나이다 주인이 그 중의 한 사람에게 대답하여 이르되 친구여 내가 네게 잘못한 것이 없노라 네가 나와 한 데나리온의 약속을 하지 아니하였느냐 네 것이나 가지고 가라 나중 온 이 사람에게 너와 같이 주는 것이 내 뜻이니라 내 것을 가지고 내 뜻대로 할 것이 아니냐 내가 선하므로 네가 악하게 보느냐 이와 같이 나중 된 자로서 먼저 되고 먼저 된 자로서 나중 되리라(마 20:1-16).

이 비유는 품삯만의 이야기가 아니다. 이 비유에서 먼저 온 사람들이란 하나님을 누구보다도 먼저 믿었다는 유대인들, 더 구체적으로 율법에 통달했다는 율법학자(서기관)들, 바리새인들, 대제사장들을 가리킨다. 그들은 율법에 철저하다. 부자 청년처럼 더 이상 지킬 게 없고, 부족함이 없이 율법에 철저하다. 신앙생활이 완벽한 사람들이다. 그런데 예수님은 마태복음 5장 20절에서 이렇게 말씀하신다.

내가 너희에게 이르노니 너희 의가 서기관과 바리새인보다 더 낫지 못하면 결코 천국에 들어가지 못하리라

예수님은 우리에게 서기관과 바리새인의 의보다 더 나은 의(δικαιοσύνη, 디카이오수네)를 요구하신다. 여기 서기관과 바리새인의

의는 무엇인가? 먼저 와서 더 많은 일을 했으니 더 많이 받아야 한다는 것이다. 한 데나리온의 약속은 더 이상 은혜가 아니다. 그들도 먹고살아야 했기에 한 데나리온을 받는 것을 거부하지는 못한다("받은 후", 11절). 그러나 감사로 받는 것이 아니라 원망으로 받는다("집 주인을 원망하여 이르되", 11절). 사실 원망으로 그치지 않는다. 그들만의 의로 인한 이 원망은 분노로 그리고 십자가의 죽임(17-19절)으로 나아간다.

이 비유는 하루 일을 마치고 품삯을 주는 장면에서 '청지기'(ἐπίτροπος, 에피트로포스, 관리인, 8절)를 등장시킨다. 그런데 왜 주인은 자신이 줘도 될 품삯을 청지기에게 맡기고 있는가? 포도원에 들어가게 해 일을 시킨 이는 주인인데 왜 품삯을 주는 일은 청지기가 하는가? 청지기는 타인의 집이나 재산의 관리를 위탁받은 사람이다. 정관사가 붙고 단수이다. 이 비유에서 청지기는 하나님이신 주인의 뜻을 이루기 위해 오신 예수님을 뜻한다고 볼 수 있다. 청지기 설정은 의도적이다. 이후의 대화는 주인과 먼저 온 사람들 사이에서 이루어지기 때문이다. 결국 8절에만 나오는 의도적인 청지기 설정은 먼저 온 사람들의 의로 촉발된 원망과 분노가 결국 청지기를 향했음을 말하고자 한 것이다. 마침내 그들은 로마의 재판을 거쳐(말하자면 유대의 의에 입각해서) 청지기인 예수님을 십자가에 매달기에 이르렀다.

이 의는 유대의 공적사상(功績思想)을 밑에 깔고 있다. 먼저 온 이들의 원망은 더 많이 일했으니 더 많은 품삯을 받으리라는 공적사상을 근거로 한다. '이른 아침'부터 주인이신 하나님의 부름을 받아 율법을 받은 먼저 온 자의 기득권이 그들의 의인 것이다. 그러므로 먼저 온 이들은 나중 온 이들보다 더 많이 받거나 아니면 나중 온 이들이 더 적게 받아야 했다. 그래서 나중 온 이들이 한 데나리온을 받았을 때 그들은 더 많이 받을 것을 기대한 것이다(10절). 그들은 의를 말하며 주인을 원망한다. 12절이다.

> 나중 온 이 사람들은 한 시간밖에 일하지 아니하였거늘 그들을 종일 수고하며 더위를 견딘 우리와 같게 하였나이다

주인의 처사가 공적사상에 어긋난다고 말하고 있다. 주인의 의를 불의로 본다. 그러자 주인이 그중의 한 사람에게 대답하기에 이른다(13절 전반부). 그러나 단순한 대답이 아니다. '대답하다'로 번역된 헬라어 '아포크리노마이'(ἀποκρίνομαι)는 비판적인, 날카로운 응대를 말한다. 13절 후반부 이하이다.

> 친구여 내가 네게 잘못한 것이 없노라 네가 나와 한 데나리온의 약속을 하지 아니하였느냐 네 것이나 가지고 가라 나중 온 이 사람에게 너와 같이 주는 것이 내 뜻이니라 내 것을 가지고 내 뜻대로 할 것이 아니냐 내가 선하므로 네가 악하게 보느냐(13b-15절).

'상당하게' 주리라는 주인의 의(δίκαιος, 디카이오스, 의로운, 4절)는 달랐다. 먼저 온 이와 똑같이 나중 온 이에게도 주는 것이 주인의 의이다. 주인의 의는 더 일한 만큼 더(πλεῖον, 플레이온, 10절) 받는 것이 아니었다. 주인의 의는 더 많이 받아 누리는 의가 아니라 살리

는 의였다. 그러나 먼저 온 이들은 이 주인의 살리는 의를 깨닫지 못하고 오히려 불의로 몰고 갔다. 결국 그들은 하나님의 선한 행위조차 악하게 본 것이다. 15절 후반부, "내가 선하므로 네가 악하게 보느냐"라는 이 말씀은 직역하면 '내가 선하기 때문에 너의 눈이 악한 것이냐'라는 말이다.

참으로 무서운 말씀이다. 하나님의 선한 행위를 먼저 온 이들이 악하게 보고 있다는 것이다. 집주인의 계산법은 일자리를 구하지 못했기 때문에 나중에 올 수밖에 없는 사람들에 대한 배려의 행동이었다. 그런데 나중 온 자들에게 먼저 온 자들과 똑같이 한 데나리온을 주신 하나님의 선한 행위가 그들에게는 불공평하고 악한 행위로 보인 것이다. 결국은 한 사람이라도 더 살리려는 하나님의 행위를 불의한 행위로 보았다는 것이다. 악한 자들에게 선은 악이다. 그러므로 하나님의 선은 그들 눈에 악이다. 선과 정의에 맞서는 세력 역시 스스로 옳다고 믿는다. 그들은 먼저 선택받은 이들이었다. 그러나 나중에 올 수밖에 없는 사람들에 대한 동정심을 상실했을 때, 자기중심주의에 사로잡혔을 때 그들은 어느덧 악의 길로 접어들었던 것이다. 그리고 하나님의 선마저도 악하게 보는 지경에 이르렀던 것이다.

여기서 '삯'(8절)을 뜻하는 헬라어 '미스쏘스'(μισθός)라는 말에 주목해보자. 일반적으로 이 말은 노동에 대한 대가(보상)이다("일꾼이 그 삯을 받는 것이 마땅하니라", 눅 10:7, 딤전 5:18). 본문의 주인도 마찬가지다. 품꾼을 고용하여 일하게 함으로써 품삯(μισθός, 미스쏘스)을 준 것이다. 주인은 하루 일을 끝내고 먼저 온 이들에게 약속대로 한 데나리온의 품삯을 지불했다. 주인은 정당했다. 레위기 19장 13절에 기록된 "품꾼의 삯(μισθός, 미스쏘스, 칠십인역)을 아침까지 밤새도록 네게 두지 말며"라는 율법을 지켰다.

그러나 먼저 온 이들에게 품삯은 일한 것에 대한 정당한 대가나 감사로 받는 은혜가 아니라 더 받아내야 할 고용주의 빚이 되고 말았다("일하는 자에게는 그 삯을 은혜로 여기지 아니하고 빚[ὀφείλημα, 옵페일레마]으로 여기거니와", 롬 4:4, 개역한글). 여기서 그들의 원망이 나온 것이다. 그러나 주인은 단호했다. 주인의 뜻, 주인의 의가 달랐기 때문이다. 주인은 약속대로 의무를 다했고 잘못한 것이 없음을 분명히 한다(13절).

> 네 것이나 가지고 가라 나중 온 이 사람에게 너와 같이 주는 것이 내 뜻이니라(14절).

약속한 한 데나리온만 받아 가면 된다는 것이다. 나중 온 사람에게도 같은 한 데나리온을 주는 것은 내 뜻이니 상관 말고 네 것이나 가지고 가라는 말이다. 문득 요한복음 21장에 나오는 베드로의 질문이 생각난다. 부활 이후 제자들과 만난 자리에서 예수님은 베드로의 미래의 영광스러운 죽음을 말씀하셨다(요 21:18-19). 그러자 베드로는 예수님이 "사랑하시는 그 제자"의 미래는 어떻게 되느냐고 묻는다(요 21:20-21). 예수님은 베드로에게 "내가 올 때까지 그를 머물게 하고자 할지라도 네게 무슨 상관이냐 너는 나를 따르라"(요 21:22)고 말씀하신다. 베드로 역시 자기 기준(의)으로 다른 사람을 비교한 것이다. 신앙은 오직 하나님과의 관계 속에서 자신을 보는 것임을 다시 생각하게 해준다. 우리는 나중 온 사람에게도 같은 한 데나리온으로 그와 그 가족의 생계를 돌보시는 하나님의 후한 뜻, 살리는 의만을 깨달으면 되는 것이다.

먼저 온 이들의 원망은 이른 아침부터 일했다고 하는 자기 의와 그 당당함으로부터 나온 것이다. 이것은 모든 계명을 다 지켜 부족함이 없다는 부자 청년의 의와 그 당당함과 본질적으로 같다. 결국 자신들보다 일을 적게 한, 나중에 온 이들을 정죄하기에 이르고 만다. 이들은 계명을 지키지 못하고 살다 온, 나중 온 사람들을 죄인으로 몰고 간다. 그러나 예수님은 자타가 공인하는 죄인들, 즉 나중 온 사람들인 세리와 창녀를 두고 소위 먼저 온 사람들인 이스라엘의 종교 지도자들, 대제사장들과 백성의 장로들에게 말한다. 마태복음 21장 31-32절의 말씀이다.

> 세리들과 창녀들이 너희보다 먼저 하나님의 나라에 들어가리라 요한이 의의 도로 너희에게 왔거늘 너희는 그를 믿지 아니하였으되 세리와 창녀는 믿었으며 너희는 이것을 보고도 끝내 뉘우쳐 믿지 아니하였도다

먼저 온 이들, 이스라엘의 종교 지도자들에게 원망은 있고 뉘우침은 없다. 그러나 나중 온 이들, 세리와 창녀들은 믿음과 뉘우침으로 먼저 하나님 나라에 들어간다. 이것이 하나님의 뜻이고 의이다. 바울은 로마서에서 먼저 온 이들을 유대인으로, 나중에 온 이들을 이방인으로 여기며 이방인을 향한 하나님의 의를 복음으로 전한다.

> 그러나 경건하지 못한 사람을 의롭다고 하시는 분을 믿는 사람은, 비록 아무 공로가 없어도, 그의 믿음이 의롭다고 인정을 받습니다. 그래서 행한 것이 없어도, 하나님께서 의롭다고 여겨 주시는 사람이 받을 복을 다윗도 다음과 같이 말하였습니다. "하나님께서 잘못을 용서해 주시고 죄를 덮어 주신 사람은 복이 있다. 주님께서 죄 없다고 인정해 주실 사람은 복이 있다"(롬 4:5-8, 새번역).

이 구절에서 바울은 나중 온 자를 '비록 아무 공로가 없어도, 그의 믿음이 의롭다고 인정을 받은 자'라고 말하고, '행한 것이 없어도, 하나님께서 의롭다고 여겨주시는 사람이 받을 복'이 있다고 말하고 있다. 품꾼으로 데려다 쓰는 이가 없어(마 20:7) 일할 수 없었던 사람들에게 후히 베푸시는 하나님의 뜻, 하나님의 의를 바울도 표현하고 있는 것이다.

먼저 온 사람들과는 하루 한 데나리온을 서로 약속했지만(συμφωνέω, 숨포네오), 나중에 온 사람들과는 이런 약속이 없었다. 일할 시간과 그 삯에 대해 어떤 약속도 없이 포도원에 들어가라니, 가서 일한 것이다. 주인은 이들이 일하지 않은 시간을 문제삼지 않는다. 오히려 이들을 시장(ἀγορᾷ, 아고라, 3절)에서 고용했다. 이 시장은 인력시장이다. 그렇다면 시장의 원리가 적용되어야 했을 것이다. 노동량이나 노동 시간에 따른 삯이 정해져 있는 것이다. 그러나 주인은 그것을 따지지 않았다.

하긴 늦은 시간에 일꾼을 고용하는 주인이 어디 있겠는가? 그리고 늦은 시간까지 인력시장에 서 있던 사람들도 자신들이 고용되리라고 생각했겠는가? 그러나 주인은 제십일시인 오후 5시에도 일할 사람을 찾았다. 이렇게 마지막까지 사람을 찾는 것이 하나님의 뜻이고 하늘나라의 통치 방식이다. 그렇기에 오후 5시인데도 인력시장에 서 있는 사람들이 달리 보인다. 마지막까지 쓰임받기를 바라며 서성거리는 이들을 주인은 찾으신다. 마지막까지 써주기를 바라던 그 구원의 열망이 그들을 먼저 된 사람으로 만들었다. 마지막까지 찾으시는 주인이신 하나님과 마지막까지 고용되기를 바라며 서성거린 품꾼의 만남이 바로 하늘나라의 단초가 아닌가 싶다.

그러므로 이 비유는 단지 노동의 품삯 이야기가 아닌 것이다. 구원의 이야기이고 복음이다. 생의 마지막까지 하나님은 새로남(거듭남)의 세상(παλιγγενεσίᾳ, 팔링게네시아, 마 19:28)인 포도원으로 우리를 들어가게 하고 싶어 하신다. 그래서 포도원 비유이다. 팔레스타인의 포도 수확은 9월 말에 행해진다. 이때가 지나면 우기가 시작된다. 시간을 다투는 일이다. 시간이 지나면 포도 농사를 망치기 때문이다. 구원은 느긋하게 오는 것이 아니라 뒤돌아볼 새도 없이 긴박하고 급박하게 오는 것이다. 왜냐하면 구원은 죽음으로부터 그 생명을 건져내는 일이기 때문이다.

포도원은 우리 인생이기도 하다. 8절의 '저물매'는 단지 한 날이 저물고 있다는 말이 아니라 끝이 있는 우리 인생을 말해준다. 인생의 해가 저물면 주인이신 하나님이 우리를 부르신다.[1] 본문에서는 하루 일을 마치고 부른 것이다. 우리 삶에도 반드시 겪게 되고 매듭지어야 할 순간이 있다. 공부해야 할 때, 일해야 할 때 그리고 추수해야 할 때, 그때를 넘겨서는 이룰 수 없는 것들이 있다. 하루하루

---

1 '칼레오', καλέω 8절, 본문에서는 명령형 '칼레손', Κάλεσον.

가, 시시각각이 다시 오지 않는 마지막이기 때문이다.

품삯(μισθός, 미스쏘스)은 인생에 대한 상벌을 의미하기도 한다. 이 비유는 부자 청년의 이야기에 이어, 부자는 천국에 들어갈 수 없다는 예수님의 말씀에 대한 제자들의 질문 "누가 구원을 얻을 수 있으리이까"(마 19:25)와 베드로의 질문 "우리가 모든 것을 버리고 주를 따랐사온대 그런즉 우리가 무엇을 얻으리이까"(마 19:27)에 대한 대답으로 볼 수 있다. 그렇게 보면 나중 온 사람들에게 한 데나리온의 품삯은 과분한 보상이겠지만, 먼저 온 사람들에게 이 품삯은 정당한 삯이 아니라 원망을 유발시킨 '불의의 삯'(μισθοῦ ἀδικίας, 미스투 아디키아스, 행 1:18), 즉 형벌이라고 할 수 있다. 이 불의가(먼저 온 이들의 기준으로는 의이지만) 결국 주인이신 하나님의 의를 악하게 보게 한다.

베드로의 질문에 대한 예수님의 대답에 세 개의 미래형 동사가 나온다. '앉을 것이다'(καθήσεσθε, 카쎄세스쎄, 마 19:28), '받을 것이다'(λήμψεται, 렘푸쉐타이), '상속할 것이다'(κληρονομήσει, 클레로노메세이 혹은 καθήσεσθε, 카쎄세스테, 마 19:29)다. 그러나 이어지는 하늘나라(천국) 비유는 시종 현재형으로 되어 있다. 그 미래가 현재에 결정되기 때문이다. 하늘나라는 현재이다. 영원한 현재이다. 그 영원한 나라는 미래의 신기루가 아니다. 오늘 결정된다.

'앉을 것이다'라는 말은 사본에 따라 그 원형이 '카씨조'(καθίζω)이거나 '카쎄마이'(κάθημαι)의 미래형으로 달리 쓰였다. 이 단어들은 '앉다'는 뜻 외에 '살다', '거주하다'는 의미로도 쓰인다. 여기서는 새로운 세상을 의미하는 헬라어 '팔링게네시아'(παλιγγενεσίᾳ)가 직역하면 '새로운 출생'이라는 의미이므로 '앉다'보다는 '거주하다' 혹은 '살다'라는 뜻으로 해석하는 것이 더 좋을 듯하다. 그래야 새로운 세상을 의미하는 하늘나라를 집주인(거주하는 곳의 주인)에 비유한 것이 이해된다. 하나님 나라를 복잡하게 집주인에 비유하지 말고 8절에 나오는 '포도원 주인'(κύριος ἀμπελῶνος, 퀴리오스 암페로노스)으로 통일했으면 좋았을 것이다. 그러나 주인이 하나님임을 부각시키고 거듭남이라는 집에 거주하는 것임을 고려한다면 '집주인'이라는 표현을 의도적으로 썼을 것으로 보인다.[2]

집주인은 헬라어로 '오이코데스포테스'(οἰκοδεσπότης)라고 하는데 이 말은 '집'을 뜻하는 '오이코스'와 '주인'을 뜻하는 '데스포테스'의 합성어이다. 그런데 '데스포테스'는 단순히 집주인을 의미하기도 하지만 누가복음 2장 29절에서 시므온은 하나님을 칭하는 말("주재")로 사용했다. 그 외에도 신약의 여러 군데에서 하나님 또는 예수를 가리키는 말로 사용되었다(행 4:24, 벧후 2:1, 유 1:4, 계 6:10). 이 단어는 신약에 총 12회 나오는데 마태복음에 가장 많이 나오며 주로 하나님의 행위를 집주인의 행위에 비유할 때 사용하였다.

이 집주인은 이른 아침부터 새로운 세상, 즉 팔링게네시아(παλιγγενεσίᾳ, 새로운 출생, 거듭남)를 가꾸는 포도원에 고용할 일꾼을 찾는다. '이른 아침'은 이스라엘의 오래전 옛날을 의미한다.

> 땅을 파서 돌을 제하고 극상품 포도나무를 심었도다 그 중에 망대를 세웠고 또 그 안에 술틀을 팠도다 좋은 포도 맺기를 바랐더니 들포도를

2 집주인과 포도원 주인 사이에서 NIV, NKJV는 'landowner'로 번역

맺었도다(사 5:2).

그 포도원은 실패했다. 먼저 되었던 자들이 나중 되고 말았다. 그러나 그 오래전 이른 아침은 다시 계속된다. 그 이른 아침은 늦은 오후까지도 이어진다. 하루해가 얼마 남지 않은 시간에도 주인은 포도원 일꾼을 계속 찾으신다. 그 어떤 고용주도 하지 않을 일을 자청하여 오후 5시까지 일꾼을 찾으신다. 우리도 그 시각까지 서성이며 그 주인을 기다리고 있는가?

하나님은 마지막 시간까지 잃어버린 자 하나를 찾아 나서시는 분이다. 아무도 품꾼으로 써주지 않아 바깥을 서성이는 이들을 불러 안으로 들여보내시는 분이다. 하나님은 이스라엘이라는 포도원으로부터 소외된 이방인들을 부르신다. 죄인과 세리와 창녀로 일컬어지는 소외되고 배제된 약자들을 불러 모으신다. 그들과 함께 먹고 즐기신다. 그것이 하나님 나라이다. 하나님이 주인이신 포도원은 누구에게나 한 데나리온의 약속이 주어지고, 새로운 세상에 거주할 자격이 주어지며, 그 보상은 영원한 생명의 약속(마 19:29)이다.

마태 공동체는 세상의 모든 가치를 버리고 예수를 따르는 자들에게 허락되는 영원한 약속을 소유했다(마 19:29). 영원한 생명, 하나님 나라, 새로운 세상, 보상은 미래의 약속이 아니라 마태 공동체의 현재였다. 19장에서 미래형으로 던져진 질문과 약속이 20장에서 현재시제로 쓰인 것은 마태 공동체에서 그것이 실현되고 있음을 의미한다. 세상이 배제한 사람들, 약자들, 무능력자들, 죄인들, 이방인들을 향해서 "너희도 포도원에 들어가라"(마 20:7)는 말씀은 이미 그 순간에 복음이다. 마태 공동체가 꿈꾸고 이루어가려던 새로운 세상(παλιγγενεσίᾳ, 팔링게네시아)의 통치 원리는 배제가 아니라 포용이다.

기본소득에 대한 논의가 이제 본격적으로 시작되고 있다. 이미 이 제도를 실천하는 나라도 많이 있다. '일한 만큼 받는다'는 자본주의 이데올로기에 중독된 우리에게 누구나 기본소득을 누릴 권리가 있다는 말은 황당하고 무책임한 말로 들린다. 그러나 이 사회는 정말 일한 만큼 받는 사회인가? 그렇지 않다. 태어날 때부터 금수저, 흙수저가 나뉘고 아무리 일해도 빈곤을 벗어나지 못한다. 이러한 현실을 반영한 신조어가 '이생망'(이번 생은 망했다)이다. 서울시의 청년수당, 성남시의 청년배당은 이 기본소득의 부분적 실험이다. 4명 중 1명이 실업 상태인 현실에 맞닥뜨린 오늘날 청년들에게 이러한 실험은 실질적 도움보다는 이 사회가 그들을 응원하며 지원하고 있다는 정신적 도움을 줄 것이다. 이 사회로부터 배제되지 않음을 확인하고, 다시 도전하고 일어설 수 있도록 일으켜 세우는 손길 정도의 영향을 끼칠 것이다. 그러나 그 힘이 결코 작지 않다. 최소한 이 정책을 '악한 눈'으로 보지 않기를 빈다.

'이른 아침'에 고용되지 않아도 새로운 세상의 기회는 거기가 끝이 아니라는 것을 알려주고, 누구나 세상을 살아가는 데 '한 데나리온'의 권리가 있음을 분명히 밝혀주는 새로운 세상, 그 세상이 오늘 여기에서 우리의 현재에 일어나고 있다. 영원한 생명의 약속은 특정한 집단이 독점할 수 없으며, 오히려 불의한 세상과 등진 사람들에게 주어지는 '보상'이다.

먼저 온 자들이 타인을 배제함으로써 누리는 특권이 아니라 마지막 한 사람까지도 찾아나서는 하나님의 뜻이 이 땅에 실현되는 것이 헛된 꿈은 아닐 것이다. 하나님께서는 인간을 통해 당신의 꿈을 이루시므로. 하나님의 선을 악으로 보는 세력들이 더욱 기승을 부릴지라도, 찬바람 한 번에 폭염이 물러가듯이 그때는 멀지 않아 보인다. 가을처럼 어느 날 성큼 우리 앞에 펼쳐질지 모른다.

씻김을 받고 나서
(마가복음 1:9-11)

그 때에 예수께서 갈릴리 나사렛으로부터 와서 요단 강에서 요한에게 세례를 받으시고 곧 물에서 올라오실새 하늘이 갈라짐과 성령이 비둘기 같이 자기에게 내려오심을 보시더니 하늘로부터 소리가 나기를 너는 내 사랑하는 아들이라 내가 너를 기뻐하노라 하시니라(막 1:9-11).

마가복음에는 "하나님의 아들, 예수 그리스도의 복음의 시작(본질)"(Ἀρχὴ τοῦ εὐαγγελίου Ἰησοῦ χριστοῦ, 아르케 투 유앙겔리우 예수 크리스투, 1:1)이라는 제목이 달려 있다. 우리의 의문은 제목에서부터 시작된다. 예수님은 자신이 하나님의 아들이라는 것을 어떻게 아셨을까? 이 질문은 하나님을 아버지라고 부르는 우리에게도 해당된다. 이것은 예수님의 자기 정체성에 대한 질문, 나아가 한 인간의 정체성에 대한 질문이다. 본문은 이 질문에 대한 대답이다.

마가복음은 세례 요한의 이야기로 시작한다. 세례 요한은 곧 오실 그분에 대한 외침(3절)과 함께 광야에서 회개의 세례를 설교하며(4절) 사람들에게 세례를 베풀었다(8절). 9절이다.

> 그 때에 예수께서 갈릴리 나사렛으로부터 와서 요단 강에서 요한에게 세례를 받으시고

"그 때에"는 헬라어 원문에 한 단어가 아니라 문장으로 되어 있다. '카이 에게네토 엔 에케이나이스 타이스 헤메라이스'(Καὶ ἐγένετο ἐν ἐκείναις ταῖς ἡμέραις)인데 새로운 전환을 나타내는 관용적 비인칭 주어 문장이다. '때'를 뜻하는 헬라어 '헤메라'(날)는 복수 '헤메라이'를 쓰고 있으므로 '날들'이라고 해야 한다. 더욱이 '카이'가 대문자이다. 번역하기가 까다롭고 좀 어색하지만 '드디어 그 무렵에' 정도로 번역하는 것이 좋겠다.

예수께서 요한에게 세례를 받기 위해 갈릴리 나사렛으로부터 왔다. 그런데 예수께서 갈릴리 나사렛으로부터 왔다는 것은 이동 경로를 말하려는 것이 아니다. '갈릴리 나사렛으로부터'는 헬라어로 '아포 나자렛 테스 갈릴라이아스'(ἀπὸ Ναζαρὲτ τῆς Γαλιλαίας)인데, 여기서 쓰인 전치사 '아포'는 출신을 뜻한다.

예수님은 갈릴리 나사렛 출신이다. 갈릴리는 기원전 733년 이방 아시리아에 점령당함으로 이스라엘 본토와 최초로 분리되기 시작, 이방 여러 민족과 함께 살게 되었다. 이들 이방인과의 잡혼이 이루

어졌다. 이때부터 예루살렘 중심의 남쪽 유다는 북쪽 갈릴리를 이방 지역으로 취급하였다. 마태복음 4장 15절에 "이방의 갈릴리"라는 말은 이사야 9장 1절을 인용한 것인데, 이사야 9장 1절 이하의 내용은 이스라엘이 아시리아에 점령당한 후의 상황을 반영한다. 갈릴리는 그리스의 프톨레미가 예루살렘을 정복하였을 때(302 BC) 다시 본토와 찢기고, 유대 하스몬 왕가의 독립 전쟁 때 통합된다. 그때 점령 지역 이방인을 강제로 할례시켜 이주시킴으로써 유대인들에게 갈릴리는 또 한 번 '잡종'으로 취급당하는 빌미를 제공한다.

갈릴리는 늘 강대국의 먹잇감이었다. 풍요로운 농업 생산지였기 때문일 것이다. 창세기 49장 13-15절에 있는 스불론, 시돈, 잇사갈 등이 이곳에 속하고 대체로 살기 좋은 비옥한 곡창지대이다.[1] 예수 시대, 갈릴리 땅 대부분은 예루살렘 사람들이 소유하고 있었고, 대부분의 갈릴리 사람들은 가난한 소작인이었다. 그럼에도 갈릴리는 나름 민족주의적 색깔이 강했고, 이스라엘을 무력으로 독립시키려는 젤롯당(열심당)의 본거지이기도 하였다. 로마가 유대 호구조사를 실시하였을 때 먼저 봉기한 것도 갈릴리였다. 가난과 소외로 봉기가 자주 일어났는데 이 때문에 갈릴리 사람 하면 불순분자, 반란자 취급을 받았다(14:70).

갈릴리에 속한 나사렛도 예외일 수는 없다. 가난하고 천대받는 사람들이 사는 곳이었다. 요한복음 1장 46절을 보면 예수님의 제자가 된 빌립이 친구 나다나엘에게 예수님을 소개하자 나다나엘은 "나사렛에서 무슨 선한 것이 나올 수 있겠소?"라고 말할 정도로 나

---

1 "이스라엘 가운데 어머니 같은 성"-삼하 20:19, "갈릴리는 비옥한 푸른 정원"-요세푸스

사렛은 경멸당하는 지역이었다. 그러므로 본문 9절의 "예수께서 갈릴리 나사렛으로부터 와서"라는 말은 단지 장소의 표시가 아니라 예수님의 출신 성분을 말하고 있는 것이다. 더욱이 예수님은 마리아와 요셉 사이에 태어난 지긋지긋하게 가난한 나사렛 출신이고, 그의 아버지 요셉은 가난한 목수였고, 그 자신 또한 목수였다.

그뿐만 아니라 예수님 자신은 그 출생부터가 석연치 않다. 당시 유대 사람들의 이름은 '누구의 아들 아무개'이다. 세베대의 아들 야고보(1:19), 알패오의 아들 레위(2:14), 디매오의 아들 바디매오(10:46) 같은 것이다. 그러나 예수님의 경우는 다르다. 물론 '요셉의 아들'이라는 말이 다른 복음서에는 나오지만(눅 3:23, 4:22, 요 1:45, 6:42), 마가복음에는 나오지 않는다. 마가복음에는 '마리아의 아들 목수 예수'(막 6:3)만이 유일하다. 어머니의 아들로 표기된 것이다. 이것은 예수님의 고향 사람들에게서 나온 경멸의 말이다. 아버지가 없거나 불분명한 것이다. 어떤 의미로는 모욕적이다. 이것은 마리아의 임신을 부정한 것으로 보아 그 죄를 '드러내지 아니하고 가만히 끊고자 한' 요셉을 보아서도 알 수 있다. 더욱이 마가복음에는 마태복음이나 누가복음처럼 하나님의 아들임을 증언하는 신비한 탄생 이야기도 없다. 물론 마가는 요한처럼 예수님을 태초부터 계신 분으로 신격화하여 묘사하지도 않는다. 이렇게 한 것은 굳이 예수님을 흠잡으려는 것이 아니다. 예수께서 나이 서른이 되기까지 따라다녔을 세상의 평가를 있는 그대로 표현하고 있을 뿐이다.

과연 갈릴리 나사렛 출신인 예수께서는 자기 자신을 어떻게 생각하고 있었을까? 혹 요한으로부터 세례를 받기 전까지는 자신의 존재를 천한 지역, 불순한 지역의 가난한 목수로 보고 있지는 않았을까? 그것이 자신의 전부라고 보지는 않았을까? 아비 없는 자식이라는 냉대가 그를 심한 열등감으로 몰고 가지는 않았을까? 이로 인해 자기 존재에 대한 회의가 들지 않았을까? 때론 이것에서 자기 비하를 겪지 않았을까? 적어도 마가는 세례받기 이전 예수님의 자기 인식을 그렇게 보고 있다.

마가복음에서 예수님에 대한 첫 마디는 본문 9절 "예수께서 갈릴리 나사렛으로부터 와서"이다. 요한으로부터 세례받기 이전의 예수님은 자기 자신에 대한 그 어떤 거룩한 인식도 없다. 다른 사람과 마찬가지로 가난하고 천대받는 갈릴리 나사렛 출신이라는 것 외에는 아무것도 없다. 그런데 요한으로부터 세례를 받고 나서 새로운 자기 인식이 일어났다. 즉 자신이 누구인가에 대한 깨달음이 온 것이다. 자기 정체성에 대한 자각이 일어난 것이다. 본문 11절은 그것을 말해주고 있다.

> 하늘로부터 소리가 나기를 너는 내 사랑하는 아들이라 내가 너를 기뻐하노라 하시니라

천대받아 온 가난한 갈릴리 나사렛 출신이 아니라 당시 사람들이 천시하던 직업인 목수의 아들, 또 자기 직업인 목수로 자기를 본 것이 아니라 '하나님의 사랑하는 아들'로 인식하게 되었다는 것이다. 땅의 천한 존재가 아니라 하늘의 귀한 존재로 보았다는 것이다. 그래서 "너는 내 사랑하는 아들이라 내가 너를 기뻐하노라"(καὶ φωνὴ ἐγένετο ἐκ τῶν οὐρανῶν· Σὺ εἶ ὁ υἱός μου ὁ ἀγαπητός, ἐν σοὶ εὐδόκησα, 카이 포네 에게네토 엑 톤 우라논, 수 에이 호 휘오스 무 호아가페토스, 엔 소이 유도케사)라는 음성을 예수님은 땅이 아닌 하늘로부터 들었다고 본문 11절 첫 마디는 말하고 있다.

11절의 "하늘로부터 소리가 나기를"(καὶ φωνὴ ἐγένετο ἐκ τῶν οὐρανῶν, 카이 포네 에게네토 에크 톤 우라논)이라는 말에 유의하기 바란다. 이 말이 무슨 뜻일까? 하나님이 구름을 타고 하늘에서 말씀하셨다는 이야기인가? 여기 '하늘'이라는 말은 단수(οὐρανος, 우라노스)가 아니다. 복수 '우라노이'(οὐρανοι)이다. '하늘들'로 번역해야 한다. 아니 왜 하늘이 하나가 아니고 여러 개인가? 우리 마음의 하늘이다. 우리 각자의 하늘이기에 복수형이다. 구약성서에서 하나님의 이름(엘로힘)도 종종 복수로 사용된다. 우리 안에 계신 우리 각자의 하나님이시기 때문이다. 성서에서 하나님 앞에 소유격, 즉 '누구의 하나님'이라는 말은 아주 많이 나온다.

높은 하늘 위에서 혼자 호령하시는 그런 하나님이 아니다. 각자의 내면에서 우리와 함께하시는 하나님이시다. 그래서 "내가 너를 기뻐하노라"라는 말도 헬라어로 '엔 소이 유도케사'(ἐν σοὶ εὐδόκησα)라고 하는데 직역하면 '내가 네 안에서 기뻐한다'는 말이다. 분명 '네 안'(엔 소이)이다. 하나님이 밖이 아닌 내 안에 계시기 때문이다. 그러므로 이것은 바로 예수님의 자기 정체성에 대한 '자각'인 것이다. 그런 의미에서 '갈릴리 나사렛으로부터'(ἀπὸ, 아포)와 '하늘로부터'(ἐκ, 에크)가 다른 전치사를 사용하여 대조를 이루고 있다는 것은 다분히 의도적이다. 땅에서 하늘로의 존재 이해이다. 육에서 영으로의 자각이 아니겠는가.

이렇게 볼 때 "너는 내 사랑하는 아들이라"(Σὺ εἶ ὁ υἱός μου ὁ ἀγαπητός, 수 에이 호 휘오스 무 호 아가페토스)의 '너'(Σὺ, 수)도 내 안에서 '너'라고 부르시는 하나님이시다. 여기서 '너'(수)는 대문자이다. 강조하여 '너야말로'라고 번역해야 할 것이다. '너야말로 내 사랑하는 아들이다'는 말이다. 그러나 이미 성령에 의한 잉태를 보도한 마태복음은 예수님이 이미 '하나님의 아들'임을 알고 있다는 전제로, '너는'이 아니라 '이는'(Οὗτός, 후토스, 3:17)이라고 말함으로써 내면의 자각이 아니라 사람들을 향한 공표로 표현하고 있다. 마가의 다른 사람들을 향한 공표는 변화산에서 세 제자들과 함께 있을 때 일어났다[역시 '이는'(후토스), 막 9:7]. 여기서 이상한 것은 누가의 보도이다. 누가는 신적인 탄생 이야기를 보도했음에도 마가와 마찬가지로 '너'라고 말했다. 누가가 생각 없이 마가복음 자료를 보고 그냥 쓴 것인지, 혹은 다른 이유가 있었는지 의문으로 남는다.

이것은 물론 예수님에게만 해당되는 이야기는 아니다. 그분이 갈릴리 나사렛 출신이라면 우리도 각자의 출신 지역이 있다. 그분이 목수였듯이, 우리 역시 각자의 직업이 있다. 만일 우리의 출신 지역, 직업, 소유, 지위, 학력으로 우리 자신을 평가하려고 한다면 남는 것은 열등감과 우월감밖에는 없을 것이다. 세상 사람들이 보는 눈으로 우리 자신을 평가한다면 소유와 지위, 학력과 가문이 우리 자신이 누구인가를 나타내는 잣대일 것이다. 많이 가진 것으로 뿌듯해지고, 적게 가진 것으로 의기소침해질 것이다.

바로 이런 잣대 때문에 예수님의 저 위대한 자각이 우리의 가슴에 와 닿지 않는다. 우리에겐 예수님처럼 '하나님의 아들'이라는 자기 인식이 살 떨리는 이야기로 들려오지 않는다. "너는 내 사랑하는 아들"이라는 말이 예수님에게는 새롭게 공생애를 시작할 정도로 감격스러운 깨달음의 소리이지만, 왜 우리에게는 하나님의 아들보다는 재벌의 아들, 권력자의 아들이라는 소리가 더 부럽게 느껴지는 것일까?

애벌레는 번데기의 껍질을 벗고 나비가 된다. 애벌레로 있을 때에는 기는 것이 전부이다. 땅바닥에서 많이 기고 뒹구는 것이 전부이다. 애벌레의 삶에서 난다는 것은 그 단어조차 없다. 그저 많이 벌고 높은 자리를 차지하면 으쓱해지고 적게 벌고 지위가 낮으면 움츠러드는 삶, 그 삶은 애벌레의 삶이 아닌가. 땅바닥에 붙어서는 기는 것밖에 없다. 아무리 애써도 기는 것이요, 조금 빨라 보았자 굴러가는 것이다. 부와 가난 그 자체의 차이가 바로 이런 것, 조금 늦게 기고, 조금 빨리 기는 차이는 아닐까? 긴다는 그 차원을 결코 벗어날 수 없는 것을 말하는 것은 아닌가?

애벌레의 차원을 벗어나서, 애벌레가 번데기의 껍질을 벗어던지고 공중을 나는 나비가 되면 문제는 달라진다. 나비가 되면 그저 빨리 기고 늦게 기는 것에 목을 맨 애벌레 시절의 삶이 얼마나 한심한 삶이었는가를 알게 된다. 처녀, 총각 시절에는 경제력과 외모가 결혼 상대를 고르는 기준이다. 그러나 결혼하여 살다 보면 달라진다. 돈이 오히려 원수가 되고 부부를 갈라놓기도 한다. 잘생긴 얼굴은 늙어간다. 큰 키는 쭈그러든다. 철이 든 사람이라면 애벌레 시절의 생각을 부끄러워한다. 학부모로 있을 때는 자식이 일류 대학에 가는 것에 목숨을 건다. 그게 전부라고 생각한다. 그러나 언젠가 그것이 별로 중요하지 않다는 것을 알게 된다. 미숙한 애벌레의 시절을 알게 된다. 그리고 진정한 삶의 행복이 무엇인지 알게 된다. 그토록 자기 욕심에 매달리던 애벌레 시절이 얼마나 우스운 삶인가를 깨닫게 된다.

이것이 예수님이 자각한 "하나님의 사랑하는 아들"이다. 이제는 갈릴리 나사렛 출신이라고 자기조차 자신을 천대하거나, 예루살렘의 부자를 부러워하며 열등의식이나 갖는 애벌레가 아니라는 새로운 자기 인식이 일어난 것이다. '나는 기는 것이 고작인 애벌레가 아니라 하늘을 나는 나비의 유충이었구나. 내가 단지 천대받는 갈릴리 나사렛 출신, 남들이 알아주지도 않는 목수가 아니었구나. 나는 하나님의 사랑하는 단 하나밖에 없는 소중한 아들이었구나'라는 것을 깨닫게 된 것이다.

우리는 교회학교 시절부터 예수님은 하나님의 독생자, 하나밖에 없는 아들이라고 배워왔다. 어찌 독생자가 예수님뿐이겠는가? 역시 하나님의 사랑하는 소중한 자녀이다. 내가 바로 독생자이다. 하나님은 나 외에 나를 만드시지 않았다. 그런데 예수님은 어떻게 그것을 깨달았을까? 마가는 본문 9절에서 말하고 있다. 단 하나의 사건이 말해준다.

세례를 받으셨다

바로 여기에 있다. 물론 교회의 예전에서 세례는 죄를 씻고 하나님의 자녀로 살겠다는 마음속의 결단을 일으키기는 하지만, 머리에 물 좀 뿌렸다고 그런 자각이 일어나는 것은 아니다. 세례는 이보다 훨씬 깊은 의미가 있다. '세례받았다'는 뜻의 헬라어 '에바프티스쎄'(ἐβαπτίσθη)는 원래 '씻는다'는 뜻의 '밥티조'(βαπτίζω)의 3인칭 단수 과거 수동태이다. 예수께서 요한에게서 씻김을 받았다는 것이다. 무엇을 씻었다는 말인가? 갈릴리 나사렛 출신이라는 세상의 눈으로 자신을 바라보던 바로 그 눈을 씻었다는 것이다. 그로 인한 열등의식, 자기 비하를 씻었다는 것이다. 지연, 학연, 소유, 직업, 지위로 인해 이리 흔들리고 저리 흔들리던 마음을 씻었다는 것이다. 씻으니 제대로 보게 되었다. 본문 10절에서 씻김을 받고 물에서 올라올 때를 이렇게 묘사하고 있다.

> 곧 물에서 올라오실새 하늘이 갈라짐과 성령이 비둘기 같이 자기에게 내려오심을 보시더니

씻으니 마음의 하늘이 갈라지는 것을 보게 되었다. '갈라지다'는 다소 약한 표현이다. 헬라어 '스키조메누스'(σχιζομένους)는 '찢다'라는 뜻의 '스키조'(σχίζω)의 복수 현재 수동태 분사이다. 마가복음에서 이 말은 딱 두 번 나온다. 이 구절에서와 예수님이 십자가에서 돌아가시자 "이에 성소 휘장이 위로부터 아래까지 찢어져 둘이 되니라"(15:38)에서 나온다. 15장 38절이 말하는 휘장(καταπέτασμα, 카타페타스마)은 대제사장만이 1년에 한 번 대속죄일에 들어가는 장소인 지성소와 성소를 구별하는 것으로, 이것이 찢어졌다는 것은

유대교의 율법주의, 교권주의가 찢어짐을 의미한다. 오직 제사장만이 속죄의 예식을 집행함으로 그들만이 속죄권을 가져 하나님과 인간의 관계를 막은 당시 율법주의에 대한 예수님의 개혁이라고 보아야 할 것이다.

마르틴 루터가 주장한 '만인사제설'도 이에 부합한다. '하늘이 갈라짐'(찢어짐)은 단순히 신비로운 현상이 아니라 예수님의 유대 율법주의, 교권주의에 대한 혁명이며, 하나님과 인간의 직접적인 관계를 열어놓았다는 것을 말하는 것이다. 세례를 받은 예수님으로서는 그 하늘의 찢김은 땅의 지역, 혈연에 갇힌 세상의 평가가 주는, 천하다고 여기던 자기 존재를 찢은 것이다. 찢김으로써 막혀 있던 하늘의 차원이 보인다. 이제껏 육안에 보이는 대로 절망하고 낙심하며 살았다. 이제는 기를 펴고 날 수 있는 하늘이 열려 있음을 보게 되었다. 더 이상 애벌레가 아니다. 날 수 있는 하늘이 보인다.

그리고 씻으니 성령이 비둘기같이 자기에게 내려오심이 보인다. 성령은 헬라어로는 두 단어 '하기오스 프뉴마'(ἅγίος πνεῦμα)이다. '하기오스'는 '깨끗한', '거룩한'을 뜻하며 '프뉴마'는 '마음', '영'을 뜻한다. 이것이 '성령'이라고 한 단어로 사용될 때 우리가 통상적으로 갖는 느낌은 하나님을 나타내는 삼위일체의 '성령'이다. 그러나 여기서는 열등감, 자기비하 같은 '더러운 마음', '더러운 영'과 대조된다. 씻음을 받고 깨끗한 마음, 거룩한 영이 임하게 되었다는 것이다. 비로소 보인다. 비로소 열린다. 그리고 성령이 임한다. 깨끗해졌기 때문이다. 그리고 마음 내면의 하늘로부터 음성이 들려온다. 갈릴리 나사렛으로부터 아니라 하늘로부터 들려온다. 수정 번역한 11절 말씀이다.

> 너는 내 사랑하는 아들이다. 내가 네 안에서 너를 기뻐한다

씻김을 받았더니 내 존재가 무엇인지 비로소 알게 된다. 씻으면 열리고, 보이고, 깨닫게 된다. 존재의 자각이 일어난다. 내 존재가 하늘의 존재임을 깨닫게 된다. 이때 비둘기는 평화, 온순함을 나타낸다기보다는 하늘과 땅을 자유롭게 날아다니는 모습으로 하늘과 땅을 이어주는 상통의 상징이 된다. 혹은 노아 홍수 때 물에 완전히 잠겼다가 새로 드러난 세상을 알려준 비둘기처럼(창 8:8-12) 심판 후 거듭난 인생과 생명에게 펼쳐질 새 세상의 메신저가 된다.

그런데 복음서에는 물 세례이든 성령 세례(1:8)이든 예수님이 직접 세례를 베풀었다는 이야기는 단 한 곳도 나오지 않는다. 그러나 예수님은 그 삶과 말씀으로써 세상을 씻기셨다. 세례 요한이 말하는 예수님의 성령 세례는 그분에게 임한 성령으로 자기 존재를 찾은 이후 행한 그의 공생애의 삶과 말씀 그 자체이다. 그 말씀이 권위가 있어 더러운 귀신(영)을 쫓아낸다(1:27). 그 말씀이 바로 더러운 것(7:20-23)을 씻는 세례이다.

문제는 예수님이 아니라 우리이다. 세례 요한으로부터 세례를 받은 다른 사람들은 왜 예수님의 경우처럼 하늘이 열리고 성령이 내려오는 것을 보았다는 기록이 없는 것일까? 왜 하늘 음성이 마음에서 생겨났다는 기록이 없을까? 왜일까? 예수님은 죄가 없는 분이

라서 그럴까? 원래 하나님의 아들이기 때문일까? 원래 메시아로 태어난 분이기 때문일까? 굳이 찾자면, 해답은 5절과 9절의 "요단 강에서"라는 말에서 찾을 수 있다. 두 말은 같은 말로 번역되었지만, 사용된 전치사가 다르다. 5절의 "요단 강에서"는 '엔 토이 요르다네 포타모'(ἐν τῷ Ἰορδάνῃ ποταμῷ)로 '요단 강 안에서'라는 뜻이며, 9절은 '에이스 톤 요르다넨'(εἰς τὸν Ἰορδάνην)으로 '요단 속으로'이다. 전치사 '엔'과 '에이스'의 차이이다. '엔'은 '안에서'라는 정적인 의미이고, '에이스'는 '속으로'라는 동적인 의미를 담고 있다. 전자가 반쯤 들어간 상태라면, 후자는 완전히 잠기도록 속으로 들어가는 모습이다.

예수님은 완전히 죽었다. 그의 과거는 죽었다. 그는 완전한 씻김을 받았다. 그는 자기 전 존재를 물속으로 밀어 넣어 완전한 씻김을 받게 했다. 노예의 삶을 끝내고 자유인이 되기 위해 건너야 했던 홍해, 젖과 꿀이 흐르는 약속의 땅에 들어가 새 삶을 살기 위해서 건너야 했던 요단 강, 거슬러 올라가 노아의 홍수까지 죽음과 같은 씻김 그리고 십자가에서 죽음을 맞는 순간 찢어진 성전의 휘장은 모두 죽음을 완전한 씻음의 상징으로 내세운다. 씻김을 받고 나니 깨끗해지고, 깨끗해지니 거룩한(깨끗한) 영(성령)이 들어와 우리가 하나님의 자녀임을 깨닫게 한다. 사도 바울은 우리가 하나님을 '아빠, 아버지!'라고 부를 때, 성령이 친히 우리의 영과 더불어 우리가 하나님의 자녀인 것을 증언하신다(롬 8:16)고 말하는데, 이는 마가의 신학과 일치한다.

우리는 예수님의 세례와 세례를 통한 자의식의 깨어남을 보며 우리 자신에게 이런 질문을 던져야 한다. "우리는 어디까지 씻김을 받았는가?"

예수, 위로의 마을에서 꾸짖다
(마가복음 1:21-27)

그들이 가버나움에 들어가니라 예수께서 곧 안식일에 회당에 들어가 가르치시매 뭇 사람이 그의 교훈에 놀라니 이는 그가 가르치시는 것이 권위 있는 자와 같고 서기관들과 같지 아니함일러라 마침 그들의 회당에 더러운 귀신 들린 사람이 있어 소리 질러 이르되 나사렛 예수여 우리가 당신과 무슨 상관이 있나이까 우리를 멸하러 왔나이까 나는 당신이 누구인 줄 아노니 하나님의 거룩한 자니이다 예수께서 꾸짖어 이르시되 잠잠하고 그 사람에게서 나오라 하시니 더러운 귀신이 그 사람에게 경련을 일으키고 큰 소리를 지르며 나오는지라 다 놀라 서로 물어 이르되 이는 어찜이냐 권위 있는 새 교훈이로다 더러운 귀신들에게 명한즉 순종하는도다 하더라(막 1:21-27).

오실 주님을 준비하라(2-3절)는 이사야의 글 인용으로 마가복음은 시작된다. 세례 요한은 그 준비로서 "죄 사함을 받게 하는 회개의 세례"(4절)를 설교한다(κηρύσσω, 케륫소). 세례(βάπτισμα, 밥티스마)는 씻는(βαπτίζω, 밥티조) 것이다. 더러운 죄를 씻어 깨끗해지는 것이다. 예수님은 세례 요한에게서 세례를 받는다(9절, ἐβαπτίσθη, 에밥티스쎄, 밥티조의 3인칭 과거 수동태). 씻김을 받자 거룩한(깨끗한) 영, 성령이 임재한다(10절). 더러운 것을 씻어 깨끗해지는 것이 회개이다. 이 거룩한 영은 거친 광야로 예수님을 몰고간다(12절). 거기서 '더러운 영'인 '사탄'의 시험을 받는다(13절). 거친 삶의 광야에서 더러운 영과 맞설 때, 비로소 거룩한 영임이 드러난다. 이 장면은 본문의 더러운 귀신(영) 축출에도 나타난다. 그리고 예수님의 설교로 이어진다.

회개하고 복음을 믿으라(15절).

이 회개는 주님의 부르심에 대한 제자들의 '버림'('버리다', ἀφίεμι, 압피에미, 18절, 20절)으로 나타난다. 믿음은 단지 고백이 아니라 주님처럼 살겠다는 '따름'이다.[1] 제자들은 '따랐다.'[2] 회개의 세례와 믿음은 단지 예전이 아니라 구체적인 삶의 변화인 버림과 따름이라는 것을 알 수 있다. 회개-씻김(세례)-버림은 같은 의미를 갖고 이어

---

1 17절에서 '따라오라'로 번역한 헬라어 '듀테 오피소 무'(Δεῦτε ὀπίσω μου)는 직역하면, '내 뒤에서 오라'이다.

2 18절의 따르다는 헬라어 '아콜루쎄오'(ἀκολουθέω)를 썼고, 20절에서는 '그 뒤에서 가다'는 뜻의 '아페르코마이 오피소 아우투'(ἀπέρχομαι ὀπίσω αὐτοῦ)를 썼다.

지고, 믿음(따름)에 대한 전제가 된다. 이렇게 볼 때 본문에서 예수의 교훈(가르침)의 중심 주제도 회개와 믿음일 것으로 보이며, 더러운 귀신(영)은 씻어야 할 죄의 모습으로 보인다.

이것을 배경으로 해서, 본문은 '그들은 가버나움으로 들어갔다'로 시작하고 있다. 가버나움이란 단지 장소만 의미하지 않는다. 가버나움(Καφαρναοὺμ, 캅파르나움)이란 '위로(נחום, 낙훔)의 마을(כפר, 카페르)'이라는 뜻으로 제2 이사야의 서두인 이사야 40장 1절의 "너희는 위로하라 내 백성을 위로하라"를 연상케 한다. 바벨론에서 혹독한 포로 생활을 하고 있는 이스라엘 백성들을 향한 하나님의 위로다. 그런데 이 위로의 마을에서 예수님은 위로하지 않았다. 본문 25절은 이 점을 분명하게 말하고 있다.

예수께서 꾸짖어 이르시되

왜 예수님은 위로의 마을에서 위로하지 않고 오히려 꾸짖었을까? 거기에는 꾸짖을 수밖에 없는 현실이 있기 때문이다.

본문은 예수님이 행하신 첫 기적 이야기다. 이 사건은 본문 21절 이하에서 말하듯 '안식일'에 '회당'에서 일어난 사건이다. '안식일'이라는 거룩한(깨끗한) 시간, '회당'이라는 거룩한 장소에서 일어난 일이다. 그곳, 그 시간에 예수님은 하나님의 말씀을 가르치고 있었다. 오늘날로 말하면 거룩한 주일에 거룩한 교회에 거룩한 말씀이 있는 것이다.

그런데 이 회당에 '더러운 귀신 들린 사람'(ἄνθρωπος ἐν πνεύματι

ἀκαθάρτῳ, 안쓰로포스 엔 프뉴마티 아카싸르토)이 있었다. 여기 귀신은 헬라어로 '프뉴마'다. 개역개정은 물론 한글 성서 대부분이 '귀신'(새번역) 혹은 '악령'(공동번역)으로 되어 있어 '더러운 귀신 들린' 상태를 마치 신 들린 빙의현상으로 오해하기 쉽다. 귀신 씻나락 까먹는 소리가 되지 않기 위해서는 '영'이라고 번역해야 한다. 마가는 의도적으로 '더러운(ἀκάθαρτος, 아카싸르토스) 영'을 예수께서 세례(씻김)를 받으시고 임재한 성령(거룩한 영, 깨끗한 영, 10절)과 대조하여 쓰고 있다. 또한 '더러운 영'에 대해 마가는 마가복음 7장 21-23절에서 다음과 같이 설명하고 있다.

> 속에서 곧 사람의 마음에서 나오는 것은 악한 생각 곧 음란과 도둑질과 살인과 간음과 탐욕과 악독과 속임과 음탕과 질투와 비방과 교만과 우매함이니 이 모든 악한 것이 다 속에서 나와서 사람을 더럽게 하느니라

여기서 마가는 형용사 '더러운'(아카싸르토스)을 사용하지 않고 '더럽게 하다'(κοινόω, 코이노오)는 동사를 사용하고 있다. 더럽게 하는 항목들을 볼 때, 이것이 빙의적인 것이 아니라 도덕적·윤리적·영적인 악한 것들(τὰ πονηρὰ, 타 포네라)임을 알 수 있다. 따라서 '더러운 귀신 들린 사람'은 '사람'(ἄνθρωπος, 안쓰로포스)이 단수이기에 '더러운 영 안에 있는 한 사람' 혹은 좀 더 쉽게 의역하자면 '더러운 영에 사로잡힌 한 사람'이라고 번역해야 할 것이다. 이런 점에서 영어 성서 ESV의 'a man with an unclean spirit'가 가장 적절한 번역인 듯싶다.

이 하나는 숫자 하나가 아니다. 문법적으로 대표 단수다. 하나하

나가 모인 전체를 가리키는 말이다. 사실 이 항목 '음란과 도둑질과 살인과 간음과 탐욕과 악독과 속임과 음탕과 질투와 비방과 교만과 우매함'(7:21-22)에 안 걸리는 사람이 어디 있겠는가? 그 더러운 영 안에 사로잡힌 사람의 자리에 자신을 세울 때 비로소 이 본문은 이해될 수 있다. 시간도 거룩하고(깨끗하고) 장소도 거룩하고 말씀도 거룩하지만 사람은 거룩하지 않다(더럽다). 이것이 예수님 당시의 현실이다. 아니 마가의 현실이고 우리의 현실이다.

다시 본문 첫 절인 21절 '그들은 가버나움으로 들어갔다'로 돌아가자. 여기서 '들어갔다'[3]는 말이 우리말로는 과거형인데 헬라어 원문은 현재형이다. 마가복음이 기록된 것이 기원후 70년경이고, 예수님이 돌아가신 것이 약 40년 전인데 어떻게 이것이 현재로 쓰였을까? 이것을 역사적 현재형이라고 한다. 과거의 문제가 현재에도 계속될 때 쓰는 시제다. 말하자면 예수님 당시만이 아니라 마가가 이 복음서를 쓰고 있는, 예수님 사후 40년 정도가 지났어도 거룩한 안식일, 거룩한 회당, 거룩한 말씀이지만 여전히 그 시간 그 장소에 모인[4] 사람은 거룩하지 않다는 말이다. 이것은 오늘날도 현재형이다. 오늘의 교회 현실이다. 거룩한 주일에 거룩한 예배당에 거룩한 말씀이 있지만 말씀을 전하는 성직자나 말씀을 듣는 성도는 그 이름처럼 거룩하지 않다는 것이다. 그런데 이 더러운 영 안에 사로잡힌 사람이 예수님을 알아보고 소리친다. 본문 24절이다.

---

3 εἰσπορεύονται, 에이스포루온타이, 에이스포루오마이(εἰσέρχομαι)의 3인칭 복수 현재형.
4 수나고(συναγω), 이것에서 나온 '수나고그'(συναγωγ)가 회당이다.

나사렛 예수여 우리가 당신과 무슨 상관이 있나이까 우리를 멸하러 왔나이까 나는 당신이 누구인 줄 아노니 하나님의 거룩한 자니이다

'나사렛'은 경멸받는, 찢어지게 가난하고 비참하고 때로는 불순한 세력으로 오해받는 지역이다. 요한복음 1장 45절 이하를 보면 제자 빌립이 후에 제자가 된 나다나엘에게 예수님을 소개하며 우리가 기다리던 분이라고 말하자 나다나엘은 "나사렛에서 무슨 선한 것이 날 수 있느냐"(요 1:46)고 말한다. 그러므로 '나사렛 예수여'라는 호칭은 경멸의 표현이다.

경멸적으로 부르면서 이 사람은 "우리가 당신과 무슨 상관이 있나이까 우리를 멸하러 왔나이까"라고 묻는다. "우리가 당신과 무슨 상관이 있나이까"의 헬라어 "티(Τί) 헤민(ἡμῖν, '에고'의 복수 여격) 카이 소이(σοί, '수'의 여격)"는 관용구이다. '티 A(여격 인칭대명사) 카이 B(여격 인칭대명사)'는 'A가 B와 무슨 관계가 있느냐?'라는 뜻이다. 이것은 요한복음 2장의 가나 혼인 잔치에서도 나타난다. 예수님의 어머니가 잔칫집 포도주가 모자란다고 하자 예수님은 "여자여 나와 무슨 상관이 있나이까"라고 응한다. 이 때 "나와 무슨 상관이 있나이까"가 헬라어로 '티 에모이 카이 소이(Τί ἐμοὶ καὶ σοί)'이다. '내가 당신과 무슨 관계가 있느냐?'라는 말이다. 당신과 내가 무슨 관계가 있어 남의 포도주 모자란 것에 나서느냐는 투이다.

이렇게 볼 때 "우리가 당신과 무슨 상관이 있나이까"라는 말은 마치 불량배에게 어떤 사람이 당하고 있을 때, 그를 도와주려고 하는 사람이 나타나면, 네가 뭔데 끼어드느냐고 위협하는 것과 같은

뉘앙스다. 너와는 상관없으니 까불지 말고 가던 길 가라는 것이다.

그런데 더러운 영 안에 있는 '한 사람'이 여기서 '우리'로 변한다. 한 개인에서 집단으로 변하는 것이다. 이것이 '더러운 영 안에 있는 사람'의 더러움의 실체이다. 자기 자신 하나를 '우리'라고 말한다. 사람은 힘을 과시하고 싶어 한다. 그래서 하나가 아니라 다수인 '우리'라고 말한다. 교회에서 흔히 있는 일이다. "목사님, 나만 그런 것이 아니라 김 장로도, 박 권사도, 이 집사도 그렇게 생각하고 말합니다", "제 의견은 이렇기 때문에 이런데요"라고 말하지 않는다. 심지어는 "교인들이 다 그렇게 생각해요"라고 말한다. 집단을 동반함으로써 힘을 자랑한다. 세력을 과시한다. 집단적 세력을 과시하는 것, 더러운 영이 자신을 드러내는 한 모습인 것이다.

예수님을 신성 모독으로 처형하고자 할 때 대제사장은 결코 하나님의 뜻을 묻지 않는다. 여론 몰이를 한다. 마가복음 14장 64절이다.

> 그 신성모독 하는 말을 너희가 들었도다 너희는 어떻게 생각하느냐 하니 그들이 다 예수를 사형에 해당한 자로 정죄하고

대제사장은 하나님의 생각, 하나님의 뜻에는 관심이 없다. "너희는 어떻게 생각하느냐?"라며 집단을 선동한다. 그렇기에 여전히 교회도 힘의 크기에 의존하고 그것을 축복이라고 말하지 않는가? 백 사람의 의견을 묻는 것이 신앙이 아니다. 한 분 하나님의 뜻을 묻는 데서 신앙은 출발한다. 민주주의의 꽃이 선거라며 다수결로 몰고 가려고 할 때 그것은 중우정치(衆愚政治)가 되고 만다. 민주주의는

말 그대로 민이 주인의식을 갖는 데 기반을 둔다.

그런데 여기에 또 다른 반전이 있다. '우리'에서 '나'로 바뀐다. 더러운 영 안에 있는 사람은 "나는 당신이 누구인 줄 아노니 '하나님의 거룩한 자'[5]니이다"라고 말한다. 이것이 '나'로 드러나는 신앙인의 겉 모습이다. 속으로는 '우리'라는 패거리의 힘을 과시하면서 말이다.

이쯤 되면 우리는 그 귀신 들린 사람이 누구인지, 더러운 영에 사로잡힌 사람이 누구인지를 좀 더 확실히 알 수 있다. 우리 각자, 바로 나 자신이다. 이것을 모르고서 이 본문은 그 어떤 깨달음도 주지 못한다. '그저 귀신 들린 사람 하나가 있었구나. 그래서 예수님이 그 귀신을 쫓아냈구나' 하고 생각하고 있다면 이 본문은 묵상 하나 마나이다. 예수님을 잘 알고 있다는, 하나님을 잘 믿고 있다는 바로 나 자신, 우리 각자가 더러운 영 안에 사로잡힌 사람이다. 인격성을 상실한 집단 귀신이랄까? 마가복음 5장이 말하는 군대 귀신이랄까? 사도 야고보는 야고보서 2장 19절에서 이렇게 말한다.

> 네가 하나님은 한 분이신 줄을 믿느냐 잘하는도다 귀신들도 믿고 떠느니라

하나님이 한 분뿐인 소중한 분이라는 것을 믿고 예수님을 '하나님의 거룩한 자'라고 고백하지만 내 안에 있는 '우리'는 더럽다. 어찌 더러운 영이 그것뿐이겠는가? 앞서 열거한 마가복음 7장 21절 이하가 다 그렇지 아니한가? 온갖 더러운 영으로 가득 찬 다중 인격은

---

5 ὁ ἅγιος τοῦ θεοῦ, 호 하기오스 투 쎄우.

우리의 모습이 아닌가? 그렇기에 27절의 '더러운 영(들)'[6]은 복수로 나타난다. 하나님을 잘 믿는다는 우리도 얼마든지 더러운 영에 사로잡힌 사람일 수 있다. 하나님을 믿는다고 늘 찬양하고 고백하면서도 하나님의 뜻과는 전혀 다른 제 욕심을 따라 사는 우리야말로 예수님을 조롱하고 경멸하고 있는 더러운 영들 안에 사로잡힌 것이 아니겠는가?

과연 이 더러운 영들을 어떻게 물리칠 수 있을까? 세상살이 힘드니까 그럴 수도 있지 하며 위로한다고 되겠는가? 이 더러운 영에 사로잡힌 사람을 두고 "살다보면 그럴 수도 있습니다. 사람이 다 그렇지요"라고 위로의 말을 전하면 그 더러운 영이 사라지는가? 오히려 더러운 영, 더러운 귀신과 타협하게 되지는 않는가? 주님은 어떻게 하고 있는가? 본문 25절이다.

> 예수께서 꾸짖어 이르시되 잠잠하고 그 사람에게서 나오라 하시니

더러운 영에 대해 주님은 타협하지 않는다. 주님은 위로하지 않는다. 주님은 꾸짖는다. 타협이 없다. 단호하다. 그 꾸짖음에 더러운 영은 그 사람에게서 나갔다고 본문 26절은 말하고 있다. 더러운 영은 타협의 대상, 위로의 대상이 아니다. 꾸짖음의 대상일 뿐이다. 바로 이 꾸짖음(ἐπιτιμαω, 에피티마오)이 안식일에 회당에서 행하신 주님의 가르침이다.

다시 21절로 돌아가자. "예수께서 곧 안식일에 회당에 들어가 가

---

6 πνεύμασι τοῖς ἀκαθάρτοις, 프뉴마시 토이스 아카싸르토이스.

르치시매"의 '가르치시매'(ἐδίδασκεν, 에디다스켄)와 22절의 "뭇 사람이 그의 교훈에 놀라니 이는 그가 가르치시는 것이 권위 있는 자와 같고 서기관들과 같지 아니함일러라"에서 '놀라니'(ἐξεπλήσσοντο, 엑세플렛손토)와 '같고'를 받쳐주는 be 동사(ἦν, 헨)는 미완료 동사다. 이는 일회적인 것이 아니라 과거의 반복을 의미한다. 즉 '가르치곤 했다', '놀라곤 했다', '같지 않곤 했다'라고 번역해야 할 것이다. 예수님이 자주 회당에 가서 가르쳤다는 것이다. 그렇기에 21절의 '안식일'(σάββασιν, 사빠신, 여격)이 복수로 되어 있다.

중요한 것은 가르침에 대한 반응이다. 그의 교훈에 놀랐다는 것이다. 여기 '놀라다'(ἐξεπλήσσοντο, 엑세플렛손토, 22절)는 '엑플렛소'(ἐκπλήσσω)의 3인칭 복수 미완료 수동태인데, '엑플렛소'는 '에크'(ἐκ, ~로부터)와 '플렛소'(πλήσσω, 타격하다. 충격을 주다, 계 8:12)의 합성어로 그 뜻은 '압도당할 정도까지 충격을 받게 하다'[7]라는 것이다. 그러므로 '엑세플렛손토'는 단순한 놀람이 아니라 그 가르침에 압도당한(overwhelmed) 것을 말한다. 그러므로 미완료인 '엑세플렛손토'는 '놀라 압도당하곤 했다'라고 번역하는 것이 좋겠다. 이 놀람은 예수님의 가르침이 율법학자가 주는 것과는 전혀 다른 권능을 가진 것에 근거한다. 이 놀람은 더러운 영을 쫓아낸 후에도 나타난다. 27절이다.

> 다 놀라 서로 물어 이르되 이는 어찜이냐 권위 있는 새 교훈이로다 더러운 귀신들에게 명한즉 순종하는도다 하더라

---

7 to cause to be filled with amazement to the point of being overwhelmed.

여기 '놀라'라는 말의 헬라어 '에쌈베쎄산'(ἐθαμβήθησαν, '쌈베오'(θαμβεω)의 과거 수동태)은 22절에서 '놀라다'라고 번역된 단어와 다르다. 22절의 '놀라다'는 '엑플렛소'로 '압도당할 정도까지 충격을 받게 하다'이다. 그런데 '쌈베오'는 '놀라게 해서 마비시키다'는 의미다. 무엇이 마비되었다는 것인가? 이것은 지금은 폐어가 된 '타포'(τάφω, 말문이 막히다)와 비슷한 말로 쓰인다는 것을 생각하면 말하는 입을 마비시킨 것이다. 한마디로 입을 다물게, 좀 심하게 얘기하면 입을 닥치게 한 것이다.

이렇게 보니 예수님이 더러운 영을 꾸짖으며 말씀하신 '잠잠하라'(Φιμώθητι, 피모쎄티, 명령형 수동태, 25절)와 깊은 연관이 있다. '피모쎄티'의 원형은 '잠잠하게 하다'라는 뜻의 '피모오'(φιμόω)다. 분명 더러운 영에 사로잡힌 사람의 말 "나사렛 예수여 우리가 당신과 무슨 상관이 있나이까 우리를 멸하러 왔나이까 나는 당신이 누구인 줄 아노니 하나님의 거룩한 자니이다"에 대해 '잠잠하라'고 한 것이다. 속으로는 음흉한 '우리'라는 집단적 세력에 의존하면서도 겉으로는 '하나님의 거룩한 자'인 예수님을 믿으라는 그 표리부동에 입 닥치라는 꾸짖음인 것이다. 섬뜩하다. 교인들에게는 그럴싸하게 온갖 미사여구로 거룩한 설교를 하면서도 실제의 삶은 교인 수에 전전긍긍하는 나 자신에게 하시는 꾸짖음이 아닌가? 강단에서는 온갖 거룩한 말씀을 전하면서도 목사파니 장로파니 하는 우리네 모습이 아닌가? 이것이 더러운 영에 사로잡힌 우리 모습이 아닌가?

그런 우리 모습을 꾸짖으며 고발하는 예수님의 가르침에 더러운 속을 들켜버려 말문이 막힌 놀람인 것이다. 그리고 사람들은 말한다.

어찌됨이냐 권위 있는 새 교훈로다

더러운 귀신을 쫓아낸 사건이라면 권위(권능, ἐξουσία, 엑수시아) 있는 사건이라고 해야 하는데, 권능이 있는 '새 교훈'(διδαχὴ καινή, 디다케 카이네)이라고 말한다. 이미 22절에서도 '그의 교훈'(διδαχὴ, 디다케)에 놀랐다고 말하고 있다. 그러나 그 교훈(가르침)만으로 더러운 영이 쫓겨나겠는가? 그래서 22절 후반부에서 "권위 있는 자와 같고 서기관들과 같지 아니함일러라"라는 말씀이 나오는 것이다. 교훈만이 아니라 그 가르침을 말하는 사람의 영이 중요하기 때문이다.

꾸짖음은 회개고 씻김이다. 가르침이 사람들을 압도하고(엑플렛소) 사람들의 입을 막아버린 충격으로(쌈베오) 다가왔다. 그것은 가르치는 그분이 거룩하기 때문이다. 거룩한 영(성령)이 임재해 있었기 때문이다. 거룩한(깨끗한) 영만이 더러운 영을 꾸짖을 수 있다. 그리고 거룩한 영만이 더러운 영을 쫓아낼 수 있다. 예수님의 가르침은 사람을 압도하고 더러운 영을 쫓아내는 거룩한 꾸짖음이다.

예수님의 꾸짖음에 더러운 영은 그 사람에게 경련을 일으켜 놓고, 큰 소리를 지르며 나갔다(26절). 꾸짖음의 가르침은 아프다. '경련을 일으키다'는 뜻의 헬라어 '스프랏소'(σπαράσσω)는 원래 '찢다', '앞뒤로 흔들다'(tear, pull to and fro)는 뜻을 가지고 있다. 위경련을 앓아본 적이 있다. 죽는 줄 알았다. 더러운 영과의 결별이 그렇게 아픈 것이다. 그러기 위해서는 꾸짖음의 말씀을 받아들여야 한다. 결국 말씀은 아프다. 히브리서 4장 12절이다.

> 하나님의 말씀은 살아 있고 활력이 있어 좌우에 날선 어떤 검보다도 예리하여 혼과 영과 및 관절과 골수를 찔러 쪼개기까지 하며 또 마음의 생각과 뜻을 판단하나니

날선 두 검으로 관절과 골수를 쪼개니 얼마나 아프겠는가? 더러운 영과의 결별은 경련처럼 아프다. 이것은 거룩한 꾸짖음의 말씀이다. 거룩한 영이 함께하는 권위(권능)있는 분이 하셨기에 더러운 영도 복종하는 것이다. 더러운 영은 반드시 꾸짖어야 내쫓을 수 있다. 여기 타협은 없다.

할아버지가 어릴 때 밤길에 오는 나를 마중 나오면서 하신 말씀이 있다.

> "얘야, 밤에 도깨비를 만나면 절대로 쳐다보지 말고 내려다 보아라"

더러운 영은 우러러보지 말고 내려다보며 꾸짖어야 한다는 말이다. 그래야 이길 수 있다. 물신주의, 권력 비호, 차별, 세습, 대형화라는 더러운 영 안에 사로잡힌 이 땅의 교회가 거룩한 꾸짖음을 잃어버린 지 오래다. 날이 갈수록 수요가 공급을 결정한다고 고객(?)의 입맛에 맞춰 장사하느라 정신이 없다. 주님은 "내 아버지의 집으로 장사하는 집을 만들지 말라"(요 2:16)고 꾸짖고 있는데….

부름—버림—따름
(마가복음 1:16-20)

갈릴리 해변으로 지나가시다가 시몬과 그 형제 안드레가 바다에 그물 던지는 것을 보시니 그들은 어부라 예수께서 이르시되 나를 따라오라 내가 너희로 사람을 낚는 어부가 되게 하리라 하시니 곧 그물을 버려 두고 따르니라 조금 더 가시다가 세베대의 아들 야고보와 그 형제 요한을 보시니 그들도 배에 있어 그물을 깁는데 곧 부르시니 그 아버지 세베대를 품꾼들과 함께 배에 버려 두고 예수를 따라가니라(막 1:16-20).

갈릴리 바다에서

본문은 예수께서 제자들을 부르시는 장면을 담고 있다. 배경은 갈릴리 바닷가이다. 갈릴리는 예수의 삶의 자리이다. 고향 나사렛도 갈릴리 지역이지만, 세례 요한이 잡힌(14절, '파라디도미'(παραδίδωμι)의 수동태, 넘겨진) 후 갈릴리는 그의 선교 무대였다. 그 중심에 갈릴리 바다가 있다.

갈릴리 바다를 이리저리 건너 오가는 모습은 유대 지역과 이방 지역을 넘나드는 그의 선교 반경을 보여준다. 마가복음 4장 35절, 5장 1절과 6장 45절의 '저편', '건너편'(εἰς τὸ πέραν, 에이스 토 페란)은 '반대편', '맞은편' 즉 이방 지역을 일컫는다. 예수께서는 유대와 이방의 차이를 두지 않으셨다. 요컨대 갈릴리 바다를 중심에 두고 지역을 초월하여 행하신 복음 선교이다.

16절에서 예수는 "갈릴리 해변으로 지나가시다가" 제자들을 부르신다. 어째 좀 어색하다. 마치 산책이라도 하듯이, 아니면 우연히 지나가다가 생긴 일처럼 느껴진다. "지나가시다가"라는 번역 때문에 그런 것 같다.[1] 이렇게 번역된 단어 '페리파테오'(περιπατέω)는 '주변'을 뜻하는 전치사 '페리'와 '걷다', '가다', '밟다'를 뜻하는 동사 '파테오'의 결합으로 '돌아다니다' 혹은 '두루 다니다'를 뜻한다. 이것은 목적 없이 다니는 것이 아니라 무언가를 찾아 두루 다니는 것을 말한다. 좀 부정적인 예이기는 하지만, 베드로전서 5장 8절의 "근신하라 깨어라 너희 대적 마귀가 우는 사자 같이 두루 다니며 삼킬 자를 찾나니"에서 이를 뚜렷하게 확인할 수 있다. 그뿐만 아니라 '파테오'가 '밟다'라는 뜻으로 쓰일 때도 그냥 어슬렁거리며 가는 것이 아니라 힘차게 쿵쿵대며 목적의식을 가지고 걷는 것을 말한다.

---

1 물론 단순히 '옆을 지나가다'라는 뜻의 단어 '파라고'(παράγω)를 사용한 사본도 있다. 이 단어는 별 의미 없이 도입을 나타내는 말로도 쓰인다.

(막 2:9, 요 5:8, 행 3:8 참고) 또한 '페리파테오'는 '행하다'라는 뜻으로도 사용되는데, 신약성서에서 부정적인 행함을 말하는 요한복음 11장 10절, 고린도후서 10장 3절, 데살로니가후서 3장 6절, 11절, 요한1서 1장 6절을 제외하면 대부분은 믿음으로 행하는 것을 의미할 때 쓰인다.[2] 따라서 '페리파테오'는 그냥 우연히 지나가다가 제자들을 부른 것이 아니라 목적의식을 가지고 제자들을 찾고 부르신 예수의 모습을 보여준다.

갈릴리 바다를 따라 걸으시는(περιπατῶν, 페리파톤, '페리파테오'의 분사형) 예수의 발걸음에는 이미 도래한(15절 '가까이 왔다', ἤγγικεν, 엥기켄, '엥기조'(ἐγγίζω)의 완료형) 하나님의 나라에 대한 열정이 있고, 하나님의 나라를 함께 이룰 제자들을 찾기 위한 간절한 바람이 있다.

내 뒤에 오라

갈릴리 바다는 예수의 선교 중심지이기 이전에 시몬과 안드레, 야고보와 요한의 삶의 자리이기도 하다. 주님은 그들의 삶의 자리에 오신다. 그들은 어부이다. 예수는 '시몬과 그의 형제인 안드레아스'가 바다에 그물을 던지는 것을 보셨다.[3] 16절을 직역하면 "그는 갈릴리 바다를 따라 지나가다가 바다에 그물을 던지고 있는 시몬과 그의 형제 안드레를 보셨다. 그들은 어부이기(ἦσαν, 에산, 에이미의

---

2 롬 6:4, 8:4, 고전 7:17, 고후 5:7, 갈 5:16, 살전 2:12, 4:1, 골 1:10, 2:6, 엡 4:1, 5:8, 요일 1:7.

3 여기서 사용된 '형제' 곧 '아델포스'(ἀδελφός)는 '같은'이라는 뜻의 '아'(ἀ)와 '자궁'을 뜻하는 '델포스'(δελφός)의 합성어이다.

미완료) 때문(γὰρ, 가르)이다"라고 할 수 있다. 예수는 어부를 바다에서 부르시며(20절), 세리를 세관에서 부르신다(2:14, "또 지나가시다가 알패오의 아들 레위가 세관에 앉아 있는 것을 보시고"). 삶의 현장이 바로 예수께서 부르시는 곳이다. 그렇다면 무엇 때문에 부르시는가? 예수는 그들에게 말씀하셨다. 17절이다.

나를 따라오라 내가 너희로 사람을 낚는 어부가 되게 하리라

예수는 "나를 따라오라"(Δεῦτε ὀπίσω μου, 듀테 오피소 무)고 부르신다. 직역하면 "내(무, '에고'의 소유격) 뒤에서(오피소) 오라(듀테, 명령형)"이다. 우리말 성서는 이 부분을 "나를 따라오(너)라"로 의역했고, 영어 성서도 대부분 "Follow me"로 의역했다. 물론 복음서는 '따르다'라는 뜻의 헬라어 '아콜루쎄오'(ἀκολουθέω)를 상당히 많이 쓰고 있다. 그러나 "듀테 오피소 무"는 그 따름을 아주 구체적으로 설명한 것이다. 이 원문에 비교적 충실한 것이 킹제임스버전(KJV)의 "Come ye after me"이다. 이것은 1장 20절의 또 다른 두 제자인 야고보와 그의 형제 요한이 예수를 따르는 기사에서도 반복된다(ἀπῆλθον ὀπίσω αὐτοῦ, 아펠손 오피소 아우투, "예수를 따라가니라").

믿음이란, 예수가 앞서고 우리가 그분의 뒤를 따르는 것이다. 따르는 것은 그분을 따라 사는 것을 의미한다. 믿는다면서 사는 것은 왜 그 모양인가? 따름이 없기 때문이다. 삶이 없기 때문이다. 그렇기에 믿음이란 따르는 것이다. 그분처럼 사는 것이다. 적어도 마가

는 그렇게 보았다. 마가의 반(反)제자상은 여기서 나온 것이다. 광풍 앞에 우왕좌왕하는 제자들에게 "너희가 어찌 믿음이 없느냐?"(4:40, οὔπω ἔχετε πίστιν;, 우포 에케테 피스틴)라고 말씀하신다. 직역하면 "아직도 너희는 믿음을 가지고 있지 않느냐?"이다. 후에 초대교회 수장들인 사도의 권위에 문제가 생길 것을 염려한 탓인지 마태는 마가의 이 구절을 "믿음이 적은 사람들아"(ὀλιγόπιστοι, 올리고피스토이, 마 8:26)로 수정한다. 가지고는 있으나 '적게' 가지고 있다는 것이다. 그나마 마태가 제자들의 체면을 세워준 것이다.

마가복음의 예수는 부활한 이후에도 제자들에게 '믿음 없음'(16:14, ἀπιστία, 아피스티아)을 책망한다. 왜 이토록 제자들의 믿음 없음을 책망하는 것일까? '광풍을 잔잔케 한 이야기'(4:35-41) 앞부분인 36절을 보면 "그들(제자들)이 무리를 떠나 예수를 배에 그대로 모시고(παραλαμβάνω, 파라람바노) 가매"라고 기록되어 있다. 말이 모신 것이지 '데리고'[4] 다닌 것이다. 이 문장의 주어는 '제자들'이다. 예수가 아니다. 예수가 앞서고 제자들이 따르는 모습이 아니라 제자들이 앞서서 예수를 데리고 간 꼴이다.

이것은 바로 오늘 한국교회의 모습이다. 예수를 앞세우고 그분 뒤에서(ὀπίσω, 오피소) 따르는 것이 아니라 예수를 뒷방 늙은이 취급하듯 배 뒤 꽁지인 고물(πρύμνα, 프룸나, 막 4:38)에 처박아둔 것이다. 뒤따라야 할 그분을 오히려 뒤에 서게 한 한국교회는 교회 성장을 위하여 예수를 천박한 사이비 무당으로 만들어 모시고(?) 다니면서 세속적인 복을 미끼로 장사를 한 셈이다. 삼박자 구원이 그

4 강일상, 『마가복음의 기적 이야기』, 191쪽.

럴듯했다. "사랑하는 자여 네 영혼이 잘됨 같이 네가 범사에 잘되고 강건하기를 내가 간구하노라"(요삼 1:2). 그러나 거기에 따름은 없다. 더욱이 절묘하게 십자가의 따름은 없다. 예수의 십자가에 편승한 왜곡된 구원이 판을 친다. 따라야 할 예수의 십자가가 바로 자기 십자가임을 보지 못했다.

예수께서 자신의 고난과 십자가의 죽음을 알려주실 때 베드로는 이를 만류한다(8:31-32). 그때 예수는 베드로를 꾸짖으시며(ἐπιτιμάω, 에피티마오) "사탄아 내 뒤로 물러가라 네가 하나님의 일을 생각하지 아니하고 도리어 사람의 일을 생각하는도다"(8:33)라고 말씀하신다. 여기서 예수는 "내(무) 뒤로(오피소) 물러가라(Ὕπαγε, 휘파게, '휘파고'의 2인칭 명령형)"고 말한다. 즉 앞서지 말고 뒤에서 따라오라는 것이다. 그러고 나서 예수는 마가복음 8장 34절에서 "누구든지 나를 따라오려거든(ἀκολουθείτω, 아콜루쎄이토) 자기를 부인하고 자기 십자가를 지고 나를 따를 것이니라(ἀκολουθέω, 아콜루세오)"라고 말씀하신다.

예수의 십자가만으로는 구원이 없다. 그 십자가를 따르는 '자기 십자가'로 비로소 구원에 이른다. 예수의 십자가는 말로 믿으며 말로 고백하는 것이 아니다. 예수의 십자가는 구원의 최종점이 아니다. 아직 우리에게 남은 것이 있다. 바울은 골로새서 1장 24절에서 분명하게 말한다.

> 나는 이제 너희를 위하여 받는 괴로움을 기뻐하고 그리스도의 남은 고난을 그의 몸된 교회를 위하여 내 육체에 채우노라

내 육체에(ἐν τῇ σαρκί μου, 엔 테 사르키 무) 채울(ἀνταναπληρῶ, 안타나프레로오) 그리스도의 남은(ὑστερήματα, 휘스테레마타) 고난(θλίψις, 쓸리푸쉬스)이 있다는 것이다. 이것이 '자기 십자가'이다. 사이비 기복 무당을 예수라고 내세우며 교회 꽁지에나 모시고(파라람바노, 막 4:36) 다닌다면, 한국교회에서 예수가 할 일은 자는 것뿐이다(막 4:38).

동사 '아콜루쎄오'(따르다)가 아닌 "듀테 오피소 무"(내 뒤에 오라)로 표현한 것은 따른다는 것이 무엇을 의미하는지를 구체적으로 밝힌 것으로 볼 수 있다. 이와 아울러 전치사 '오피소'를 부사인 '오피스쎈'(ὄπισθεν, 뒤로)으로 표현한 것도 주목해야 한다. 열두 해 동안 혈루증을 앓아온 한 여인이 치유받은 이야기(막 5:25-34)에서 이 여인은 예수의 '뒤로'(오피스쎈) 와서 옷을 만져 치유되었다.

사람의 어부

예수께서 제자들을 부르신 이유는 무엇일까? 따름의 내용은 그 다음 말씀이다. "내가 너희로 사람을 낚는 어부가 되게 하리라." 그런데 이 구절 헬라어 원문에는 '낚는'이라는 말이 없다. 정확하게는 '사람들의 어부들'(ἁλιεῖς ἀνθρώπων, 할리에이스 안쓰로폰)이다. 이 표현이 포함된 문장을 직역하면 "그러면 내가 너희를 사람들의 어부들이 되게 할 것이다"이다. 불러서 따르라고 한 것은 두 제자를 물고기가 아닌 사람들의 어부가 되게 하기 위함이다. 목적이 바뀌었다. 물고기를 얻기 위해서가 아니라 사람을 얻기 위해서이다. 물고기를 잡아 팔아 어부 식구들이 먹고살듯이, 물고기를 산 사람도 그 물고기를 먹고 사는 것이다. 사람을 위해 물고기를 잡아 팔았고, 사람을 위해 물고기를 산 것이다. 그 중심은 사람이다. 사람이 중심이기에 아무리 돈이 급하고 목구멍이 포도청이라 할지라도 상한 물고기를 팔지 않는다.

사실 직업은 바뀌지 않았다. 여전히 어부이다. 그러나 이제는 사람을 위한 사람의 어부이다. 의사의 눈에 환자가 사람으로 보이지 않고 돈으로 보인다면 어떻게 되겠는가? 요즘 과잉 진료가 늘어나고 있다고 한다. 그 중심에 사람이 있지 않고 돈이 있기 때문이다. 치료가 아니고 돈벌이이기 때문이다. 돈을 벌기 위한 의술은 발전하고 있는데, 인술은 사라지고 있다.

교회도 예외는 아니다. 성장 신화에 걸려든 교회는 사람을 집단으로 보고 있다. 대중은 있는데, 사람이 없다. 그래서 대중을 움직이는 선동은 있는데, 설교는 없다. 속 깊은 큰 사람을 만들지 않고 얄팍한 큰 교회를 지향한다. 어느새 목사도 돈독 오른 장사꾼이 되고 있다. 그러니 교회가 자기 소유라고 생각하며 세습을 당연하게 여기는 것이다. 김일성 세습과 유사하다. 그들은 '권력의 세습'이라 하지 않고 '혁명의 세습'이라고 말한다. 목사 세습도 마찬가지다. '혈연의 세습'이라 하지 않고 '신앙의 세습'이라고 한다. 변명도 기가 막힌다. 국민이 보이지 않는 권력, 사람이 보이지 않는 권력, 혈연의 세습에 사람이 보이지 않는 것이다.

사람의 어부가 되게 하겠다는 예수의 부름에 두 제자는 "곧 그물을 버리고 따랐다"(18절). 여기서 '곧'(εὐθὺς 유쓰스, 다른 사본은 '유쎄오스 εὐθεως')이라는 말이 거슬린다. 예수께서 따르라고 하니 지체 없이 따랐다는 것인가? 그럴 만한 신비한 힘이 예수께 있었다는 것인가? 알지도 못하는 사람이 따르라고 한다고 곧바로 따르겠는가? 최소한 누군데 그러느냐고 묻고, 왜 그러느냐고 묻지 않겠는가? 그래서 이 말은 물리적인 시간을 지칭하는 '곧'(immediately, at once)을 의미하는 것 같지는 않다. 그렇게 보기에는 이 말이 마가복음 1장에만 11번(10, 12, 18, 20, 21, 23, 28, 29, 30, 42, 43절) 나온다. 1장에 등장하는 이 많은 일들이 시간상 계속해서 즉시(곧) 연이어 일어났다고 보기에는 무리가 있다. '곧'은 여운이 남는 말이다. 물리적 시간이 아니라 동기의 절실함이 아닐까?

어느 교회 전도사로 있던 시절, 글을 아주 잘 쓰는 중학교 1학년 여학생이 있었다. 어느 날 "너는 다음에 국문과에 가면 좋겠다"라고 한마디 했다. 이후 나는 그 말을 잊었다. 그 아이는 후에 국문과를 갔고, 지금은 아동문학가로 상당한 활동을 하고 있다. 벌써 마흔이 넘은 그 아이를 만났다. 그 한마디가 그렇게 만든 것이라고 했다. 이 한마디가 그 아이에게서 익어간 것이다. 동기의 절실함이 이어진 것이다. '그 한마디'가 '곧' 그를 문학의 길로 가게 한 것이다. 강일상 목사는 이것을 '이윽고'로 번역했다.

버리고

두 제자는 '이윽고' 그물을 버리고 예수를 따랐다(ἠκολούθησαν, 애콜루쎄산, '아콜루쎄오'의 3인칭 복수). 그냥 따른 것이 아니다. '버리고' 따른 것이다. '버리다'(ἀφίημι, 압피에미)는 '~로부터'를 뜻하는 전치사 '아포'(ἀπό)와 '풀어놓다', '해방하다', '남겨둔 채 가다'는 의미의 '히에미'(ἵημι)가 결합한 말이다. 그 명사형인 '압페시스'(ἄφεσις)는 '해방', '면제', '죄의 용서'(막 1:4)를 뜻한다. 따라서 이 '버림' 속에는 1장 15절의 '회개하고 믿으라'(μετανοεῖτε καὶ πιστεύετε, 메타노에이테 카이 피스튜에테)의 의미가 녹아 있다. 회개와 믿음은 두 어부에게서는 버림과 따름이다. "그들의 회개는 제 가진 것을 버리는 것으로 되어 있고, 그들의 믿음은 그를 따르는 것으로 구체화되어 있다."[5]

그리고 이어 19절은 "조금 더 가시다가(προβαίνω, 프로바이노) 세베대의 아들 야고보와 그 형제 요한을 보시니 그들도 배에 있어 그물(δίκτυον, 딕투온)을 깁는데"라고 기록되어 있다. '가시다가'(프로바이노)는 '앞으로'를 뜻하는 전치사 '프로'와 '가다'를 뜻하는 '바이노'의 결합이다. 계속적인 진행을 뜻한다. 제자들을 찾아 부르는 일이 계속됨을 의미한다.

예수께서는 이들을 부르신다(20절). '부르다'(καλέω, 칼레오)는 말이 여기에서 처음 등장한다. '칼레오'는 헬라어이지만 그 원뜻은 구약의 '카라'(קרא)에서 찾아야 한다. '카라'는 헬라어로 옮길 때는 '칼레인'이라고 하는데 '받아들이다', '존재하다'는 뜻을 가지고 있다. 이렇게 볼 때 '칼레오'는 단순히 '부르다'가 아니라 '부름을 받아들임으로써 비로소 존재하는', '부름 받은 존재'의 의미를 지니고 있는 것이다. 부르신 분이 있다는 것이고, 부르신 분의 뜻이 있는 것이

5 강일상, 『마가복음의 기적 이야기』, 32쪽.

다. 그리고 불러주신 분의 뜻을 따르는 '따름'이 있다.

예수께서 야고보와 요한을 부르실 때 이들은 그물을 깁고 있었다. 그들 역시 어부이다. 그들은 그 부름에 예수를 따랐다(ἀπῆλθον ὀπίσω αὐτοῦ, 아펠쏜 오피소 아우투, 그분 뒤에서 따랐다). 따름은 버림을 전제한다. 시몬과 안드레 형제가 그물을 버리고 따랐듯이, 야고보와 요한 형제는 그들의 아버지와 품꾼들을 배 안에 버려두고 예수를 따랐다. 야고보 형제는 시몬 형제와는 다르게 지위, 소유와 함께 혈연을 버린다. 이것은 창세기 12장 1절의 아브라함의 부름과 유사하다. 이 구절을 직역하면 "야훼께서 아브람에게 말씀하셨다. '너는 가라! 너의 땅으로부터(מארצך, 메아르츠카) 그리고 너의 친척으로부터(וממולדתך, 우밈몰라드트카) 그리고 너의 아버지의 집으로부터(ומבית, 우미베트), 내가 보여줄 그 땅으로!(אל־הארץ אשר אראך, 엘-하아레츠 아쉐르 아르에카)'"이다. 하나님의 부르심에 아브라함은 땅과 친척과 아버지의 집을 떠난다. 그리고 하나님이 보여줄(אראך, 아르에카, '라아 ראה'의 1인칭 히필) 땅으로(엘-하아레츠) 가라는 명령을 따른다.

부름—버림—따름

제자의 길이 '부름—버림—따름'의 구도라면 믿음의 조상의 길은 '부름—떠남—따름'이다. 부름과 따름 사이에는 반드시 버림과 떠남이 있다. 버림은 자기를 부인하는 것이고, 그 정점은 자기 십자가이다(막 8:34).

갈릴리 바닷가는 어부들의 삶의 자리이다. 우리 모두가 나름의 삶의 바다에 있다. 거기서 하나님은 우리를 부르신다. 우리 모두 나름 자기 삶의 바다에서는 어부이다. 사람의 어부, 즉 사람을 살리는 어부이며 구원의 어부이다. 그러나 그 살림은 구원자의 죽임을 요구한다. 버림은 필수이다. 자신을 포함해서 말이다. 십자가의 예수를 향한 대제사장들과 서기관들의 희롱이 이것을 보여준다.

그가 남은 구원하였으되 자기는 구원할 수 없도다(15:31).

그러나 이는 만고의 진리이다. 생명의 살림은 생명의 버림, 곧 죽임을 요구한다. 따름을 위해 주님은 욕망의 바다에서 우리를 불렀고, 우리는 그 따름을 위해 욕망의 주체인 나를 버림으로 구원에 이른다. 구원받는 자가 구원하는 자가 될 때에야 비로소 구원받는 것이다. 부름받은 제자가 스승을 따를 때 비로소 스승이 된다. 스승 되는 것은 스승이 진 그 십자가를 따르는 것이다. 그 부름과 따름 사이에는 자기 십자가라는 버림이 있다.

백담사에는 그리 크지 않은 자연석 시비가 서 있다. 이 시비에는 「나룻배와 행인」이라는 제목의 시가 새겨져 있다.

나는 나룻배
당신은 행인

당신은 흙발로 나를 짓밟습니다.
나는 당신을 안고 물을 건너갑니다.

나는 당신을 안으면 깊으나 얕으나 급한 여울이나 건너갑니다.

만일 당신이 아니 오시면 나는 바람을 쐬고 눈비를 맞으며
밤에서 낮까지 당신을 기다리고 있습니다.
당신은 물만 건너면 나를 돌아보지도 않고 가십니다 그려.

그러나 당신이 언제든지 오실 줄만은 알아요.
나는 당신을 기다리면서 날마다 날마다 낡아갑니다.

나는 나룻배
당신은 행인

만해(卍海) 한용운의 시이다. 만해는 '부처의 바다'라는 말이 아닌가 싶다. 흙발로 짓밟아도 안아주는 부처의 살림이다. 그러나 만해는 날마다 날마다 낡아간다. "나는 날마다 죽노라"라는 바울의 음성이 같이 들려온다. 바울은 알고 있었다. 그 죽음이 다시 삶이라는 것, 그 버림이 사람답게 사는 것임을.

한때 백담사에 일해(日海)도 있었다고 한다. 전두환의 호이다. 해 뜨는 바다인가? 누구의 해를 뜨게 한다는 건가? 자기를 버리고 죽여 남을 살리는 만해의 바다가 있는가 하면, 남을 죽여 자기를 살리는 일해의 바다가 있다. 아마 그 일해는 '一海'인가 보다. 아니 '하나회'가 아닌가? 그의 말대로 그도 희생자인지 모른다. 남을 죽여야 그가 사는 그 탐욕의 희생자.

예수께서는 오늘도 우리의 삶의 바다를 찾아오셔서 우리를 부르

신다. 그리고 살림의 따름을 주신다. 우리는 죽임의 버림을 할 수 있는가? 부름의 바다에 떠 있는 한국교회의 배는 부름에 귀를 막고, 예수를 고물에 처박아두고, 스스로 앞서서 나가고 있지 않은가? "내 뒤에 오라"는 주님의 음성이 희미하다.

들을 귀 있는 자는 들으라
(마가복음 4:21-25)

또 그들에게 이르시되 사람이 등불을 가져오는 것은 말 아래에나 평상 아래에 두려 함이냐 등경 위에 두려 함이 아니냐 드러내려 하지 않고는 숨긴 것이 없고 나타내려 하지 않고는 감추인 것이 없느니라 들을 귀 있는 자는 들으라 또 이르시되 너희가 무엇을 듣는가 스스로 삼가라 너희의 헤아리는 그 헤아림으로 너희가 헤아림을 받을 것이며 더 받으리니 있는 자는 받을 것이요 없는 자는 그 있는 것까지도 빼앗기리라(막 4:21-25).

본문의 앞뒤에는 예수의 비유 설교가 있다. 마가복음 4장 1-9절에서 예수는 씨가 뿌려지는 밭에 관한 비유를 전하고 있다. 마가복음 4장 13절 이하에는 이 비유에 대한 해석이 나온다. 여기에서 씨(σπέρμα, 스페르마) [1]는 곧 말씀(로고스)이다. 밭은 그 말씀을 듣고 받아들이는 마음이다. 어떤 마음 밭으로 듣고 받아들이냐에 따라 삶의 결실이 달라진다는 해석이다. 한편으로는 마음 밭을 잘 가꿀 것을 촉구하는 말씀이기도 하고, 다른 한편으로는 마음 밭이 어떠하든 씨(말씀)를 뿌리는 사람은 그 마음 밭에 대한 책임이 없다는 말로도 들린다. 후자의 경우는 목회자로서 상당한 위로가 된다.

그리고 이 비유와 비유 해석 사이의 단락인 마가복음 4장 11절에서 예수는 이 비유를 '하나님 나라의 비밀'(ὁ μυστήριον τῆς βασιλείας τοῦ θεοῦ, 호 무스테리온 테스 바실레이아스 투 쎄우)이라고 말씀하신다. 이 비밀은 제자들을 비롯한 예수를 따르는 사람들(4:10, "함께 한 사람들이 열두 제자와 더불어", οἱ περὶ αὐτὸν σὺν τοῖς δώδεκα, 호이 페리 아우톤 순 토이스 도데카)인 '너희'에게는 주어져 있지만(δέδοται, 데도타이, '디도미 δίδωμι' 의 완료 수동태) 저 '외인'에게는 '모든 것'(τὰ πάντα, 타 판타)이 '비유들로'(ἐν παραβολαῖς, 엔 파라볼라이스) 되어 있다고 말씀하신다. 여기에서 '외인'은 헬라어로 '호 엑소'(ὁ ἔξω)인데 '엑소'는 '밖'을 뜻하는 형용사 혹은 부사이다. 직역하면 '밖에 있는 사람들'이다. 밖에 있는 사람들이란 마가복음 3장 20절 이하를 보면 혈연주의, 율법주의(유대주의)에 갇힌 사람들을 의미한다. 자기 종교, 자기 나라와 민족, 자기 이념만이 옳다고 여기는 사람들, 그저 믿을 것은 혈연뿐이라고 여기는 사람들이다. 마가복음 3장 31절에 의하면 예수의 혈연적인 가족은 '밖에' 서 있었다.

그 때에 예수의 어머니와 동생들이 와서 밖에 서서 사람을 보내어 예수

1 마가는 이 본문에서 명사를 쓰지 않고 '씨를 뿌리다'는 뜻의 동사 '스페이로'(σπείρω)를 썼다.

를 부르니

그리고 이어 32절에서 어떤 사람이 예수께 와서 '밖에서'(엑소) 어머니와 동생들과 누이들이 선생님을 찾고 있다고 전한다. 이에 대한 예수의 반응은 34-35절에 이렇게 기록되어 있다.

> 둘러 앉은 자들을 보시며 이르시되 내 어머니와 내 동생들을 보라 누구든지 하나님의 뜻대로 행하는 자가 내 형제요 자매요 어머니이니라

"둘러 앉은 사람들을 보시며"라고 번역된 부분을 직역하면 '그분 주위에 있는 사람들을 둘러보시며(페리블렙포 περιβλέφω의 분사)' 이다. 이어서 "내 어머니와 내 동생들을 보라" 하고 말씀하신다. 즉 둘러앉은 사람들이 어머니요 동생들이라는 것이다. 이 말씀에는 '밖에' 서 있는 혈연적인 가족에 대한 강한 부정이 들어 있다. 안에 있는 둘러앉은 사람과 밖에 있는 사람의 차이는 무엇인가? 혈연주의, 율법주의(유대주의)에 함몰된 바깥 사람들은 말씀의 귀가 닫혀 있다. 하나님 나라의 비밀인 하나님의 뜻(θέλημα, 쎌레마)이 바깥 사람들에게는 주어져 있지 않아 깨달을 수 없고 행할 수도 없다. 이것은 무서운 심판이다. 그래서 예수는 4장 12절에서 이렇게까지 말씀하신다.

> 이는 그들로 보기는 보아도 알지 못하며 듣기는 들어도 깨닫지 못하게 하여 돌이켜 죄 사함을 얻지 못하게 하려 함이라

돌이킬 수 없는 심판을 말할 때 성서는 이런 식의 표현을 쓴다. 마치 하나님이 만든 범죄인 것처럼 말이다. 구약성서에서 하나님이 바로의 마음을 강퍅케 하신('완악하게 하다' 혹은 '굳게 하다', 히브리어로 '하자크'(חזק), 칠십인역 헬라어로 '스크레뤼노'(σκληρυνῶ), 출 4:21, 7:3, 9:12, 10:20 등) 것과 같다. 이런 사람들은 씨 뿌리는 자의 비유에서 '길 가'와 '흙이 얕은 돌밭', '가시떨기' 같은 사람들이다(4-7절). 이미 결실을 볼 수 없게 된 마음 밭이기에 11절에서 하나님 나라의 비밀은 주어지지 않는 것이라고 수동태(δέδοται, 데도타이, '디도미 δίδωμι'의 완료 수동태)로 쓴 것이다. 한글 성서에서 새번역만이 수동태적 의미를 살려 '들린다'로 번역하였다.

예수는 이 비유를 말씀하시면서 마가복음 4장 3절 첫머리에 "들으라"(Ἀκούετε 아코우테, '아코우오 ἀκούω'의 2인칭 복수 명령형) 말씀하시고, 이 비유를 마치는 4장 9절에서도 "들을 귀 있는 자는 들으라" 말씀하신다. 그리고 오늘 본문 23절에서도 "들을 귀 있는 자는 들으라"(εἴ τις ἔχει ὦτα ἀκούειν ἀκουέτω, 에이 티스 에케이 우타 아코우에인 아코우테, 직역하면 "들을 귀를 가진 누구나 들으라")하고 말씀하신다. 이 귀는 하나님 나라의 비밀을 듣는 귀이다. 본문 21절에서 예수는 또 하나의 비유 말씀을 주신다.

> 또 그들에게 이르시되 사람이 등불을 가져오는 것은 말 아래에나 평상 아래에 두려 함이냐 등경 위에 두려 함이 아니냐

이 구절에서 '말'(μόδιος, 모디오스, 마 5:15, 눅 11:33)이란 곡식을

담는 도량형(a peck measure)인데 십일조를 계산하는 데 꼭 필요하기 때문에 유대 가정에는 반드시 있었다. 물론 불을 끄기 위한 것으로도 사용되었는데 이 말을 가지고 등불을 덮어 껐다. 즉 말은 등불을 밝히기 위함이 아니라 끄기 위한 도구이다. 그러므로 등불이 밝혀지기 위해서는 말 아래(ὑπὸ, 휘포) 두어서는 안 될 것이다. 또 '평상'(κλίνη, 클리네)은 '침대', '들것'을 말하는데 등불을 평상 아래(휘포) 두면 당연히 그 빛을 비출 수 없다.

문제는 '등불'(λύχνος, 뤼크노스)이다. 한글 성서에서 모두 '등불을 가져가다'(혹은 '가져오다', ἔρχομαι, 에르코마이)로 번역했는데, 여기서 주목할 것은 '등불'이 목적격이 아니라 주격이라는 사실이다. 즉 "등불이 온다"라는 뜻이다. 이 '온다'(에르코마이)는 말이 공관복음서에는 '예수께로 옴'(마 8:2, 9:18, 막 2:2, 5:33, 눅 6:47, 9:23 등)으로 쓰였고, 여기에 이어지는 문장은 대부분 제의적 행위를 나타낸다.[2] 또 '하나님 나라의 도래'(마 6:10, 16:28, 막 9:1, 10:30, 11:10, 눅 18:30, 23:42 등) 혹은 '메시아의 오심'(마 11:3, 14, 17:10, 21:9, 27:49, 막 13:36 등)을 나타낼 때 쓰였다. 더욱이 '등불' 앞에 관사(ὁ, 호)가 붙어 있어 '그 등불'로 읽어야 한다. '그 등불'이란 오실 그분, 즉 메시아를 상징한다. 등불(λύχνος, 뤼크노스)은 당연히 등경(λυχνία, 뤼크니아) 위에 올려놓아야 한다. 이렇게 본다면 '등경'이란 '좋은 땅'(ὁ γῆ ὁ καλός, 호 게 호 칼로스)과 같은 좋은 마음을 나타낸 것이다. 이 비유에서 등불이란 말씀(로고스)을 깨닫게 하시는 주님 자신이며, 씨 뿌리는 비유에서 씨, 즉 하나님의 말씀 그 자체를

2 프로스쿠네오(προσκυνέω, 절하다), 프로스피프토(προσπίπτω, 엎드리다)—둘 다 형용사.

뜻한다. 그리고 22절이 이어진다.

> 드러내려 하지 않고는 숨긴 것이 없고 나타내려 하지 않고는 감추인 것이 없느니라

여기 '숨긴'(κρυπτός, 크리프토스) 것과 '감추인'(ἀπόκρυφος, 아포클립포스) 것은 하나님 나라의 비밀이다. 하나님 나라의 비밀은 영원히 숨겨지거나 감춰지기 위해 있는 것이 아니라, 드러나고 나타내려고 있는 것이다. 즉 말씀(로고스)이 삶이 되어 등불(빛)로 오신 주님으로 인해 하나님 나라의 비밀인 진리가 밝히 드러난다는 것이다. 개역개정은 헬라어 원문에 충실하여 다소 아리송하게 번역하였지만, 공동번역과 새번역은 아주 선명하게 이 구절을 번역했다.[3]

그러나 그 등불이 놓여 있다고 모든 어둠이 밝혀지는 것은 아니다. 말씀이 뿌려졌다고 모든 밭에 싹이 나고 자라 열매가 맺히는 것은 아니다. 어떤 자리는 오히려 빛을 꺼버리고, 어떤 밭은 씨앗을 죽음에 이르게 한다. 등경 위에 두어야 밝고, 좋은 밭에 떨어져야 열매를 맺는다. 말씀을 듣는 사람도 마찬가지이다. 오직 '들을 귀를 가진 사람'(Ὃς ἔχει ὦτα ἀκούειν, 호스 에케이 오타 아쿠에인)만이 말씀이라는 씨를 품을 수 있다. 그래서 4장 9절의 "들을 귀를 가진 자는 들어라"가 23절에서도 반복된다. 마음 밭은 마음의 귀를 의미한다. 육적인 귀가 아니라 영적인 귀 말이다. 문제는 '들을 귀'이다. 그런

---

3 공동번역: "감추어둔 것은 드러나게 마련이고 비밀은 알려지게 마련이다."
새번역: "숨겨 둔 것은 드러나고, 감추어 둔 것은 나타나기 마련이다."

데 귀도 귀 나름이다.

말러의 가곡집『어린이의 요술피리』중「높은 이성의 찬양」(Lob des hohen verstands)이라는 노래가 있다. 원래 제목이 'Lob der Kritik'(평론가의 찬양)이었는데 이는 당대 '평론가'(Kritik)들에 대한 해학적인 조롱을 암시했다. 깊은 숲속에서 뻐꾸기와 꾀꼬리[4]가 노래자랑을 한다. 그 둘은 서로 싸우다가 귀가 큰 당나귀에게 판결을 부탁한다. 먼저 꾀꼬리가 노래를 불렀다. 꾀꼬리답게 아름다운 노래를 불렀다. 더없이 맑고 고운 노랫소리가 숲속으로 퍼져가는 동안 심사위원인 당나귀는 크고 기다란 귀를 쫑긋거렸지만 멍청한 표정으로 눈만 껌벅거렸다. 다음으로 뻐꾸기가 나와서 노래를 불렀다. 뻐꾸기는 단지 두 음절의 짤막한 노래를 반복해서 부를 뿐이었다. 그러자 멍청한 표정으로 앉아 있던 당나귀가 심각한 표정으로 고개를 끄덕이기 시작했다. 뻐꾸기의 단순한 노래는 당나귀가 이해할 수 있었던 것이다. "뻐꾹 뻐꾹" 반복하며 내는 소리가 자신이 내는 "히힝 히힝" 소리와 크게 다르지 않아 충분히 이해할 수 있다. 당연히 당나귀는 꾀꼬리보다 뻐꾸기가 더 아름다운 노래를 불렀다는 판정을 내렸다.

귀가 크다고 제대로 듣는 것이 아니다. 교회가 크다고 제대로 듣고 제대로 말하는 것이 아니다. 오히려 "믿으시기 바랍니다"와 "아멘!" 두 소절만을 듣고 말할 뿐이다. 듣지 못해, 깨닫지 못해 "뻐꾹! 뻐꾹!", "히힝! 히힝!"만 반복되는 상황은 아닐까? 그래서 이어지는 24절이다.

---

4 원작에서는 '나이팅게일'이라는 새, 소리가 아주 예쁨.

또 이르시되 너희가 무엇을 듣는가 스스로 삼가라 너희의 헤아리는 그 헤아림으로 너희가 헤아림을 받을 것이며 더 받으리니

들어도 "무엇을 듣는가"(τί ἀκούετε, 티 아쿠에테)가 관건이며, 얼마나 제대로 들었느냐가 문제이다. 헤아리는 만큼 헤아림을 받는다. 여기서 '헤아리다'는 헬라어로는 '메트레오'(μετρέω)인데 '헤아리다', '판단하다'라는 뜻이며 더 나아가 '깨닫다'라는 뜻도 있다. 깨달은 만큼 하나님 나라의 비밀인 말씀이 드러난다는 것이다. 믿음은 들음에서 난다(ἡ πίστις ἐξ ἀκοῆς, 헤 피스티스 엑 아코에스)고 바울은 말한다(롬 10:17). 문제는 얼마나 들리느냐, 또 얼마나 깨달았느냐이다. 들은 만큼이 믿음의 크기이다.

주님은 이 헤아림을 말하면서 "스스로 삼가라" 하고 말씀하신다. 원문에는 '스스로'라는 말이 없다. 여기서 '삼가라'는 말이 흥미롭다. 헬라어로 '블레페테'(βλέπετε)인데 '보다'라는 뜻인 '블레포'(βλέπω)의 명령형이다. 물론 '블레포'에는 '주의하다'라는 뜻도 있지만, 그래도 '들으라' 하지 않고 '보라' 고 한 것이 눈에 들어온다. 말씀을 들어야지 왜 보라고 하는가?

문득 불가의 '觀音菩薩'(관음보살)이 떠오른다. '觀音'(관음)이란 소리를 보는 것이다. 우리 식으로 말하자면 말씀을 보는 것이다. 말씀을 듣는 것을 넘어 보는 것에 이르라는 말이다. 깨달음은 깊어가고 온전한 깨달음을 향한다. "헤아림을 받을 것이며"와 "더 받으리니"의 시제가 미래인 것은 이 온전한 깨달음을 향해 있기 때문이다. 깨달은 작곡가는 연주를 듣기만 해도 악보가 보인다. 깨달은 연주

가는 악보를 보기만 해도 소리가 들린다. 그러므로 '삼가라'는 주님의 말씀은 모든 감각기관을 다해 깨달음에 이르라는 말이 아니겠는가? 보살이 구도자이듯 우리 기독교인 역시 주님의 도(로고스, 말씀)를 깨닫고자 하는 사람이 아닌가? 그런데 어디까지 깨달았는가? 어디까지 헤아렸는가? 25절은 이를 다시 말해준다.

있는 자는 받을 것이요 없는 자는 그 있는 것까지도 빼앗기리라

직역하면 "가진 자는 누구나(ὃς ἔχει, 호스 에케이) 그에게(αὐτῷ, 아우토) 주어질 것이요(δοθήσεται, 도쎄세타이) 그리고 가지지 못한 자는 누구나(ὃς οὐκ ἔχει, 호스 욱 에케이) 그에게서(ἀπ' αὐτοῦ, 아포 아우투) 가진 것이(ὃ ἔχει, 호 에케이) 치워질(ἀρθήσεται, 아르쎄세타이) 것이기 때문이다(γὰρ, 가르)"이다. 그 의미는 새 번역이 말하듯 "가진 사람은 더 받을 것이요, 가지지 못한 사람은 그 가진 것마저 빼앗길 것이다"로 보아야 할 것이다. 공동번역에는 '누구든지'라는 말이 번역에 포함되어 있다.

사실 이 구절에서 동사 '가지다'(ἔχω, 에코)에는 목적어가 없다. 그렇기 때문에 이 구절만 따로 떼어 읽을 때는 그 뜻을 오해하기 쉽다. 가진 자는 더욱 가지게 되고 가지지 못한 자는 그 가진 것마저 빼앗긴다고 하니, 자본주의의 천박한 빈익빈 부익부를 말하는 것만 같다. 그러나 이 구절의 해석은 마가복음 4장 1절, 씨 뿌리는 자의 비유로부터 시작했음을 상기해야 한다. 즉 '가지다'의 목적어는 당연히 '하나님 나라의 비밀'인 것이다. 그리고 그 비밀은 말씀(로고

스)에 있다. 그러므로 '가진 자'는 하나님 나라의 비밀이 주어진 자이고, 주어진 그 비밀을 가지고 있기 때문에 예수가 선포하는 그 말씀의 뜻을 더욱 잘 깨닫게 된다는 것이다. 그러나 하나님 나라의 비밀을 가지고 있지 않은 자는 11절에서 알 수 있듯 보아도 보지 못하고 들어도 듣지 못한다는 것이다. 그래서 두 번씩이나 "들을 귀를 가진 사람은 들으라"(9, 23절)라고 한 것이다.

주님은 제자들에게 "아직도 알지 못하며 깨닫지 못하느냐 너희 마음이 둔하냐 너희가 눈이 있어도(에코) 보지 못하며 귀가 있어도(에코) 듣지 못하느냐"(8:17-18)라고 말씀하신다. 이 말씀의 시작인 마가복음 8장 17절은 '이르시되'(λέγει, 레게이)로 시작하는데 이 동사의 시제는 현재형이다. 이런 경우를 '역사적 현재형'이라 한다. 마가가 이 복음서를 쓰고 있는 당시에도 제자들이 여전히 깨닫지 못하고 있다는 것이다. 눈을 가지고도 보지 못하고 귀를 가지고도 듣지 못한다는 것이다. 보지 못하고 듣지 못하니 믿음이 있겠는가? 4장이 채 끝나기도 전에 주님은 제자들에게 "어찌 믿음이 없느냐"(οὐ ἔχω, 우 에코, '가지고 있지 않다')라고 말씀하신다. 이 현재형 문장은 오늘에도 유효하다.

이런 웃지 못 할 이야기가 있다. 도산 직전의 한 유대인이 친구를 찾아가 사정을 말하며 부탁을 했다. "내가 사정이 급해서 그러니 10만 실링 정도만 융통해주겠나?" 그러자 친구는 "좋아, 자네라면 빌려주겠네. 이자만 적당하다면 말이야"라고 말했다. 그러자 이 유대인은 고마움으로 가득 차서 친구에게 "그냥 빌려 받을 수는 없지. 이자는 얼마나 주면 되겠나?"라고 물었다. 그러자 친구는 "9부로 하세"라고 말했다. 그러자 이 유대인은 너무 어이가 없어 "아니, 무슨 소릴 하나? 유대인 친구 사이에 9부라니? 하나님이 보시면 뭐라 하시겠나?"라고 말했다. 그러자 친구는 태연히 이렇게 대답했다. "하나님이 하늘에서 보실 땐 9가 아니라 6(사실 6도 너무 많지만)으로 보일 거라네."

혹 우리의 '욕망'이 하늘에서는 '소망'처럼 보일 것이라고, 아멘으로 하늘에서 용서받았다고 착각하고 있지는 않은가? 이것이 우리가 가진 헤아림의 수준, 신앙의 수준은 아닌가? 늘 '주시옵소서' 하며 달라는 기도만 하는 우리가 탐욕을 기도로 미화하고 있지는 않은가?

아랍의 독립을 위해 애쓴 로렌스라는 영국군 장교가 있었다. 그가 함께 일하던 아랍 사람들을 런던의 호텔로 초대했다. 그 호텔에 며칠 머무는 동안 이 아랍 사람들은 너무나 즐거웠다. 무엇보다도 호텔 방의 샤워기에서 나오는 물이 그들을 매우 즐겁게 했다. 꼭지를 틀면 물이 쏟아지는 것이 신기했다. 그들은 사막에서 살기에 물이 너무나 귀했기 때문이다. 호텔에서 떠나던 날 그들은 샤워기 꼭지를 뜯어가려고 했다. 그 꼭지에서 물이 나온다고 생각했기 때문이다. 그들은 꼭지 뒤에 숨겨져 있는, 물이 나오게 하는 수도 시설이라는 거대한 메커니즘을 알지 못했다. 그들이 본 것은 샤워기 꼭지뿐이다. 혹 우리 신앙도 그런 것이 아닐까? 샤워기 꼭지를 주님이라 여기고 우리가 바라는 것을 달라고, 힘든 일은 만나지 않게 해달라고 기도하고 있는 것은 아닐까? 하나님 나라의 비밀이라는 거대한 정의, 평화, 생명을 통한 구원의 메커니즘을 못 보고 있는 것은 아닐까?

이 글을 쓰는 동안 소성리가 난리다. 사드 철회를 요구하는 소성리 주민들과 함께하는 이들은 왜 그토록 투쟁하고 있는가? 그들 눈에는 무엇이 보이기에? 그들 귀에는 무엇이 들렸기에? 남한 방어를 위해 북한의 핵미사일을 요격할 수 있는 대안이 사드가 아님을 그리고 사드가 미국을 위한 무기임을 알 만한 사람은 다 알고 있다. 더욱이 사드에 장착된 X밴드 레이더는 중·러를 제집 안방처럼 들여다보기 위한 것이다. 전쟁이 터졌을 때 먼저 무슨 일이 벌어지겠는가? 당연히 자기 집 앞마당을 보고 있는 곳을 먼저 치지 않겠는가? 이런 사실을 인지하지 못하고 눈으로 무기를 봐야 안심이 된다는 사람들이 있다. 보아야 할 것을 보지 못하고 눈에 보이는 것에 집착한다.

물론 미국과 중국 사이에 있는 우리 정부의 고민도 이해한다. 그러나 "삼가라"(βλέπω, 블레포, 보다, 24절)를 보아야 한다. 강대국들의 틈바구니에서 어떤 일이 벌어질지를 보아야 한다. 아니, 우리는 지난 역사에서 이미 보았다. 청일전쟁과 러일전쟁이 어디에서 일어났는가? 더 멀리 명과 청 사이에서 명을 택한 인조반정으로 우리에게 돌아온 것은 무엇이었나? 병자호란이었다. 우리는 사드에서 이것을 보아야 한다. 보는 정도가 아니라 피비린내 나는 아비규환의 전쟁 소리를 들어야 한다. 군비 경쟁을 부추기는, 힘의 균형을 추구한다는 정책의 결과가 무엇인가? 공멸이다. 우리가 진정으로 추구해야 할 해답은 너무나 간단하다. 한반도 비핵화와 평화협정이다. 균형 잡힌 외교 정책이 아쉽다. 강대국 누군가에 의존하는 것은 극도로 위험하다. 소성리 사드 철회를 요구하는 것은 단순히 무기 하나의 문제가 아니다. 사드를 보는 순간, 우리 귀에는 전쟁의 참혹한 소리가 울려야 한다. 오늘도 들을 귀를 가진 사람만이 들을 뿐이다. "들을 귀를 가진 자는 들어라."

땅이 스스로 열매를 맺되
(마가복음 4:26-29)

또 이르시되 하나님의 나라는 사람이 씨를 땅에 뿌림과 같으니 그가 밤낮 자고 깨고 하는 중에 씨가 나서 자라되 어떻게 그리 되는지를 알지 못하느니라 땅이 스스로 열매를 맺되 처음에는 싹이요 다음에는 이삭이요 그 다음에는 이삭에 충실한 곡식이라 열매가 익으면 곧 낫을 대나니 이는 추수 때가 이르렀음이라(막 4:26-29).

26절에서 마가는 하나님의 나라에 대한 첫 비유를 말한다. 이 비유는 3절 이하의 '씨 뿌리는 자의 비유'에서 시작한다. 물론 '씨 뿌리는 자의 비유'가 하나님 나라의 비유는 아니다. 길 가와 흙이 얕은 돌밭, 가시떨기에 떨어진 씨를 하나님의 나라로 볼 수는 없다. 이 비유에서 '좋은 땅'(γῆ, 게, 8절)은 오늘 본문에 나타난 비유의 단초가 된다. 8절의 '땅'은 26절의 '땅'으로 연결된다. 비유에는 하나님 나라의 비밀(μυστήριον, 무스테리온)이 있다(11절). 비유로 말한 것은 이 비밀을 아무나 깨달을 수 없게 하기 위함이다(12절).

예수는 이 비밀에 대한 깨달음을 촉구하는 말씀을 거듭하신다. '들으라'(Ἀκούετε, 아쿠에테, 3절), '보아라'(ἰδοὺ, 이두, 감탄사, 3절, 개역개정과 새번역은 이것을 번역하지 않았고, 공동번역만이 앞의 '들으라'와 함께 '들어 보아라'로 번역했다.), '들을 귀 있는 자는 들으라'(9, 23절). 이 비밀은 들은 만큼, 본 만큼, '헤아리는(μετρέω, 메트레오) 그 헤아림(μέτρον, 메트론)'만큼 깨닫게 될 것이다(24절).

26절에서 예수는 하나님 나라(ὁ βασιλεία τοῦ θεοῦ, 호 바실레이아 투 쎄우)의 첫 비유를 말씀하신다. '이르시되'(ἔλεγεν, 엘레겐)는 '레고'(λέγω)의 3인칭 미완료이다. 이는 예수께서 한 번이 아니라 자주 말씀하셨다는 것을 의미한다. 이 말씀은 비유인데 "사람이 씨를 땅에 뿌림과 같다"라고 하신다. 여기서 '씨를 뿌리다'로 번역된 헬라어는 '발레 톤 스포론'(βάλη τὸν σπόρον, 씨를 던지다)이다. 보통 '씨를 뿌리다'는 '스페이로'(σπείρω, 3절)라는 동사로 쓴다. 그런데 여기서는 '던지다'로 표현했다. 왜 그랬을까? 의도적이다. 이것은 비유(παραβολή, 파라볼레, 2절)와 연관되어 있다. '파라볼레'는 '옆'이라는 뜻의 '파라'(παρα)와 '던지다'(βάλλω)는 뜻의 '발로'가 결합된 말이다. 우리 속담인 '낫(을 옆에) 놓고(던지고) 기역 자도 모른다'는 말과 매우 유사하다. 이것이 비유임을 알리기 위해 '스페이로' 대신 '발로'를 의도적으로 사용한 문학적 기지로 보인다.

하나님 나라의 비유인데도 이상하게 비유의 주어가 하나님이 아니다. 사실 하나님 나라의 비유에 하나님은 나오지 않는다. 오히려 사람이 주어이고(ἄνθρωπος, 안쓰로포스, '사람이', 26절), 씨가 주어이고(ὁ σπόρος, 호 스포로스, '씨가', 27절), 땅이 주어이다(ὁ γῆ, 호 게, 28절). 먼저 '사람이 씨를 땅에 뿌림'으로 비유하고 있다. 사람이 하나님 나라의 주체이다. 하나님은 사람을 통하지 않고서는 자신의 뜻을 나타내지 않으신다. 사람이 그분의 뜻 중심에 있다. 사람이 사람다워지는 데 하나님의 뜻이 있기 때문이다. 심지어는 사람의 족보(마 1:1-16)를 통해 세상을 구원할 메시아를 보내신다. 하늘에서 뚝 떨어진 메시아가 아니다. 하나님은 죄 많은 사람의 족보를 통해서도 기어이 구원자를 낳고 있다.

문제는 그 사람이 하나님의 말씀인 씨를 길 가나, 흙이 얕은 돌밭이나, 가시떨기가 아니라 '땅'이라는 좋은(καλός, 칼로스, 히브리어로는 '토브 טוב,' 하나님 보시기에 '좋은', 창 1:10), 자신의 마음 밭에 심는 것이다. 그런데 어떻게 씨가 나서 자랐는지 모른다는 것이다. 27절이다.

> 그가 밤낮 자고 깨고 하는 중에 씨가 나서 자라되 어떻게 그리 되는지를 알지 못하느니라

마치 농부가 자고 깨고 하는 사이에 씨가 저절로 자라난 것처럼 들린다. 어찌 농부가 잠만 자는데 저절로 씨가 자라겠는가? 밭을 갈아야 하고, 심은 다음에는 물과 비료도 주어야 하고, 또 자라면 김도 매주어야 하지 않겠는가? 예수의 직업이 목수이기는 하지만 그분

이 농부의 수고를 몰랐겠는가? 농부는 농사의 전문가이다. 그러나 예수는 분명 "씨가 나서 자라되 어떻게 그리 되는지를 알지 못하느니라"고 말씀하신다.

이것은 농부의 무식에 대해 말하는 것이 아니다. 식물이 자라나는 원리, 즉 잎에서 일어나는 광합성 원리라든가, 뿌리에서 일어나는 삼투압 현상을 모르고 있음을 말하고 있지 않다. 아무리 유식한 과학자라도 생명이 자라는 외적인 현상에 대해서는 말할 수 있을지언정 생명 그 자체가 그런 꽃으로, 그런 열매로 자라는 생명 자체의 성장에 대해서는 알 수 없다. 과학자들은 그런 현상에 대해 밝히면 밝힐수록 아직 밝혀지지 않은 것이 더 많다고 한결같이 말한다. 그러므로 농부가 모른다고 한 것은 식물의 자라나는 외적 모습을 두고 말한 것이 아니라 생명 그 자체가 지닌 생명력에 대한 신비를 말하는 것이다. 고린도전서 3장 6절 이하는 이것을 말해준다.

> 나는 심었고 아볼로는 물을 주었으되 오직 하나님께서 자라나게 하셨나니 그런즉 심는 이나 물 주는 이는 아무 것도 아니로되 오직 자라게 하시는 이는 하나님뿐이니라

그런데 오늘 본문 27절에서 우리가 눈여겨보아야 할 것은 '자고 깨고'라는 뜻의 헬라어 '카쓔도'(καθεύδω)와 '에게이로'(ἐγείρω)이다. '자고'(καθεύδη, 카쓔데이)는 능동태이고, '깨고'(ἐγείρηται, 에게이레타이)는 수동태이다. 더욱이 여기에서의 수동태는 신적 수동태(divine passive)이다. 일반적으로 잠에서 일어날 때 쓰는 '깨다'는 '그레고류오'(γρηγορέω, 막 13:35, 37, 14:34, 38 등 신약성서에서 22회

쓰임)를 사용하는데 여기서는 '부활'을 뜻하는 '에게이로'를 사용했다. 하나님에 의해 일으켜진 것을 의미한다. 삶이 버겁고 지쳐 쓰러져 자는 사람을 일으킨 것이다. 이는 우리네 삶의 모습이다. 일으켜 주시는 하나님의 분명한 영역을 말하고 있다. 하나님은 우리에게 생명을 주시는 분이다. 아니 모든 피조물에 생명을 주시는 분이다. 하나님은 자라게 하시는 분인 것이다.

하나님은 삶에 시달리고 지친 우리를 일으켜 다시 하루를 시작하게 하신다. 힘들다가도 자고 깨면 다시 하루를 시작한다. 이 과정을 통해 사람은 성장하고 성숙해진다. 물론 거기에는 단계가 있다. 28절이다.

> 땅이 스스로 열매를 맺되 처음에는 싹이요 다음에는 이삭이요 그 다음에는 이삭에 충실한 곡식이라

여기에서 '맺다'(καρποφοεῖ, 카르폽포레이)는 자동사가 아니라 타동사이다. 자동사로 '열매를 맺다'라는 뜻이 있지만, 목적어를 수반하는 타동사로 쓰였다. 목적어로 쓰인 싹(χόρτος, 코르토스), 이삭(στάχυς, 스타쿠스), 곡식(σῖτος, 시토스)은 생명이 자라나는 단계를 말해준다. 싹에서 이삭을 건너뛰어 곡식이 될 수는 없다. 모두가 '충실한'(πλήρης, 플레레스) 과정을 겪어야 한다. 충실함에 이르러야, 충실함의 임계점을 넘어야 다음 단계로 갈 수 있다.

하나님 나라가 이렇다면 우리 일상과 무엇이 다르겠는가. 그렇다. 하나님 나라는 일상의 단계를 근본으로 한다. 생명은 씨, 이삭,

곡식의 단계를 겪기에 생명이다. 결과만을 중시하는 사회는 하나님 나라와는 거리가 멀다.

예수께서는 평범하고 일상적인 일이 하나님 나라라고 말씀하신다. 아마도 예수께서 오늘날 도시의 직장인들에게 설교하셨다면 '하나님의 나라는 아침에 출근하고 저녁에 퇴근하는 일'이라고 하셨을 것이다. 출근과 퇴근의 하루하루가 소중한 하나님 나라이다. 그저 다람쥐 쳇바퀴처럼 도는 우리의 일상, 신나거나 별다른 진전이 없이 그럭저럭 살아가는 우리네 삶의 모습을 예수는 하나님 나라라고 말씀하신다. 겪어야 할 것을 겪어야 하는 것이 바로 하나님 나라이다.

이번 단계에서 다음 단계로 나아가는 희망을 갖게 하는 사회, 땀을 흘린 만큼 누릴 수 있는 사회는 건강한 사회이다. 누구는 땀 흘리지 않고 부를 쉽게 축적하고, 누구는 아무리 땀을 흘려도 더욱 힘들어지는 사회, 빈익빈 부익부의 사회는 하나님 나라가 아니다. 같은 일을 하면서도 형편없는 대우를 받는 비정규직의 증가는 하나님 나라에 대한 역행이다. 그래서 싹이 제대로 크기도 전에, 이삭이 되기도 전에 목숨을 스스로 끊어버리게 하는 사회는 하나님 나라가 아니라 지옥이다.

조장(助長)이라는 말에 얽힌 중국 고사가 있다. 어떤 사람이 모를 심어놓고 아침저녁으로 보다가 조급한 마음에 순을 위로 당겨놓으니 많이 자란 것 같아서 좋아했으나, 다음 날 아침에 모두 죽어있었다. 사람의 조급함을 비웃는 이야기이지만, 생명 자체의 신비를 모르는 무식을 두고 하는 말이기도 하다.

예수는 놀랍게도 '땅이 스스로 맺되'라고 말씀하신다. '땅'이 주어이고 '싹'과 '이삭'과 '곡식'이 목적어이다. '땅이 스스로'라는 말씀에서 '스스로'는 헬라어로 '아우토마토스'(αὐτόματος)라고 한다. 이 말은 영어 'automatic'의 기원으로 '자동' 혹은 '스스로 움직이다'를 뜻한다. 스스로 움직이는 분은 하나님뿐이다. 예수의 이 비유는 '하나님 나라'의 비유이다. 그렇다면 예수는 싹을 내고 이삭을 패게 하고 이삭에 충실한 곡식을 맺게 하는 땅을 하나님 나라로 보고 있다는 말이다.

우리는 오랫동안 이런 땅의 능력, 스스로의 힘, 신비한 힘에 대해 주목하지 않았다. 오히려 땅을 저급한 것으로 여겼다. 땅을 하나님의 낮은 피조물 가운데 하나로 여기고 인간이 마음대로 처분할 수 있는 것, 하나님이 정복의 대상으로 준 것인 양 취급해왔다. 창세기에서 알 수 있듯 땅은 하나님의 피조물이지만 인간이 임의로 처분할 수 있는 대상이 아니다. 하나님은 땅(γῆ, 게/ אדמה, 아다마)의 흙(עפר, 아파르)으로 사람과 각종 들짐승과 공중의 새들을 지으셨다고 말하고 있다.

하나님이 땅의 흙으로 사람을 지으시고(창 2:7).

여호와 하나님이 흙으로 각종 들짐승과 공중의 각종 새를 지으시고(창 2:19).

'사람'을 의미하는 '아담'(אדם)도 히브리어 '아다마'(אדמה)에서 왔다. 땅과 사람은 동일하다. 하나님의 '형상'(צלם, 첼렘, 칠십인역으로는 '에이콘 εἰκόν', 원뜻은 '겉모습'이 아니라 '본질')대로 지음을 받은 사람이기에 땅도 신성하다. 더 중요한 것은 사람은 땅의 흙에서 나서 그 흙으로(אל-האדמה, 엘-하아다마, 칠십인역은 '에이스 텐 겐 εἰς τὴν γῆν') 돌아간다는 것이다(창 3:19). 사람에게 땅은 낳아준 어머니이자 돌아갈 고향이다. 땅을 뜻하는 히브리어 '아다마'가 여성형이고, 사람인 '아담'은 남성형이라는 것도 흥미롭다. 땅이 사람의 어머니라는 말로 들린다.

또한 인간과 땅은 운명 공동체이다. 아담과 하와가 죄를 범했을 때 그들만 처벌받은 것이 아니다. 하나님은 창세기 3장 17절에서 "땅은 너로 인하여(בעבורך, 바아부레카) 저주를 받고(ארורה, 아루라)"라고 말함으로 인간과 함께 땅도 처벌한다.

땅은 인격이 없는 사물이 아니다. 비인격체가 아니라 인격체이다. 가인이 아우 아벨을 죽였을 때 하나님은 가인에게 "네 아우의 핏소리가 땅에서부터(מן-האדמה, 민 하아다마/ ἐκ τῆς γῆς, 엑 테스 게스) 내게 호소하느니라"(창 4:10) 하고 말씀하시며, 이어 땅(하아다마)이 그 입을 벌려 네 손에서부터 네 아우의 피를 받았다고 말씀하신다(창 4:11). 땅이 호소하고 땅이 피를 받는다. 그리고 이어지는 구절에서도 하나님은 가인에게 "네가 밭을 갈아도 땅이 다시는 그 효력을 네게 주지 아니할 것이요 너는 땅에서 피하여 유리하는 자가 되리라"(창 4:12)라고 징벌을 내리신다. 또한 레위기에서도 하나님은 이스라엘의 죄악을 두고 "그 땅도 더러워졌으므로 내가 그 악을 인하여 벌하겠고 그 땅도 스스로 그 거민을 토하여 내느니라"(레 18:25) 하고 말씀하셨으며, 예언자 예레미야는 남쪽 유다가 망하여

바벨론으로 끌려가게 될 것을 내다보면서 "땅이여, 땅이여, 땅이여, 야훼의 말을 들을찌니라"(렘 22:29) 하며 땅을 향해 절규한다. 땅은 인간과 함께하는 공동 운명의 인격체라는 것을 말해 준다.

근대사의 비극은 서구 열강들의 땅따먹기 전쟁에서 비롯되었다. 서구의 식민지 쟁탈전은 한마디로 아메리카, 아시아, 아프리카의 땅을 약탈한 피의 역사이며 그 땅의 원주민을 몰아내고 학살하고 노예로 삼은 비극의 역사이다. 오늘날 서구 열강의 부가 식민지 땅의 자원을 강탈하여 고갈시킨 것에 기초하고 있다는 사실을 부인하는 사람은 별로 없다. 땅에 대한 정복과 지배가 '개발'이라는 미명하에 자행되어 부를 축적하기는 하였지만, 이것으로 자연과 인간은 동시에 신음하고 황폐화되고 있다.

사람은 땅의 신성함과 거룩함에 깊은 상처를 주었다. 그렇기에 마가는 감히 '땅이 스스로' 생명을 만들고 있다고 말한다. 마가의 내면에는 "땅이 하나님이다"라고 말하는 것 같다. 이 본문은 마가의 고유한 자료이다. 마태와 누가가 이 자료를 모를 리 없는데 자신의 복음서에 넣지 않은 것은 마가의 이 고백을 너무 급진적이라고 여겼기 때문이 아닐까? 마태와 누가에게는 감당이 되지 않는 마가의 고백인 것이다.

땅은 생명이 자라는 모든 과정의 주체로 작용한다. 한 단계 한 단계 오를 때마다 충실함에 온 힘을 기울인다. 충실함이 정점에 다다랐을 때 다음 단계로 올라선다. 29절이다.

열매가 익으면 곧 낫을 대나니 이는 추수 때가 이르렀음이라 여기 '익다'(παραδίδωμι, 파라디도미)라는 말이 예사롭지 않다. 이 단어는 '옆에'를 뜻하는 '파라'와 '주다'를 뜻하는 '디도미'의 합성어로 신약성서에서 119회, 주로 복음서에서 집중적으로 사용되었다. 마가복음에서만 본다면 그 뜻은 대부분 '넘기다'(9:31, 10:33, 13:11, 15:1), '팔다'(13:12, 14:18, 21, 41, 42, 44), '체포하다'(1:14)인데, 모두 고난에 넘겨지고 죽음에 넘겨진다는 의미이다. 참고로 '열매가 익다'라고 할 때 '익다'라는 단어로는 보통 '크세라이노'(ξηραίνω, 계 14:15)나 '아크마조'(ἀκμάζω, 계 14:18)를 사용한다. '파라디도미'가 '익다'라는 의미로 사용된 곳은 여기뿐이다. 모든 영어 성서도 '익다'의 의미로 번역했다(ripe, brought forth, permit 등). 이 단어의 사용은 상당히 의도적으로 보인다. 마치 예수의 생애를 이 비유를 통해 말하는 것 같다. 세례를 받고, 공적인 선교를 하고, 제자 가룟 유다에 의해 팔리고, 잡히고, 고난에 넘겨지고, 십자가에 이르는 과정… . 이런 의미에서 이 비유는 그리스도론적이다.

어찌 이것이 예수에게만 해당되겠는가? 그분을 따라야 할 제자들의 삶의 과정이요, 오늘 우리의 삶이기도 하다. 예수만의 십자가가 아니다. 우리 역시 져야 할 '자기 십자가'(8:34)가 있다. 이 비유는 그 십자가까지 한 번에 이루어지는 것이 아니라 그것을 감당할 성숙함의 과정에 대해 말한다. '이삭'에 충실한 곡식은 십자가임을 말해주는 것이 아니겠는가? 십자가에 넘겨질 만한 자격이 있는 열매가 된 것이다.

열매가 익었으니 추수(θερισμός, 쎄리스모스) 때가 왔다. 그러니 이제 낫을 댄다. 그런데 여기 '대다'(ἀποστέλλω, 아포스텔로)도 예사롭지 않다. 이 말은 신약성서에서 132회나 사용되었다. 그리고 대부분이 복음서에 있다. 뜻은 '보내다'이다. '대다'라는 뜻으로 사용된 곳은 여기밖에 없다. 영어 성서도 모두 'put in'으로 번역하였다. 역시 의도적이다. 그렇다면 이제 보냄 받은 자가 될 정도로 익었다는 말이 아닌가? '아포스텔로'라는 말에서 사도를 뜻하는 '아포스톨로스'(ἀπόστολος)라는 단어가 파생됐다. 이렇게 볼 때 하나님 나라는 하나님의 일에 십자가를 지기 위해 보냄 받은 자가 되는 과정이 아니겠는가?

하나님 나라는 지극히 상식적이다. 본 그대로이다. 땅이 내는 싹과 이삭과 이삭에 충실한 곡식이다. 거쳐야 할 것은 다 거쳐야 하고, 겪어야 할 것은 다 겪어야 하는 곳이다. 만일 거치지 않고 겪지 않았다면 운이 좋은 것이 아니다. 그 부작용은 언젠가는 터져 나오기 마련이다.

지난 1987년 직선제를 얻어낸 우리는 민주주의를 다 이룬 것처럼 착각했다. 직선제는 이제 겨우 싹을 낸 것뿐이다. 결국 우리가 민주주의라는 씨를 뿌린 곳은 길가였고 돌밭이었고 가시떨기였다. 그러니 싹이 이삭을 내고 이삭에 충실한 곡식으로 가겠는가? 민주주의(民主主義)는 말 그대로 민(民)이 주인(主)이 되는 체제이다. 민이 주인으로 익으려면 아직 갈 길이 멀다.

오늘날 교회는 오히려 역행하고 있다. 교회는 아직도 교인들에게 종처럼 순종을 강요하고 있다. 주인이 아니라 종이 되라고 하는 것이다. 태극기 옆에는 항상 성조기가 있고 엉뚱하게도 이스라엘기까지 등장한다. 하긴 전시작전권을 갖다 바치는 나라의 백성이 주인인가? 수백 만의 촛불에 만족하는 착각은 6월 항쟁의 두 번째 실패를 만들 것이다. 아직 촛불만 켜고 있다. 자신을 태워야 비로소 주인 된 촛불이다.

한 청년의 부활
(마가복음 14:50-52, 16:1-8)

안식일이 지나매 막달라 마리아와 야고보의 어머니 마리아와 또 살로메가 가서 예수께 바르기 위하여 향품을 사다 두었다가 안식 후 첫날 매우 일찍이 해 돋을 때에 그 무덤으로 가며 서로 말하되 누가 우리를 위하여 무덤 문에서 돌을 굴려 주리요 하더니 눈을 들어본즉 벌써 돌이 굴려져 있는데 그 돌이 심히 크더라 무덤에 들어가서 흰 옷을 입은 한 청년이 우편에 앉은 것을 보고 놀라매 청년이 이르되 놀라지 말라 너희가 십자가에 못 박히신 나사렛 예수를 찾는구나 그가 살아나셨고 여기 계시지 아니하니라 보라 그를 두었던 곳이니라 가서 그의 제자들과 베드로에게 이르기를 예수께서 너희보다 먼저 갈릴리로 가시나니 전에 너희에게 말씀하신 대로 너희가 거기서 뵈오리라 하라 하는지라 여자들이 몹시 놀라 떨며 나와 무덤에서 도망하고 무서워하여 아무에게 아무 말도 하지 못하더라(막 16:1-8).

> 제자들이 다 예수를 버리고 도망하니라 한 청년이 벗은 몸에 베 홑이불을 두르고 예수를 따라가다가 무리에게 잡히매 베 홑이불을 버리고 벗은 몸으로 도망하니라(막 14:50-52).

예수께서 체포되자 제자들은 예수를 버리고 다 도망쳤다. 거기에 제자들과 함께 늘 예수님을 따르던 "한 청년"(τίς νεανίσκος, 티스 네안니스코스)이 있었다. 그리고 "따라가다가"(συνηκολούθει, 쉰에콜루쎄이)는 원형 "쉰아콜루쎄오"(συνακολουθέω)의 미완료('~하곤 했다'는 뜻으로 지속적이고 습관적일 때 쓴다.)인 것으로 보아 이 청년도 제자인 듯하다. 그도 대제사장들과 서기관들과 장로들이 보낸, 검과 몽치를 가진 무리(막 14:43)에게 잡히자 다른 제자들처럼 도망쳤다. 불의가 의를 억압하고, 의가 불의에 쫓긴다. 의와 불의가 뒤바뀐 시대이다. "무리에게 잡히매"(κρατοῦσιν αὐτόν, 크라투신 아우톤)는 직역하면 '그들이 그를 잡다'이다. 그런데 '잡다'(κρατοῦσιν, 크라투신)는 현재형 동사이다. 사건은 과거인데 현재형으로 쓰는 '역사적 현재형'이다. 과거의 현재화이다. 사건은 과거의 일이지만 현재의 문제이기도 할 때 이렇게 쓴다. 다시 말해 마가가 이 복음서를 쓰던 때에도 그렇다는 것이다. 의와 불의가 뒤집힌 시대, 예수님 시대는 물론 마가복음이 쓰인 시대의 삶의 자리도 그렇다는 것이다. 아니 여전히 이 본문을 읽고 있는 우리 시대에도 그렇지 않은가? 대제사장과 서기관들과 장로들이 보낸 무리와 같은, 불의한 공

권력의 폭력이 2016년 4월(집필 시점)에도 종교권력과 국가권력에 의해 자행된다. 정상이 비정상이 되고, 비정상이 정상이 되는 세상이다. 평화학자 정희진의 글이 가슴에 다가온다.

> 대개 건강 약자를 사회적 부담으로 생각하지만 아픈 이들은 활동량이 적기 때문에 '민폐'도 적다. 그럼에도 불구하고 정신과 계통의 환자에 대한 편견, "무슨 일을 저지를지 모르는, 비정상, 위험한 사람"이라는 통념은 아픈 사람을 미친 사람으로 둔갑시킨다. 하지만 실제로 무슨 일을 저지를지 모르는 사람은 비정상 사회의 정상인이다. 지나치게 열심히 사는 사람, 무한 경쟁이 생존의 조건이라고 확신하는 사람, 타인의 고통에 둔감하기에 심신이 안정된 이들. 이들의 삶은 활기, 생명력으로 미화된다(정희진의 어떤 메모, "정상성의 광기,"「한겨레신문」 2016년 3월 12일).

이어 정희진은 말한다.

> 사회가 건강하다면 나쁜 사람이 비정상이겠지만 우리는 그렇지 않다는 것을 잘 알고 있다. 이제, 무엇이 선(善)인가라는 고뇌는 끝났다. 악당의 법칙(=광기)이 정상으로 간주되는 사회에서는 '힐링'에 매달릴 필요가 없다.

한 도망간 청년의 모습에서 N포 세대의 우리 젊은이들의 모습이 겹친다. 신자유주의의 무한 경쟁에서 도망치는 우리 젊은이들을 본다. 아무리 노력해도 안 되는 현실, 젊은이들에게 절망의 굴레가 씌워져 있다. 이를 두고 '헬조선'이라는 말도 등장했다. 어쩌다가 우리 청년들이 이렇게 되었을까?

여기에는 우리가 그토록 목이 터져라 부르던 「잘살아 보세」가 있다. 잘살기 위해 수단과 방법을 가리지 않은 경쟁, 이것이 오늘날 무한 경쟁의 신자유주의로 진화되었다. 그 무한 경쟁의 출발은 지극히 불공평하다. 이것이 바로 기성세대인 우리가 만들어놓은 세상이다. 그런데 그렇게 만든 것은 우리인데, 고통은 젊은 층이 짊어지고 있다. 죄는 우리 세대가 지었는데, 움츠리고 기죽은 것은 젊은 세대이다.

마가복음 14장 50절 이하는 제자들이 비정상의 현실로부터 예수님을 버리고 도망치는 장면에서 에피소드 하나를 곁들인다. 한 청년이 도망간 이야기이다. 헬이스라엘의 청년이다. 이 청년은 우스꽝스럽게 달랑 걸치고 있는 "베 홑이불"마저 버리고 도망쳤다. 마가는 왜 이것을 보도하는 것일까? 마태처럼 제자들이 다 예수를 버리고 도망했다고만 해도 될 것이다. 그런데 왜 굳이 이 청년의 이야기를 따로 꺼내는 것일까? 이 청년의 도망친 모습이 남달라서인가? 하나의 우스꽝스러운 사실이 있어 전하는 것일까? 복음서는 신문이 아니다. 뉴스거리가 될 만한 사실이 있어서 전하는 것이 아니다. 복음서는 복음을 전한다. 무슨 복음일까?

복음의 눈으로 보자. 이 청년이 도망친 후 어두운 사건들이 연이어 일어났다. 예수님의 고난과 죽음이다. 그리고 안식 후 첫날 이른 아침, 세 여인이 예수님의 시신에 향품을 바르기 위해 무덤으로 향하였다. 그들은 무덤 돌문을 누가 치워주나 걱정하며 갔다. 그런데 돌은 굴려져 있었고 놀라운 것은 무덤 안에 "한 청년"(νεανίσκος, 네

안니스코스)이 앉아 있는 것이었다. 그들 세 여인이 찾으려고 한 예수님의 시신은 온데간데없고 한 청년만이 우편에 앉아 있었다.

그런데 부활 사건을 보도하는 네 복음서 모두가 목격된 대상을 달리 보도하고 있다. 마태복음에서는 "주의 천사"(마 28:2), 누가복음에서는 "두 사람"(눅 24:4), 요한복음에서는 무덤 밖에서 "두 천사"(요 20:12)가 목격되었는데 마가복음에서는 "한 청년"(막 16:5)이 목격되었다. "한 청년"은 예수님이 체포되자 도망한 마가복음 14장 51절에서도 같은 헬라어 단어로 나온다. 마가복음에서 '청년'(νεανίσκος, 네안니스코스)이라는 말은 오직 이 두 곳밖에 없다. 그리고 무덤 속의 "한 청년"이나 14장 51절 이하에 나타난 한 청년의 이야기 모두 마가의 고유자료이다. 그렇다면 도망간 청년과 무덤 속에서 목격된 청년은 같은 사람이라고 해도 무방할 것이다.

더욱이 도망간 청년이 입은 "베 홑이불"과 아리마대 사람 요셉이 예수의 시신을 싼 '세마포'는 둘 다 헬라어로 '신돈'(σινδών)이다. 그런데 무덤에서 목격된 청년의 옷이 "흰 옷"이라는 것이 심상치 않다. 꽂히는 곳이 있다. 예수님의 변모를 보여준 마가복음 9장 3절이다.

> 그 옷은 세상의 어떤 빨래꾼이라도 그렇게 희게 할 수 없을 만큼 새하얗게 빛났다(새번역).

여기 '희게 하다'(λευκᾶναι, 뤼카나이)와 '새하얗게'(λευκὰ, 뤼카)와 무덤 속의 청년이 입은 "흰 옷"의 '흰'(λευκήν, 뤼켄)은 모두 형용사 뤼코스(λευκός)의 변형이다.

성서에서 옷은 신분을 나타내며 상징적으로는 인격과 삶을 지시한다. 베옷은 시신을 싸는 수의로 많이 쓰인다. 청년이 입었던 옷이다. 죽음의 옷이다. 죽은 예수님을 싼 옷이다. 그런데 무덤에서 이 청년은 예수님이 변화산에서 영광의 모습을 보여준 그 흰옷을 입고 있다. 죽음의 베옷을 입었던 이 청년이 무덤에서는 흰옷을 입고 있는 것이다. 그의 삶의 변화는 아닐까? 제 몸 하나 살고자 예수님을 버리고 달아난 그가 돌문이 굴려져 있는 무덤 속에서 흰옷을 입고 주님께서 하신 말씀까지 전한다. 더욱이 이 청년이 우편에 앉은 것이(막 16:5) 예사롭지 않다. "우편"은 마가복음 12장 35-37절, 14장 61-62절을 볼 때 하나님의 권능을 수행하는 자의 자리를 나타낸다. 혹 이 청년이 예수님으로 부활한 것은 아닐까?

말이 안 된다. '죽은 자의 부활'이니 반드시 이 청년이 죽었다는 전제가 있어야 부활이 성립한다. 그런데 성경이 '죽음'을 말할 때마다 '육체적인 죽음'만을 말하지는 않는다. 탕자의 비유(눅 15:11-32)가 그러하다. 탕자인 둘째 아들이 돌아오자 아버지는 말한다.

> 이 내 아들은 죽었다가 다시 살아났으며(눅 15:24).

이 아들은 육체적인 죽음을 당하지 않았다. 이 아들의 방탕한 삶과 그로 인한 고통을 '죽음'으로 본 것이다. 돼지가 먹는 쥐엄나무 열매로 배를 채웠으니 죽지 못해 살았던 것이다. 그래서 이 아들이 회개하여 아버지에게로 돌아온 것을 '부활'로 말하고 있다. 그렇다면 마가복음에 기록된 이 청년의 부활을 말해도 조금도 이상하지 않다.

여기서 우리가 주목해야 할 말은 "죽었다가"라는 말이다. 여기서는 육체적인 죽음을 뜻하는 헬라어 동사 '아포쓰네스코'(ἀποθνήσκω)를 쓰지 않고 형용사 '네크로스'(νεκρὸς)를 be동사 '엔'(ἦν)과 함께 쓴다. 왜 동사를 사용하지 않고 상태를 나타내는 형용사를 사용했을까? 방탕한 죄의 상태를 죽음으로 보았기 때문이다. 그러고 보니 더욱 명료한 바울의 증언이 있다. 에베소서 2장 1절의 직역이다.

> 너희는 너희의 허물들과 죄들과의 관계에서 죽은 자들이다

바울은 죄와 허물 안에 있는 상태를 죽은 상태로 보았다. 따라서 '네크로스'(νεκρὸς)를 동사와 구별하여 '죽어있는'이라고 번역해야 한다.[1] 이렇게 볼 때 불의한 무리에게 잡힐까봐 스승을 버리고 도망친 이 청년의 마음이 어떠했을까를 생각해보면 살아도 산 것이 아니었을 것이다. 의로운 스승을 버리고 도망친 죄를 생각하면, 죽어 마땅하다고 여길 것이다. 더욱이 그 스승이 모진 수모와 고난을 받고 십자가에서 처형을 당했으니 그의 마음이 어떠했으랴? 말 그대로 '죽어있는' 상태인 것이다. 그런데 그 청년이 돌아왔다. 그것도 자신이 배신한 스승의 무덤으로, 죽음의 베 홑이불이 아니라 영광의 흰옷을 입고 돌아왔다. 탕자의 돌아옴이 그가 다시 살아난 부활이라면, 이 청년의 돌아옴 역시 당연히 부활이다.

---

1 '네크로스'에 대해서는 강일상, 『부활되어야 할 부활』, 대한기독교서회, 64-71에 상세히 설명되어 있다.

바울도 예외는 아니다. 바울의 다메섹 회심은 사도행전에 세 번이나 등장한다(9:1-19, 22:6-16, 26:12-18). 이 모두가 바울이 그리스도를 믿는 사람들을 박해하다 그리스도를 전하는 사람으로 돌아온 이야기이다. 그중 세 번째 이야기는 아그립바 왕 앞에서 부활에 대한 것으로 재판을 받을 때이다. 사도행전 26장 8절이다.

> 당신들은 하나님이 죽은(죽어있는) 사람을 살리심(일으키심)을 어찌하여 못 믿을 것으로 여기나이까 [사역]

그러면서 바울은 자신의 회심 이야기(행 26:9-18)를 꺼낸다. 그리스도를 박해하는 '죽어있는' 자에서 그리스도를 전하는 '살아있는'(일으켜진) 자로 돌아온 이야기이다. 이것이 부활이라고 말하고 있는 것이다. 사도행전 26장 16절의 "일어나 너의 발로 서라"는 주님의 음성에서 "일어나"(ἀνάστηθι, 아나스테씨)는 '아니스테미'의 명령형인데 이 말은 초대교회 부활 용어로 쓰인다.

사실 초대교회는 돌아온 자들의 이야기이다. '죽어있는' 상태에서 돌아온 자들의 부활 이야기이다. 스승 예수님을 버리고 도망간, '죽어있는' 제자들이 돌아와 스승을 전하는 것으로 초대교회는 시작된다. 베드로의 첫 설교는 그것을 말해준다. 사도행전 3장 14절 이하의 말씀이다.

> 너희가 거룩하고 의로운 이를 거부하고 도리어 살인한 사람을 놓아주기를 구하여 생명의 주를 죽였도다 그러나 하나님이 죽은 자 가운데서 그를 살리셨으니 우리가 이 일에 증인이라

베드로는 거룩하고 의로운 이는 거부하고 오히려 불의한 살인자는 놓아주기를 원한 유대인들을 질타한다. 이젠 더 이상 도망가지 않는다. 이젠 더 이상 불의에 쫓기는 의가 아니다. 생명의 주를 죽였다고 고발한다. 정상으로 돌아온 것이다. 죽어있는 상태에서 돌아온 것이다. 어떻게 겁 없이 이렇게 당당해졌을까? 그렇기에 분명하게 말한다. 다시 사도행전 3장 15절이다.

하나님이 죽은 자 가운데서 그를 살리셨으니

사도행전의 초대교회 첫 부활 고백이다. 직역하면 '하나님께서 죽어있는 자들로부터 일으키셨다(살리셨다)'이다. 물론 앞 문장과 함께 읽으면 '하나님께서 죽어있는 자들로부터 예수님을 일으켰다.'이다. 우리말 번역이 전치사 '에크'(ἐκ)를 '가운데서'라고 번역하므로 원뜻을 이해하는 데 어려움이 많다. '에크' 전치사는 '~로부터'라는 뜻이다.

과연 죽어있던 자들이 누군가? 이 청년이었고, 제자들이었고, 바울이었다. 죽어있는 이들로부터 하나님이 예수님을 일으킨 것이다. 그렇다면 그것은 결국은 죽어있는 자들의 부활이다. 바로 이들이 증인이다. 단지 목격자가 아니다. 죽어있는 자인 그들로부터 그리스도가 일으켜졌다는 의미에서 증인이다. '증인'을 뜻하는 헬라어 '마르투스'(μάρτυς)가 영어의 순교자를 뜻하는 martyr의 어원임을 새삼 깨닫게 된다. 그러고 보니 오랫동안 무슨 말인지 몰라 헤매던 말씀이 있다. 고린도전서 15장 13절이다.

만일 죽은 자의 부활이 없으면 그리스도도 다시 살아나지 못하셨으리라

이 청년의 부활이 없다면 예수 그리스도의 부활도 없다는 이야기이다. 사울의 바울로의 부활이 없었다면 그리스도도 일으킴을 받지 못했다는 말이다. '다시 살아나다'(ἐγήγερται, 에게게르타이, 일으켜지다)를 현재완료로 쓴 것은 죽어있는 자들로부터 예수님이 계속 일으켜져 왔다는 말이다. 그렇기에 바울은 자기 안에서 일으켜진 그리스도를 인식한다. 갈라디아서 2장 20절이다.

그런즉 이제는 내가 사는 것이 아니요 오직 내 안에 그리스도께서 사시는 것이라

그러므로 진정한 부활 신앙은 내 안에서 그리스도가 일으켜지는 것이다. 이 청년은 세 여인에게 말한다(막 16:6). 여기 '말한다'(λέγει, 레게이)는 현재형이다. 이 말은 현재의 초대교회를 질타하는 것이기도 하고, 현재 초대교회가 깨달아야 할 것을 제시하는 말이기도 하다.

"너희가 십자가에 못 박히신 나사렛 예수를 찾는구나." 죽은 예수님을 찾는다는 말이다. 죽은 예수님을 찾는 것은 마가복음이 쓰인 때에도 그랬다. 그렇기에 "무덤으로 가며"(2절)에서 '가다'(ἔρχονται, 에르콘타이)가 현재형이다. 죽은 시신에게 가고 있다는 것이다. 어찌 마가 시대에만 그러했겠는가? 이 성경을 읽고 있는 오늘 우리도 마찬가지 아닌가? 여전히 부활절에 갇힌 부활이다. 부활절이 지나면 더 이상 부활은 보이지 않는다. 부활은 죽어있는 나로부터 그리

스도가 일으켜지는 것이다. 나의 부활이 없다는 것은, 내게서 예수님이 살아 있지 못하다는 것이다. 그렇기에 청년은 "그가 살아나셨고(ἠγέρθη, 에게르쎄, 일으켜졌고) 여기 계시지 아니하리라 보라 '그들이' 그를 두었던(ἔθηκαν, 에쎄칸, 쓰러뜨렸던, 눕혔던) 곳이니라"고 말한다. '일으켜졌다'와 '눕혔다'가 대조를 이룬다. 사람들이 눕혔던 주님이 일으켜진(수동태) 것이다. 그렇듯 이 비열하게 도망간 청년도 죽어있는 것이나 다를 바 없이 쓰러져 있는 상태에서 일으켜져 있는 것이다.

문제는 여기 번역에는 나오지 않는 '그들'이다. 선명하게 어느 하나가 아니다. 먼저 예수님 당시, 예수님을 십자가에 못 박은 예루살렘 종교 지도자들이기도 하고, 도망간 제자들이기도 하다. 그리고 오늘 우리 기독교인 자신이기도 하다. 그들이 죽이고 버리고 눕힌 예수, 죽은 예수를 찾고 있다는 것이다. 부활 찬송은 우렁차지만 여전히 나의 부활은 없다. 예수의 부활만 관념적으로 고백할 뿐이다. 죽은 예수를 기념한다. 나로부터 예수님이 일으켜지지 않는다면 우리는 여전히 예수만의 부활이라는 관념적인, 죽은 예수를 찾고 있는 것이다. 부활절 헌금은 예수를 기념하는 축의금에 불과하다. 죽어있는 자인 나의 부활이 없이, 죽어있는 나로부터 예수님이 일으켜짐이 없이 우리는 죽은 예수만 찾는다는 것이다. 그렇기에 이 청년은 세 여인에게 베드로와 제자들에게 전하는 주님의 말씀을 대변한다.

가서 그의 제자들과 베드로에게 이르기를 예수께서 너희보다 먼저 갈릴리로 가시나니 전에 너희에게 말씀하신 대로 너희가 거기서 뵈오리라(막 16:7).

"너희보다 먼저 갈릴리로 가시나니," 이것은 마가복음 14장 28절에서 주님이 제자들에게 그들이 자신을 버릴 것이라고 예고하면서 하신 말씀이다. 그리고 이어 세 여인의 반응이 나오는데 제자들과 베드로에게 이 부활 소식을 전하라는 이야기를 듣고도 그들은 "놀라 떨며 나와 무덤에서 도망하고 무서워하여 아무에게 아무 말도 하지 못하더라"(막 16:8)고 한다. 원래의 마가복음은 여기서 끝난다.

주님께서 갈릴리로 가신다고 했으니 일단 갈릴리로 가보자. 마가복음 1장 14절을 보면 예수님은 처음 갈릴리에 오셔서 하나님의 복음을 전파한다. 이어서 마가복음 1장 16절 이하를 보면 예수님은 갈릴리 해변으로 지나가시면서 시몬 베드로와 그 형제인 안드레를 부른다. 마가복음 1장 17절 말씀이다.

나를 따라오라

이제 이쯤 되면 이미 감은 잡혔을 것이다. 제자들을 갈릴리로 이끄는 것은 부활의 의미가 무엇인지를 설명해주는 결정적인 지침이다. 갈릴리, 바로 그곳에서 예수님이 시작하신 일을 그 제자들로 그리고 우리로 다시 시작하라는 뜻이 아니겠는가? 적어도 마가는 이것을 부활이라고 우리에게 전해주고 있다. 주님이 시작하신 일을 따라하는 것, 이것이 부활이라고 마가는 말해주고 있다.

마가가 말하려는 믿음은 따르는 믿음이었고, 이 따름 속에 나의 부활이 있고 내 안에서 일으켜진 주님의 부활이 있다. 그렇다! 부활을 믿는다는 것은 그저 죽은 시체가 일어서는, 강시가 걸어다니는 것 같은 것을 믿으라는 게 아니라 그를 따르라는, 그처럼 살라는 말이다. 그래서 "아무에게 아무 말도" 할 필요가 없었던 것이다.

우리는 마가복음에서 "아무에게 아무 말도" 하지 말라는 주님의 직접적인 명령을 마가복음 1장 40절 이하의 나병환자를 깨끗하게 하는 과정에서도 볼 수 있다. 여기서 주님은 나병환자를 깨끗하게 해주시고 그를 보내면서 단단히 이르신다.

> 삼가 아무에게 아무 말도 하지 말고(막 1:44).

나병환자를 치유한 사건을 이야기하면 선교에 도움이 될 텐데 왜 아무에게도 아무 말도 하지 말라고 하는가? 그리고 예수님은 이 깨끗해진 나병환자에게 이어 말씀한다.

> 가서 네 몸을 제사장에게 보이고 네가 깨끗하게 되었으니 모세가 명한 것을 드려 그들에게 입증하라

먼저 가서 제사장에게 '몸'을 보이라고 하는데 이것은 헬라어 '세아우투'(σεαυτὸυ)의 잘못된 번역이다. '세아우투'는 '자기 자신', '자신'이라고 번역해야 한다. '몸'이라고 번역한 것은 이 사건을 육적인 질병을 치유하는 것으로 오해했기 때문이다. 이 나병환자는 '고쳐 달라'고 하지 않았다. 그는 '깨끗하게 됨'을 원한 것이다. 더욱이 '나

병'을 말하는 헬라어 '레프로스'(λεπρὸς)는 병명을 말하는 명사가 아니다. 상태를 나타내는 명사화된 형용사가 쓰이고 있음에 유의해야 한다. 직전 1장 21절 이하의 '더러운 영'과 맥을 같이한다. 그렇다면 제사장에게 자신을 보이라는 말씀은 무엇일까? 제사장에게 자기 자신의 깨끗해진 삶을 보이라는 것이다. 그러니 말이 필요 없다. 아무에게도, 아무 말도 할 필요가 없다. 스스로의 깨끗한 삶을 보여주면 된다. '믿습니다'라는 말도 필요 없다. 고백이 중요한 것이 아니다. 문제는 삶이다. 따르는 삶, 그것이 믿음이다. 부활도 마찬가지다. 입으로 믿는 부활이 아니다. 사는 부활이다. 근본적으로 중요한 것은 깨끗한 삶으로 주님을 따르며 사는 나의 부활이다. 죽어있는 나의 부활이 없이 예수님의 부활도 없다.

도망갔다가 돌아온 한 청년은 마가 자신이라고 전해진다. 그러고 보니 마가가 전한 마가복음은 스승을 버리고 도망가 '죽어있는' 마가로부터 일으켜진 예수님에 관한 복음서이다. 부활한 마가는 더 이상 도망가지 않고 자신 안에서 일으켜진 예수님을 당당히 전한다.

삶이 버거워 도망치고 싶은, '죽어있는' N포 세대의 우리 청년들에게 이 이야기를 전하고 싶다. 그들의 잘못은 없다. 그들이 움츠러들어서는 안 된다. 오히려 그들은 당당히 돌아와 의가 죄로 바뀐 세상에 분노해야 한다. 그들은 부활해야 한다. 그리고 돌아온 이 청년의 부활이 우리 모두 각자의 나의 부활이기를 기도한다.

벙어리가 된 사가랴
(누가복음 1:5-20, 57-66)

유대 왕 헤롯 때에 아비야 반열에 제사장 한 사람이 있었으니 이름은 사가랴요 그의 아내는 아론의 자손이니 이름은 엘리사벳이라 이 두 사람이 하나님 앞에 의인이니 주의 모든 계명과 규례대로 흠이 없이 행하더라 엘리사벳이 잉태를 못하므로 그들에게 자식이 없고 두 사람의 나이가 많더라 마침 사가랴가 그 반열의 차례대로 하나님 앞에서 제사장의 직무를 행할새 제사장의 전례를 따라 제비를 뽑아 주의 성전에 들어가 분향하고 모든 백성은 그 분향하는 시간에 밖에서 기도하더니 주의 사자가 그에게 나타나 향단 우편에 선지라 사가랴가 보고 놀라며 무서워하니 천사가 그에게 이르되 사가랴여 무서워하지 말라 너의 간구함이 들린지라 네 아내 엘리사벳이 네게 아들을 낳아 주리니 그 이름을 요한이라 하라 너도 기뻐하고 즐거워할 것이요 많은 사람도 그의 태어남을 기뻐하리니 이는 그가 주 앞에 큰 자가 되며 포도주나 독한 술을 마시지 아니하며 모태로부터 성령의 충만함을 받아 이스라엘 자손을 주 곧 그들의 하나님께로 많이 돌아오게 하겠음이라 그가 또 엘리야의 심령과 능력으로 주 앞에 먼저 와서 아버지의 마음을 자식에게, 거스르는 자를 의인의 슬기에 돌아오게 하고 주를 위하여 세운 백성을 준비하리라 사가랴가 천사에게 이르되 내가 이것을 어떻게 알리요 내가 늙고 아내도 나이가 많으니이다 천사가 대답하여 이르되 나는 하나님 앞에 서 있는 가브리엘이라 이 좋은 소식을 전하여 네게 말하라고 보내심을 받았노라 보라 이 일이 되는 날까지 네가 말 못하는 자가 되어 능히 말을 못하리니 이는 네가 내 말을 믿지 아니함이거니와 때가 이르면 내 말이 이루어지리라 하더라(눅 1:5-20).

엘리사벳이 해산할 기한이 차서 아들을 낳으니 이웃과 친족이 주께서 그를 크게 긍휼히 여기심을 듣고 함께 즐거워하더라 팔 일이 되매 아이를 할례하러 와서 그 아버지의 이름을 따라 사가랴라 하고자 하더니 그 어머니가 대답하여 이르되 아니라 요한이라 할 것이라 하매 그들이 이르되 네 친족 중에 이 이름으로 이름한 이가 없다 하고 그의 아버지께 몸짓하여 무엇으로 이름을 지으려 하는가 물으니 그가 서판을 달라 하여 그 이름을 요한이라 쓰매 다 놀랍게 여기더라 이에 그 입이 곧 열리고 혀가 풀리며 말을 하여 하나님을 찬송하니 그 근처에 사는 자가 다 두려워하고 이 모든 말이 온 유대 산골에 두루 퍼지매 듣는 사람이 다 이 말을 마음에

> 두며 이르되 이 아이가 장차 어찌 될까 하니 이는 주의 손이 그와 함께 하심이러라(눅 1:57-66).

네 복음서 모두 예수를 예비하는 위치에 세례 요한을 두고 있다. 누가를 제외한 세 복음서는 훗날 성인이 된 예수께서 세례를 받으러 세례 요한을 찾아가는 것으로 두 사람의 인연을 시작하지만(마 3:13, 막 1:9, 요 1:29), 누가는 탄생 이야기부터 그 인연을 시작한다. 태어날 때부터 맺은 인연이라 그런지 누가복음에서는 예수가 세례를 받으러 세례 요한을 찾아갔다는 이야기도 없고, 실제로 세례를 받았는지도 – 문맥상으로 추측할 수는 있지만 – 불분명하다(3:21). 그리고 누가는 요한의 출생과 예수의 탄생을 의도적으로 병행함으로써 처음부터 하나님의 약속(1:5-56)이 성취(1:57-2:52)된다는 사실을 밝히는 데 초점을 맞추고 있다.

누가복음은 짧은 서언(1:1-4)에 이어 세례 요한의 탄생을 예고하는 것으로 시작한다. 세례 요한의 아버지 사가랴(Ζαχαρίας, 자카리아스)는 아비야(אביה, '야훼가 아버지이시다') 반열의 제사장이다.(대상 24:10) 그리고 그의 어머니는 아론의 자손 엘리사벳인데, 이 이름은 아론의 아내 이름이기도 하다(출 6:23). 아무튼 세례 요한은 사제 가문이다. 누가는 요한의 아버지와 어머니를 하나님 앞에서 '의인'(δίκαιος, 디카이오스)이자 주님의 모든 계명과 규례를 지키는 '흠 없는'(ἄμεμπτος, 아멤프토스) 사람으로 본다(6절). 그러나 그들의 경건과는 달리 이 부부는 복을 받지 못하였다. 그들은 잉태를 하지 못하여 자식이 없었고, 나이가 많았던 것이다(7절).

어느 날 사가랴는 자기 반열의 차례가 되어 사제직을 수행하게(ἱερατεύω, 히에라투오) 되었는데(8절), 제비뽑기로(λαγχάνω, 랑카노, '제비에 의해 얻다') 분향 제물을 바치는(θυμίαω, 쑤미아오) 행운을 얻어 성전에 들어가게 되었다(9절). 이 문장에서 '성전'으로 번역한 헬라어 '나오스'(ναός)는 성전 건물 전체를 말하는 '호 히에로스'(ὁ ἱερός)과 구별되며, 지성소를 포함한 성소를 뜻한다. 이곳은 제비를 뽑아 선택된 제사장만이 들어갈 수 있는 곳이다. 이런 최고의 영예는 일생에 한 번 또는 기껏해야 두 번 주어졌다. 이것이 예사롭지 않은 사건을 만나는 계기가 된다.

사가랴가 분향하는 동안 밖에서는 백성의 무리(개역개정은 '모든 백성', 새번역은 '온 백성'으로 번역했는데 다소 과한 것 같다. 공동번역의 '많은 사람들'이 적절한 것 같다.)가 기도하고 있었는데(10절, '프로세코마이'(προσεύχομαι)의 분사), 여기서 분향은 기도를 상징한다. 여기서 우리는 누가복음을 관통하는 주제 중 하나인 기도의 중요성을 만나게 된다. 앞으로 벌어질 신비한 신적 계시의 사건이 기도의 응답이라는 것을 말하려는 것이다. 10절은 다니엘 9장 21절에 상응하는데 이 제사가 저녁에 드리는 제사임을 암시해준다. 저녁 제사는 으레 이스라엘의 구원을 간구하는 일과 관련되어 있다(단 9:20).

11절에 의하면 사가랴가 분향하는 동안 중앙에 있는 분향단의 우편에 '주의 사자'가 나타났다고 한다.[1] 여기서 주목해야 할 말은

---

1 '사자'는 헬라어로 '앙겔로스'(ἄγγελος)인데 13절에는 '천사'로 번역되어 있다. 의미는 비슷할지 모르지만 경전이라는 것을 염두에 둔다면 이 번역은 통일되어야 할 것이다.

'나타났다'는 말이다. 헬라어로 '옵프세'(ὤφθη)인데 이것은 '보다'는 뜻의 '호라오'(ὁράω)의 과거 수동태이다. 이 단어를 그저 '나타났다'고 하면 수동의 의미가 살지 않는다. 객관적으로 나타났다는 말이 아니라 '보여졌다'는 뜻이다. 다른 사람이 아닌 사가랴에게(여격) 보여진 것이다. 여격은 관계를 의미한다. 즉 사가랴와의 관계에서만 보여진 것이다. 존경과 행운을 의미하는 분향단의 '우편'이라는 것과 더불어 사가랴에게 보여졌다는 것은 '제비뽑기'(λαγχάνω, 랑카노)에서 신적 계시로 이어지는 신비한 우연을 자연스레 설명하고 있다.

사가랴는 놀랐고(ταράσσω, 타랏소) 두려웠다(φόβος, 포보스)(12절). 여기에서 놀람과 두려움은 공포가 아니라 신적 계시를 만나는 경이로움이다. 13절에서 천사는 말한다.

> 사가랴여 무서워하지 말라 너의 간구함이 들린지라 네 아내 엘리사벳이 네게 아들을 낳아 주리니 그 이름을 요한이라 하라

사가랴의 기도(δέησίς, 데에시스)가 하나님께 들려진('에이스아쿠오 εἰσακούω'의 수동태) 것이다. 들려졌다는 말은 동의한다는 뜻이고 응답하겠다는 뜻이다. 그런데 기도를 뜻하는 '데에시스'(간구함)는 10절의 모든 백성이 한 그 기도 곧 '프로스코마이'(προσεύχομαι)와 구별된다. 명사 '데에시스'(신약에서 16회 쓰였는데 복음서에서는 누가에서만 3번 쓰임, 2:37, 5:33)의 어원은 동사 '데오마이'(δέομαι)신약에서 22회 쓰임)로 주로 개인적인 간청을 뜻할 때 쓰는 말이다. 그

렇다면 이 구절에서 말하는 사가랴의 간구는 아들을 달라는 것이 된다. 물론 저녁 제사에 분향하면서 이런 개인적인 기도를 했을 리는 만무하다. 그런데도 천사는 그의 개인적인 기도를 언급하고 있는 것이다.

늙기 전 사가랴 부부는 자식을 달라고 간절히 기도했을 것이다. '사가랴'라는 이름은 '하나님이 기억하시다'는 의미이며, 그 아내 엘리사벳의 이름은 '하나님이 약속하셨다'를 뜻한다. 분명 사가랴 부부는 자신들의 자식 없는 처지를 하나님이 기억하시고 자녀를 주기로 약속하시리라는 믿음으로 기도하였을 것이다.

그러나 그들의 나이가 많아졌다. 아이를 기대할 수 없는 나이가 되어버린 것이다. 그들 부부도 포기하고 있다. 18절의 "내가 이것을 어떻게 알리요?(τί γνώσομαι τοῦτο;, 티 그노소마이 투토) 내가 늙고(πρεσβύτης, 프레오부테스) 아내도 나이가 많으니이다(προβαίνω, 프로바이노)"라는 말은 분명한 포기를 의미한다. 그런데 갑자기 천사 가브리엘이 나타나 그 기도에 응답해주겠다고 한다.

그토록 달라고 할 때는 안 주시던 하나님이 왜 지금, 이미 포기한 상태에서 주시겠다는 것일까? 그것은 사가랴 부부가 가진 자식 소원의 뜻이 하나님이 사가랴 부부를 통해 자식을 낳게 하려는 뜻과 달랐기 때문이다. 사가랴 부부가 그토록 원한 아들과 하나님이 원하시는 그 아들은 다르기 때문이다. 그러므로 이들 부부의 뜻이 포기에 이르렀을 때 비로소 하나님의 뜻이 작동된다는 것을 뜻하는 것이 아니겠는가?

이런 점은 훗날 아이가 태어나 이름을 짓는 대목에서도 나타난다(58절 이하). 엘리사벳이 아이를 낳자마자 이웃과 친족이 찾아와 즐거워하며 아이의 이름을 '그 아버지의 이름을 따라'(ἐπὶ τῷ ὀνόματι τοῦ πατρὸς αὐτοῦ, 에피 토 오노마티 투 파트스 아우투) '사가랴'라고 짓자고 한다. 그러자 어머니는 그 이름을 거절하고 '요한'으로 지어야 한다고 하며, 그 아버지인 사가랴 역시 서판에 '요한'이라고 새긴다. '요한'(Ἰωάννης, 요아네스)이라는 이름은 천사 가브리엘이 지어준 이름이다(13절). 사람들의 뜻이 아니라 하나님의 뜻을 따른 이름이다.

이름에는 그것을 지어주는 자의 소망과 뜻이 담겨 있다. 아버지의 이름을 따서 '사가랴'로 하지 않고 하나님의 뜻을 따라 '요한'이라고 지은 것은 아버지의 뜻이 아니라 하나님의 뜻에 따라 출생한 아이라는 것을 보여준다. 다시 20절로 돌아가서, 아들을 낳을 것이라는 천사 가브리엘의 예언에 사가랴가 의심을 품자 천사는 징벌을 내린다.

> 보라 이 일이 되는 날까지 네가 말 못하는 자가 되어 능히 말을 못하리니 이는 네가 내 말을 믿지 아니함이거니와 때가 이르면 내 말이 이루어지리라 하더라

'내 말'(나의 로고스, 즉 하나님의 뜻)을 믿지 못하여 그 로고스를 깨닫는 그 때(카이로스)까지 사가랴는 벙어리가 되는 징벌을 받는다. 여기 천사의 말을 믿지 못하는 사가랴의 믿음이 무엇일까? 단지 아이를 낳게 해주겠다는데 그 말을 믿지 못한다는 것일까? 아이를 낳게 해준다는 하나님의 약속을 믿지 못하는 그런 믿음일까? 아니다! 아이를 향한 하나님의 '로고스'를 받아들일 수 없는 사가랴와 엘

리사벳의 불신앙을 지적한 것이다.

앞서 말했듯이 주위 사람들은 태어난 아이의 이름을 아버지의 이름을 따라 '사가랴'라고 짓자고 하였다. 이는 아버지의 대를 이어 아버지와 같이 훌륭하고 존경받는 제사장이 되라는 뜻이다. 아버지의 고귀한 직분인 제사장직을 잇는 것이 사람들의 기대와 바람이었다. 그러나 하나님은 다른 뜻을 갖고 계셨다. 17절 앞부분을 보면 천사는 태어날 아이에 대해 "그가 또 엘리야의 심령과 능력으로"라고 말한다. 이것은 헬라어로 '엔 푸뉴마티 카이 두나메이 엘리우'(ἐν πνεύματι καὶ δυνάμει Ἠλίου)이다. 직역하면 '엘리야의 영과 능력 안에서'이다. 엘리야는 이스라엘의 예언자를 대표하는 사람이다. 태어난 아이가 사람들이 바라던 제사장 가계를 잇는 또 하나의 제사장이 아니라, 엘리야와 같은 예언자가 되기를 바라신 것이 바로 하나님의 뜻이다.

구약의 예언자들이 그러했듯 "이스라엘 자손을 주 곧 그들의 하나님께로 많이 돌아오게 하려는(ἐπιστρέφω, 에피스트렙포)" 과업을 맡기시려는 것이다(16절). 이것은 훗날 세례 요한이 행한 '회개의 세례'(βάπτισμα μετανοίας, 밥티스마 메타노이아스, 3:3)로 이어진다. 아버지의 대를 이어 제사를 지내며 사는 제사장이 아니라, 예언자의 영과 능력으로 "주 앞에 먼저 와서 아버지의 마음을 자식에게, 거스르는 자를 의인의 슬기에 돌아오게 하고 주를 위하여 세운 백성을 준비하리라"(17절)는 예언자적 직분이었던 것이다. 가난하고 억눌린 백성을 탄압하는 불의한 권력에 맞서고, 죄에 빠져 있는 사람들을 회개시키고, 나아가 세상의 왕이 아니라 하늘의 왕, 메시아가 오심을 선포하는 예언자가 되기를 하나님은 바라신 것이다.

이스라엘 역사에서 예언자 시대는 왕정 시대와 함께 시작된다. 왕이 절대권력자로 군림하던 그 시절, 왕의 절대권력이 부패하고 있을 때 예언자들이 일어나기 시작한다. 하나님의 뜻이 아닌 왕의 인간적인 욕망대로 백성을 지배하는 것에 대해 예언자들은 분연히 일어나 하나님께 돌아가라고 왕에게 직언하였다. 그렇기에 예언자들은 불의한 권력에 의해 탄압을 당하였다. 그러나 이들 예언자는 진정한 통치자는 세상의 왕이 아니라 하나님이라고 말하면서 분명 하나님의 구원의 시대가 올 것이라며 억압과 수탈 아래 있는 백성에게 희망을 선포하였다.

요한도 예외는 아니었다. 당시 절대권력자인 헤롯 안티파스의 부정과 부패, 불륜과 타락을 거침없이 꾸짖었다. 끝내 그는 감옥에 갇혔고 목이 잘리는 처형을 당했다. 그러나 요한은 수많은 백성에게 메시아의 오심을 선포하며 희망을 불러일으켰고 예수 운동의 길을 닦았다. 메시아의 길을 예비하며 많은 백성에게 삶으로 절제와 금욕을 보여준(15절) 그는 회개를 촉구하며(3:3) 다가올 심판의 날을 준비하라고 하였다(3:7-9). 예언자 엘리야가 그러했듯, 요한은 불의한 권력과 야합하지 않았고 어려운 백성과 함께하며 주님의 오심과 하나님의 나라를 선포하였다.

하나님의 뜻이 바로 여기에 있었다. 이런 하나님의 뜻을 깨닫지 못했던 사가랴는 벙어리가 되고 말았다. 그리고 해산할 기한이 찼다(57절). 아이가 나올 시간이 지났다는 이야기인가? 아니다! 대부분의 한글 성경은 "엘리사벳이 해산할 기한이 차서"(57절)라고 엘리사벳을 주어로 번역했다. 그러나 원문에서 엘리사벳은 여격으로 되어 있고, 주어는 '기한'(χρόνος, 크로노스)이다. 신적 수동태로, 다시말해 하나님이 정한 기한이 엘리사벳에게 채워진 것이다. '찼다'를 의미하는 '에플레쎄'(ἐπλήσθη)는 '플레소'(πλήθω)의 과거 수동태이다. 요한을 향한 하나님의 뜻(하나님의 로고스, 20절)이 깨달아지기까지 사가랴는 벙어리가 되었던 것이다. 20절의 '때'(καιρός, 카이로스)가 열 달이라는 물리적인 시간(크로노스)을 필요로 한다. 아버지로서, 사람으로서 자식에게 바라던 기대와 욕심에 입이 닫힌 열 달 그리고 이 열 달은 하나님의 뜻을 깨닫는 기간이었다. 이것이 진정한 의미의 태교가 아닐까? 하나님이 주신 생명에 하나님의 뜻을 깨닫는 것, 이것이 곧 태교다!

마침내 아이가 태어났고 아버지 사가랴가 사람들이 기대한 '사가랴'라는 이름이 아니라 하나님이 바라신 '요한'이라는 이름을 서판에 쓰자 변화가 일어났다. 본문 64절은 "이에 그 입이 곧 열리고 혀가 풀리며 말을 하여 하나님을 찬송하니"라고 하였다. 여기 '열리고'(ἀνεῴχθη, 아네오이크세)는 '아노이고'(ἀνοίγω)의 3인칭 과거 수동태로 하나님에 의해 열린 신적 수동태이다.[2] 그리고 '찬송하니'(εὐλογῶν, 율로곤)는 '유로게오'(εὐλογέω)의 미완료이다. 그러므로 "그의 입과 혀가 열려지고 그가 하나님을 찬양하며 말하곤 했다"라고 번역할 수 있다. 하나님의 뜻을 서판에 쓰듯 마음에 새긴 사가랴의 입은 이제 자신의 욕심이 아니라 하나님의 뜻을 말하며 찬송하는 입이 된 것이다.

---

2 '풀리다'라는 말은 원문에 없다.

열 달 동안 벙어리가 된 사가랴 그리고 엘리사벳은 단순히 아이를 품은 것이 결코 아니다. 그들은 하나님의 뜻을 품은 것이다. 열 달은 그 뜻이 익어가는 기간이었다. 하나님의 뜻을 헤아리고 그 뜻을 키워가는 시간이었다. 사람의 기대와 욕심을 품은 것이 아니라 하나님이 바라시는 생명을 품은 것이다.

'사가랴'라는 이름이 사람의 뜻이었다면 '요한'은 하나님의 뜻이다. '사가랴'라는 이름이 '거짓 나'라면 요한은 '참 나'이다. 태어날 아들의 이름을 '요한'으로 지으라며 하나님의 뜻을 전한 천사 '가브리엘'의 이름 뜻이 '하나님의 전사'라는 것을 생각해보면 요한의 '참 나'가 무엇인지 알 수 있다. 하나님의 전사란 하나님의 뜻을 위해 목숨을 걸고 싸우는 존재이다. 요한은 하나님의 전사답게 장렬하게 순교당했다. 그저 제사를 지내며 편안하고 존경받는 제사장의 자리를 물려받은 것이 아니라, 하나님의 로고스를 가지고 남이 준 제물이 아닌 제 목숨을 제물 삼아 불의에 맞서야 하는 전사의 자리, 예언자의 자리가 바로 하나님이 바라시는 요한의 자리이다.

어느 대형 교회의 담임목사직 세습을 두고 세상이 시끄럽다. 세습은 사유를 전제로 한다. 그러니 아들에게 재산 상속하듯 교회를 세습하는 것이다. 이는 더 이상 하나님의 교회가 아닌 것이다. 그러나 그들은 이것을 혈연적인 세습이 아니라고 강변한다. 그들은 혈연의 세습이 아니라 '신앙의 세습'이라고 말한다. 비슷한 이야기를 어디서 들은 것 같다. 북한의 김일성 일가도 자기네 세습을 혈연의 세습이라고 하지 않는다. '혁명의 세습'이라고 말한다. 웃지 못할 이야기이지만 교회 세습을 당연한 권리로 여기는 그들이 종북일지도 모른다. 여기에 하나님의 뜻은 없다. 사람의 욕망만 충만할 뿐이다. 아마도 성령 충만(15절)을 욕망 충만으로 오해한 것 같다. 결국 우리나라 교회의 성령 충만은 잘 먹고 잘사는 물량주의적인 기복신앙으로 전락될 수밖에 없다. 종교개혁 500주년, 한없이 부끄럽다.

시므온의 기다림
(누가복음 2:25-35)

예루살렘에 시므온이라 하는 사람이 있으니 이 사람은 의롭고 경건하여 이스라엘의 위로를 기다리는 자라 성령이 그 위에 계시더라 그가 주의 그리스도를 보기 전에는 죽지 아니하리라 하는 성령의 지시를 받았더니 성령의 감동으로 성전에 들어가매 마침 부모가 율법의 관례대로 행하고자 하여 그 아기 예수를 데리고 오는지라 시므온이 아기를 안고 하나님을 찬송하여 이르되 주재여 이제는 말씀하신 대로 종을 평안히 놓아 주시는도다 내 눈이 주의 구원을 보았사오니 이는 만민 앞에 예비하신 것이요 이방을 비추는 빛이요 주의 백성 이스라엘의 영광이니이다 하니 그의 부모가 그에 대한 말들을 놀랍게 여기더라 시므온이 그들에게 축복하고 그의 어머니 마리아에게 말하여 이르되 보라 이는 이스라엘 중 많은 사람을 패하거나 흥하게 하며 비방을 받는 표적이 되기 위하여 세움을 받았고 또 칼이 네 마음을 찌르듯 하리니 이는 여러 사람의 마음의 생각을 드러내려 함이니라 하더라(눅 2:25-35).

원문에 의하면 이 본문은 '카이 이두'(Καὶ ἰδοὺ, 25절, 그런데 보라)로 시작한다. 한글 번역은 대부분 이것을 생략했다. 일부만이 '그런데'라고 번역했을 뿐이다. 아마도 '카이 이두'(감탄사)를 새로운 장면으로 넘어가는 관용구 정도로 생각한 것이 아닌가 싶다. 다행인지(?) 영어 성서의 대부분은 'And behold'라고 번역했다. 성서는 경전이다. 그냥 넘길 말이 거의 없다. 보여줄 것이 있으니 '보라'고 한 것이다. 누가가 말한 대로 보지 못하면 읽으나 마나한 것이다. 솔직히 필자도 잘 보이지 않는다. 그리고 제대로 본 것인지도 잘 모르겠다. 다만, 보기 위해 집중이라도 해야 할 것 같다. 누가는 우리에게 무엇을 보여주려는 것일까?

이 본문은 1장부터 시작하는 세례 요한과 예수의 탄생에 관한 긴 이야기를 거쳐 마침내 세례 요한의 탄생과 이어지는 예수의 탄생 직후에 일어난 이야기이다. 이 이야기의 시작은 천사 가브리엘이다. 천사 가브리엘은 세례 요한의 아버지 제사장 사가랴와 이어 마리아에게 나타나 예수의 탄생과 그 의미를 알린다. 특별히 예수의 탄생은 오래전 구약의 예언적 배경이 있음을 느끼게 한다. 마침내 구약성서의 예언대로 베들레헴에서 메시아가 태어난다(삼상 16:1-13, 미 5:1-4). 그리고 모세의 법대로 예수의 부모는 정결 예식을 위해 예루살렘 성전에 올라간다. 율법에 따라 거기서 제사를 지낸다. 그리고 오늘의 본문이 이어진다.

그 다음에는 오랜 예언대로 메시아의 출현을 기다리는 두 사람에 관한 이야기가 나온다. 바로 시므온과 아셀지파 바누엘의 딸 안나이다. 둘 다 메시아를 기다렸다. 성서는 시므온을 '이스라엘의 위로를 기다리는 사람'(25절)이라고 표현하고, 안나는 예루살렘의 속량(38절)을 바랐다('기다렸다')고 표현한다. 두 표현 모두 '프로스데코마이'(προσδέχομαι, 25, 38절)라는 단어가 사용되었다. 이 단어는 '기다리다'(2:38, 23:51)라는 의미로도 쓰이지만, '영접하다', '환영하다'(12:36, 15:2, 행 24:15)라는 의미로도 쓰인다. 단순히 기다리는 것이 아니라 내면으로 받아들이는 것이다(to receive to one's self). 그들은 대체 무엇을 받아들이려고 기다리고 있는가? 이 기다림을 통해 누가는 우리에게 무엇을 보라는 것인가? 이 글은 시므온에 초점을 맞추어본다.

시므온은 히브리식 이름으로, 그 헬라식 이름은 시몬이며 '하나님이 들으셨다'는 의미를 지닌다. 이름처럼 그의 기도를 하나님이 들으신 것이다. 25절은 기다리는 그의 삶을 말해준다. 그는 의롭고(δίκαιος, 디카이오스) 경건하였다(εὐλαβής, 율라베스). 그는 세례 요한의 부모인 제사장 사가랴와 엘리사벳처럼 의롭다(1:6). 이 '의'는 율법적인 의를 뜻한다. 헬라어 '디카이오스'는 원래 정의의 여신 '디케'에서 유래하여 미덕에 가까운 도덕적인 의미로 쓰인다. 그러나 헬라적 의미와는 다르게 신약성서에서는 법적인 의미로 쓰인다.(행 28:4에서는 '공의', 살후 1:9와 유 1:7에서는 '형벌'로 번역된다.) 이것은 구약의 율법에 기초를 두고 있다. 따라서 유대교적인 말이다.

'율라베스'라는 말 또한 대단히 유대적인 용어이다. 이 말은 신약성서에서 누가복음 2장 25절을 포함하여 총 4회 사용되는데 모두 유대인에게 적용된다(행 2:5, 8:2, 22:12). 이 말은 종교적인 조심성을 나타낸다. 그러나 유대교적 경건이지 기독교적 경건을 나타내는 것은 아니다. 이 말은 대체로 율법을 완수한 사람에 대하여 적극적으로 사용되었다.

이 두 단어를 설명하는 이유는 '이스라엘의 위로'(παράκλησιν τοῦ Ἰσραήλ, 파라클레신 투 이스라엘)라는 말 때문이다. 새번역은 이를 "이스라엘이 받을 위로"라고 번역했다. '이스라엘'을 나라로 이해한 것이다. 그러나 오히려 그 의미에 초점을 두어야 한다. '이스라엘'은 '하나님이 다스린다'는 뜻이다. 그러므로 '이스라엘의 위로'란 하나님의 다스림을 통한 위로를 뜻한다. 따라서 '이스라엘의 위로'란 이사야 40장 1절 이하의 영향을 받아 메시아 시대를 맞이하여 받게 될 위로인 것이다. 결국 메시아 대망 사상과 연결된다.

시므온의 기다림은 메시아에 대한 기다림이다. 그러나 막연하게 그 물리적인 때를 기다린 것이 아니다. 그 기다림은 앞서 말했듯이 '내면으로 받아들이는' 영적인 의미이다. 그래서 25절 마지막 부분이 "거룩한 영(성령)이 그 위에 있었다"(πνεῦμα ἦν ἅγιον ἐπ' αὐτόν, 프뉴마 엔 하기온 에피 아우톤)로 되어 있는 것이다. 여기의 '있었다'(ἦν, 엔)는 미완료이다. 일회적인 임재가 아니라 계속 쌓여온(지금도 그 거룩한 영이 그의 마음을 채워가고 있다.) 임재임을 나타낸다. 그 메시아의 도래는 막연한 기다림이 아니라 그에게 거룩한 영이 채워지는 것과 같다. 성령은 누가복음에 나타나는 기도의 최종 응답이다. "너희가 악할지라도 좋은 것을 자식에게 줄 줄 알거든 하물며 너희 하늘 아버지께서 구하는 자에게 성령을 주시지 않겠느냐 하시니라"(눅 11:13). 응답해주시는 좋은 것은 바로 성령, 거룩한 영(ἅγιος πνεῦμα, 하기오스 프뉴마)이다. 25-27절에서 잇달아 세 차례의 '성령'[1]이 나오는 것도 시므온의 기다림이 성령으로 채워져 가는 과정과 같다는 것을 말한다. 그렇기에 시므온의 기다림은 세례 요한의 출생으로 찬가를 부르는 사가랴와 같은 성령 충만(ἐπλήσθη πνεύματος ἁγίου, 에플레쎄 프뉴마토스 하기우, 1:67)에 이르는 기다림인 것이다.

'있었다'(엔)가 미완료인 이유가 바로 여기에 있다. 누가는 미완료의 기간을 26절에서 말한다.

그가 주의 그리스도를 보기 전에는 죽지 아니하리라

미완료의 기간은 주의 그리스도를 볼 때까지이며, 거기에는 그의 죽음이 걸려 있다. 그의 전 생애가 주의 그리스도를 보는 것에 집중되어 있다. 주의 그리스도(ὁ χριστός κυρίου, 호 크리스토스 큐리우)는 '하나님이 세우신 메시아'를 의미하는데 누가복음 9장 20절에는 '호 크리스토스 쎄우'(ὁ χριστός θεοῦ, 하나님의 그리스도)로, 23장 35절에서는 '호 크리스토스 호 투 쎄우 호 엘렉토스'(ὁ χριστὸς τοῦ θεοῦ, ὁ ἐκλεκτός, 하나님이 택하신 그리스도)로, 사도행전 3장 18절에서는 '호 크리스토스 아우투'(ὁ χριστός αὐτοῦ, 자기 '하나님'의 그리스도)로 되어 있다(행 4:26, 계 11:15, 12:10 참고). 결국 '이스라엘의 위로'가 메시아의 도래와 연관되어 주의 그리스도를 볼 때까지의 과정은 거룩한 영이 채워져 가는 것과 맞물려 있는 것이다. '메시아를 보기 전에 죽지 아니하리라'는 것 또한 성령에 의해 계시(개역개

---

1 27절은 '하기오스' 없이 '프뉴마'로 되어 있지만 이것만으로 성령을 뜻하기도 한다.

정판에서는 '지시') 받은(크래마티조(χρηματίζω)의 수동태 분사) 것이다.

율법의 관례를 치르기 위해 예루살렘 성전에 부모가 아기 예수를 데려오고, 이때 시므온은 '성령의 감동'(ἐν τῷ πνεύματι, 엔 토이 프뉴마티)으로 성전으로 들어가 아기 예수를 안으면서 그의 기다림을 끝낸다. 이제 늙은 시므온은 오랫동안 기다린 후 하나님의 말씀이 완성되는 순간을 맞이하게 된 것이다. 29절부터 32절까지 이어지는 하나님에 대한 시므온의 찬양과 감사의 기도는 내용적으로 마리아의 찬가(1:46-55)나 사가랴의 찬가(1:67-79)와 비슷하다. 29절의 '이제는'(Νῦν, 눈)은 강조적 용법으로, 메시아 도래라는 하나님의 성취에 대한 고백이다. 이 기다림은 주재(δεσπότης, 데스포테스)의 명령에 대한 종(δοῦλος, 둘로스)의 순종이었다. 주재는 원래 '노예와 구별된 주인', '소유자', '집주인'이라는 뜻인데 '큐리오스'(κύριος, 주인)보다 강력한 의미로 당시 '신적 존재'나 '절대적 통치자', '로마 황제'를 뜻할 때 쓰였다. 신약에서는 한편으로 하나님에 대해서 쓰이기도 했고(행 4:24, 계 6:10) 다른 한편으로는 그리스도에 대하여 사용되기도 했다(벧후 2:1, 유 1:4).

시므온은 아기를 안고 하나님을 찬송하며 "주재여 이제는 말씀하신 대로 종을 평안히 놓아 주시는도다"라고 고백한다. 이를 직역하면 "주재여 이제는 말씀에 따라(κατὰ τὸ ῥῆμά, 카타 토 흐레마) 종을 평화 안에서(ἐν εἰρήνῃ, 엔 에이레네) 놓아주십니다"이다. '놓아주다'(ἀπολύω, 아폴루오)는 이제 기다림의 의무를 끝내고 평화로이 죽을 수 있다는 의미이다. 기다림이 그의 생의 목적이었다. 물론 그 기다림은 성령이 채워지는 과정이었다. 그의 전 생애가 메시아를 기다리는 기다림에 있었음을 다시 확실히 말해주는 것이기도 하다. "내 눈이 주의 구원(τὸ σωτήριόν σου, 토 소테리온 수, 당신의 구원)을 보았사오니"(30절)라는 시므온의 고백 속에서 이 기다림이 그에겐 구원이었음을 알 수 있다. 누구나 보는 것이 아니다. 거룩한 영을 채워가는 기나긴 기다림, 죽음을 걸고 기다린 기다림의 사람에게 주어지는 구원의 '봄'이다.

당시는 이스라엘이 초강대국 로마의 식민지 지배 아래 있던 불행한 시절이었다. 약할 대로 약한 이스라엘은 로마에 의해 유린당하고 있었지만, 로마의 무력적 힘은 점점 더 커져가고 있을 때였다. 로마의 잔혹한 탄압은 드세지고, 이스라엘의 독립은 점점 더 멀어져만 가고 있었다. 로마는 강하고 이스라엘은 한없이 약했다. 로마는 엄청나게 부유하고 이스라엘은 엄청나게 가난했다. 이제 이스라엘에게 소망은 없는 듯이 보였다. 이제 이스라엘에게 구원은 보이지 않았다. 더 기다릴 것이 없었다. 그래서 많은 이스라엘 사람들이 로마 시민이 되기를 바랐다. 나라의 관료들은 로마에 충성을 다짐하고 로마의 황제나 귀족에게 잘 보여 출세의 길을 가고자 했다. 종교 지도자들조차 이스라엘의 하나님이 아니라 로마를 위한 하나님을 예배했다. 그렇게 이스라엘의 신앙은 역사의 저편으로 사라지고 있었다. 출세, 부, 명예, 권력을 위해 하루빨리 변신하는 것이 현명한 사람인 것처럼 보였다.

이것은 마치 일제강점기에 이제 조선은 끝났다고 생각하며 하루속히 뼛속까지 일본인이 되는 것이 지혜로운 길이라고 생각하며 조국을 배반한 친일파들과 다르지 않다. 나라를 걱정한 이들도 흔들렸을 것이다. 이것은 시편 73편의 "볼지어다 이들은 악인들이라도 항상 평안하고 재물은 더욱 불어나는도다"(12절)라는 고백과 "나는 거의 넘어질 뻔하였고 나의 걸음이 미끄러질 뻔하였으니"(2절)라는 절규와 부합했을 것이다. 영화 「암살」에서 조국을 배반하고도 해방 후 대한민국 경찰로 떳떳이 살아가는 염상진을 독립군 출신 두 사람이 처단하려 할 때 왜 조국을 배반했느냐는 그들의 질문에 염상진은 이렇게 대답했다.

조선이 독립할 줄 몰랐다.

그러나 시므온이라는 노인은 묵묵히 하나님을 섬기며 기다렸다. 그 노인이라고 현실을 모르지 않았을 것이다. 그러나 그는 기다렸다. 시므온은 자신의 눈앞에 보이는 인간에 의한 지배, 그 엄청난 권력의 힘, 로마의 힘이 삶의 현실의 전부라고 여기지 않았다. 그는 로마의 권력과 부를 부러워하지 않았다. 그는 오히려 로마의 부패와 타락을 통해 다가오는 하나님의 나라를 보았고 그 나라를 기다린 사람이었다. 육신의 눈으로는 로마의 통치가 보였지만, 성령이 임한 시므온의 눈에는 하나님의 통치가 보였던 것이다. 그래서 하나님의 통치인 '이스라엘의 위로'를 기다린 것이다. 거룩한 기다림이었다.

시므온이 하나님을 찬송하는 기도를 드리자 33절에서 아기 예수의 부모는 놀란다. 여기 '놀라다'(기이히 여기다, '싸우마조 θαυμάζω')

는 신약성서에 44회 나오는데, 광범위한 의미로 쓰여 그 뜻을 규정하기가 쉽지 않다. 기적이나 계시, 가르침에 대한 놀람도 있고, 다른 이들의 위대한 믿음 혹은 그 반대로 기대 이하의 믿음이나 삶에 대한 예수의 놀람도 있다. 여기서는 시므온의 기도가 받은 계시라는 점에서 마리아가 천사로부터 받은 탄생에 대한 것과 그에 대한 찬미와 유사하다는 것에 대한 놀람이기도 하지만 이런 시대에 이런 사람도 있구나 하는 놀람이 더 크지 않았을까 하는 생각도 든다. 대세를 따라 모두 로마 황제에게 충성하여 로마인이 되기를 바라던 때에 하나님의 통치를 위한 메시아를 기다리는 사람이 있다니 하고 생각했을 것이다.

우리는 여기서 시므온의 이야기를 시작한 25절부터 아기 예수를 보러 성전에 들어가는 27절까지 각 절마다 성령이 나오는 것에 다시 주목한다. 왜 시므온은 시대에 적응하며 살지 않았을까? 그것은 바로 힘의 강약이 삶의 승패라고 보지 않았기 때문이다. 삶의 승패를 영의 선악에서 보았기 때문이다. 거룩한 영(성령)만이 더러운 영을 이길 수 있음을 아는 사람이었기 때문이다.

34절 전반부에서 시므온은 그들에게 축복하고(εὐλογέω, 율로게오) 마리아에게 아기 예수에 대해 말한다. 이 장면에서 다시 '이두'(보라!, Behold)가 나온다. 보고 깨달아야 할 것이 있다는 것이다. 여기서는 공동번역을 제외한 대부분의 한글 번역이 '보라'로 번역했다. 참 기이(?)하다. 34절 후반부의 말씀이다.

이는 이스라엘 중 많은 사람을 패하거나 흥하게 하며 비방을 받는 표적

이 되기 위하여 세움을 받았고

이 대목에서는 이 아이(아기 예수)의 삶에 대해 말한다. 여기에서 '패하거나 흥하거나'라는 두 단어는 동사가 아니라 명사이다. '패함'은 헬라어 '프토시스'(πτῶσις)로 '무너지다', '떨어지다', '쓰러지다', '죽다'라는 뜻을 가진 '피프토'(πίπτω)에서 온 명사이다. 그리고 '흥함'으로 번역된 헬라어 '아나스타시스'(ἀνάστασις)는 부활 용어이다. '패함과 흥함'은 쓰러지는 것과 일으켜지는 것으로 대조된다. '죽음과 부활'로 대조된다. 그리고 '비방을 받다'는 '거부하다'라는 뜻을 지닌 '안티레고'(ἀντιλέγω)의 수동태이다. 또한 '세움을 받았다'는 '세워지다', '만들어지다'라는 뜻을 지닌 '케이마이'(κεῖμαι)의 수동적 의미로 하나님에 의해 세워졌다는 말이다. 신적 수동태 형태이다. 그러므로 예수가 세움을 받음으로 어떤 이는 쓰러지는 심판을 맞게 되었고, 다른 이는 일으켜지는 구원을 받았다는 것이다. 그리고 이 '쓰러짐'(심판)과 '일으켜짐'(구원)을 갈라놓는 표징(세메이온)은 예수의 비방을 받음이었다는 것이다. 즉 비방받는 표징을 통해 사람들은 메시아를 받아들이거나, 아니면 거부하거나 할 것이라는 말이다. 이 비방받음에 대한 설명이 35절에서 나온다.

또 칼이 네 마음을 찌르듯 하리니 이는 여러 사람의 마음의 생각을 드러내려 함이니라 하더라

지금 이 말은 어머니 마리아에게 하고 있는 말이다. '네 마음'에서 '네'(너의)라고 번역한 '수 아우테스'(σοῦ αὐτῆς)는 '네 자신의'이

다. 예수의 어머니로서 받을 충격을 의미한다. 예수의 비방받는 삶에 대한 것이다. 그가 받은 음모, 배신, 고난, 십자가, 죽음을 말한다. 자식의 이런 삶을 보는 어머니의 마음은 어떻겠는가? 칼로 마음을 찌르는 듯한 아픔을 겪지 않겠는가? 여기에서의 칼(ῥομφαία, 흐롬파이아)은 로마 군인의 긴 칼이다.

그리고 이 비방받는 삶, 그의 고난과 죽음 앞에서 사람들의 '마음의 생각'(καρδιῶν διαλογισμοί, 카르디온 디알로기스모이)이 드러나게 된다(아프칼루프토(ἀποκαλύπτω)의 가정법 수동태). 여기서 '생각'으로 번역된 '디알로기스모스'(διαλογισμός)는 '통하여'(관통하다)라는 뜻의 전치사 '디아'(δια)와 '계산'이라는 뜻의 '로기스모스'(λογισμός)가 결합된 명사로, 동사 '디알로기조마이'(διαλογίζομαι, 철저히 계산하다)에서 유래한다. 그러므로 '디알로기스모스'는 '철저한 계산'을 뜻하는 것으로 나쁜 의미를 지닌다. 이 말에는 '다툼'이라는 뜻도 있다. 예수의 고난과 죽음 앞에서 사람이 얼마나 철저하게 계산적인 존재인가가 여기에서 드러난다. 하긴, 그가 의인인 줄 알면서도 십자가에 내어준 빌라도가 떠오른다. 그는 다수의 군중, 대세에 예수를 넘겼다(23:24). 그를 죽여야 자신의 종교적 권력을 유지할 수 있었던 바리새파, 제사장 등 종교 지도자들의 속셈이 드러났다. 그들은 사형권이 있는 빌라도 법정에서 무리를 동반하여 빌라도를 압박했다(23:18 이하). 서로 원수지간인 헤롯과 빌라도는 무리의 고발에 동조하며 그날은 친구가 되기도 했다(23:12). 마치 그들이 유대 백성의 소리에 귀를 기울이는 것처럼 말이다.

그러나 예수가 거부되는 이 비방받는 삶, 고난과 십자가에서 심판(πτῶσις, 프토시스, 쓰러짐)과 구원(ἀνάστασις, 아나스타시스, 일으켜짐)이 결정된다. 초대교회의 시작은 바로 일으킴을 받은 사람들에게서 시작되었다. 도망치고 쓰러진 그들에게서 예수가 일으킴을 받았다. 성령(거룩한 영)이 그들에게 임하면서 시작된 것이다. 시므온이 힘의 대세에 굴복하지 않고 메시아를 기다린 것도 거룩한 영이 그 안에서 채워져 가고 있었기 때문이다.

영원한 권력을 누릴 것 같던 이 땅의 대통령들, 문민정부 이전 하나는 남의 나라로 도망쳐 여생을 마쳤고, 하나는 제 부하의 총부리에 죽었고, 둘은 감옥에 갔다 왔다. '언제려나' 하며 실망과 포기 속에서 기다렸는데 이런 날도 오곤 한다. 그러나 이내 역시나로 돌아온다.

올해가 박정희 출생 100주년이다. 아울러 시인 윤동주 탄신 100주년이다. 박정희는 자신의 권력을 위해 수많은 백성을 쓰러뜨리고 죽였다(프토시스). 시인 윤동주는 이 백성을 살리기 위해 조국의 독립을 기다리다 일제의 감옥에서 죽었다. 그의 시는 거룩하다. 그는 죽었지만 그의 시는 우리를 살린다. 그는 일제에 비방받는 거부된(안티레고) 삶을 살았지만 우리 안에서 부활하고(아나스타시스) 있다.

다시, 지난해 말부터 켜진 촛불이 희망을 지폈다. 민이 주인이 되는 거룩한 날을 밝혔다. 그러나 가야 할 길은 아직 멀었다. 더욱이 한국교회는 거꾸로 가고 있다. 더러운 영이 성장의 힘으로 그 세력을 더하려고 안간힘을 쓰고 있다. 기도는 여전히 더러운 욕심에 휘말리고 있다. 한국교회에 희망은 있는가? 시므온의 기다림이 아쉽다.

내려가는 길에서

(요한복음 4:43-54)

이틀이 지나매 예수께서 거기를 떠나 갈릴리로 가시며 친히 증언하시기를 선지자가 고향에서는 높임을 받지 못한다 하시고 갈릴리에 이르시매 갈릴리인들이 그를 영접하니 이는 자기들도 명절에 갔다가 예수께서 명절중 예루살렘에서 하신 모든 일을 보았음이더라 예수께서 다시 갈릴리 가나에 이르시니 전에 물로 포도주를 만드신 곳이라 왕의 신하가 있어 그의 아들이 가버나움에서 병들었더니 그가 예수께서 유대로부터 갈릴리로 오셨다는 것을 듣고 가서 청하되 내려오셔서 내 아들의 병을 고쳐 주소서 하니 그가 거의 죽게 되었음이라 예수께서 이르시되 너희는 표적과 기사를 보지 못하면 도무지 믿지 아니하리라 신하가 이르되 주여 내 아이가 죽기 전에 내려오소서 예수께서 이르시되 가라 네 아들이 살아 있다 하시니 그 사람이 예수께서 하신 말씀을 믿고 가더니 내려가는 길에서 그 종들이 오다가 만나서 아이가 살아 있다 하거늘 그 낫기 시작한 때를 물은즉 어제 일곱 시에 열기가 떨어졌나이다 하는지라 그의 아버지가 예수께서 네 아들이 살아 있다 말씀하신 그 때인 줄 알고 자기와 그 온 집안이 다 믿으니라 이것은 예수께서 유대에서 갈릴리로 오신 후에 행하신 두 번째 표적이니라(요 4:43-54).

로고스

본문은 "이틀이 지나매"(Μετὰ δὲ τὰς δύο ἡμέρας, 메타 데 타스 두오 헤메라스)로 시작한다. 직전에 예수께서 이틀간 머문(40절) 사마리아의 이야기와 연관되어 있음을 나타내는 말이다. 단순히 물리적 시간상의 순서가 아니라 서로 연관된 메시지가 있다는 것을 의미한다. 37절의 "말이 옳도다"에서의 '말', 39절의 "여자의 말"에서 '말', 41절의 "예수의 말씀"에서 '말씀' 모두 '로고스'이다. 39절의 '여자의 로고스'는 이 여자와 관련해서 예수를 통해 전해 받은 깨우침이라고 볼 수 있겠다. 단지 이 여자의 '말'을 나타낼 때 사용된 '센 랄리아'(σὴν λαλιά, 42절, '네 말')와 구별된다.

로고스는 요한복음의 가장 강력한 화두이다. 로고스는 진리의 근본, 주님의 가르침, 본질 등으로 설명될 수 있는데, 1912년에 발간된 『한문성경』(김경수 편) 約翰福音(요한복음) 1장 1절 '太初有道'(태초유도, '태초에 말씀이 계시니라')에서 말하듯이 '道'(도)라는 표현이 로고스에 가장 가까운 뜻인 것으로 보인다. 물론 위 성서에서도

'로고스'를 '道'(도)라고 일관되게 번역하지는 않았다. 한글 번역본 요한복음에서 로고스는 대체로 '말' 혹은 '말씀'으로 번역된다. 그러나 주님의 가르침으로서의 말씀이지만, 말이 아니라 진리의 근본이자 본질임을 염두에 두어야 한다. 본문에서도 예수께서 하신 '말씀'(50절)이라고 번역됐다. 수가성 우물가의 여인 이야기와 왕의 신하의 아들을 치유한 이야기 모두 예수의 말씀(로고스)을 믿는 사람이 그 중심이다(41, 50절). 요한복음 전체가 그렇지만, 로고스가 이 두 사건을 관통하고 있다. 그렇기에 두 이야기를 "이틀이 지나매"로 연결시킨 것이다.

무엇보다도 두 이야기가 주는 로고스 중 하나는 지역과 신분의 차이를 넘어선다는 것이다. 수가 마을 여인 이야기는 적대적인 유대-사마리아 지역 구도를 깬다. 유대인들은 사마리아인들을 상종하지 않기 때문에(9절) 북쪽 갈릴리로 가기 위해 가까운 사마리아를 거치지 않고 먼 길을 돌아서 갔다. 그러나 예수는 사마리아를 거쳐 갔다. 수가 마을 여인은 물을 달라고 한 예수를 향해 "당신은 유대인(Ἰουδαῖος, 유다이오스, 유대 남자)으로서 어찌하여 사마리아 여자인 나에게 물을 달라고 하나이까"(9절)라고 묻는다. 유대 남자와 사마리아 여인, 단지 지역 대립만이 아니라 성(性)도 대립하고 있다.

오늘 본문인 왕의 신하의 아들 치유 이야기는 더욱 발전적이다. 수가 마을 여인 이야기에서는 예수가 이 여인을 찾아가나, 오늘 이야기에서는 반대로 왕의 신하가 예수를 찾아간다. 그는 이방 취급을 받는 갈릴리의 나사렛 출신 예수를 찾아가 아들의 치료를 청한다. "나사렛에서 무슨 선한 것이 날 수 있느냐"(1:46)라는 나다나엘의 조롱을 생각하면 왕의 신하와 예수의 신분 차이는 더 분명해진다. 그러나 로고스는 이 신분의 차이를 넘어서게 한다. 두 이야기에서 당시의 통념인 지역 대립과 신분 차이의 극복은 가장 강력한 로고스이다.

요한의 '고향'

이 로고스를 염두에 두고 다시 본문으로 돌아가 보자. 사마리아를 떠나 갈릴리로 가시며 예수는 "선지자가 고향에서는 높임(τιμή, 티메, 존경)을 받지 못한다(οὐκ ἔχω, 우크 에코, 가지지 못한다)"(44절)라고 증언했다. 이 구절은 마가복음 6장 5절에서 온 말로 마태복음 13장 57절, 누가복음 4장 24절에도 유사하게 기록되어 있다. 그 표현에 있어서는 요한복음과 상당한 차이가 있다. 마가복음에서는 "선지자가 자기 고향과 자기 친척과 자기 집 외에서는 존경을 받지 못함이 없느니라"로 기록되어 있는데, 마태복음에는 '자기 친척'(συγγενεῦσιν αὐτοῦ, 숭게뉴신 아우투)이라는 말이 생략되어 있을 뿐이다. 특이한 것은 두 복음서 모두 "존경을 받지 못함이 없다"(Οὐκ ἔστιν ἄτιμος, 우크 에스틴 아티모스)라는 표현을 사용하고 있다는 점이다. '아티모스'(ἄτιμος)는 부정적 불변사 '아'와 '티메'(존경)에서 유래한 형용사이다. 두 복음서 모두 이중부정을 사용함으로써 예수께서 고향 갈릴리에서 배척당하신 것(σκανδαλίζω, 스칸달리조, 마 13:57, 마 6:3)을 강조하고 있다. 누가복음에는 "선지자가 고향에서는 환영을 받는 자가 없느니라"로 되어 있다. 문자적으로는 요한복음과 비슷하나 내용상으로는 누가복음 4장 25-29절의 사건이 말하듯이 죽음의 위협을 받는 배척에까지 이른다. 그리고 그 고향은 더 구체적으로 '나사렛'(눅 4:16)으로 좁혀져 있다.

요한복음에는 배척까지는 아니고 다만 고향(πατρίς, 파트리스)에서 '높임'(티메)을 받지 못했을 뿐이라고 기록되어 있다. 문제는 다음 45절이다. 갈릴리에 이르렀을 때 갈릴리인들은 예수를 영접했다(δέχομαι, 데코마이, 받아들이다). 그 이유는 갈릴리인들이 유월절 명절에 예루살렘에서 예수께서 행하신 많은 표적(σημεῖον, 세메이온)을 보았기(2:23) 때문이다. 그러나 혼동이 생긴다. 고향 갈릴리인들이 예수를 존경하지 않았는데 단지 표적을 보고 마음이 바뀌었다는 것인가? 여하튼 예수께서 고향 갈릴리에서 배척받았다는 공관복음서의 보도와는 정면으로 배치된다.

1장 46절과 7장 41, 52절을 보면 요한도 분명히 예수의 고향이 갈릴리임을 알고 있었다. 그렇다면 고향 갈릴리에서 높임을 받지 못했다는 것과 갈릴리인들이 예수를 받아들였다는 것은 서로 모순이다. 이 모순을 요한은 왜 서술하고 있는 것일까? 사실 이유는 복잡하지 않다. 다만 복잡하게 읽히고 혼동을 느끼는 것은 우리가 '예수의 고향은 갈릴리'라는 사실에 집착하기 때문이다.

요한복음은 '고향'에 관해 전혀 다른 프레임을 갖고 있다. 요한복음이 로고스로 시작하고 있다는 것을 생각하면 전혀 달라진다. 로고스는 예수 자신이다(1:14). 로고스는 태초부터 아버지이신 하나님과 함께 있었다(1:2).[1] 또 로고스가 태초부터 하나님과 함께 있었

1 요한복음에서 '아버지'라는 말은 셀 수 없이 나온다.

다는 것은 로고스의 고향이 하늘이라는 말이다. 그리고 요한복음에서 하나님은 영(πνεῦμα, 프뉴마)이다(4:24). 또한 로고스 안에 있는 생명은 빛이다(1:4). 그래서 "선지자가 고향에서는 높임을 받지 못한다"(44절)에서 갈릴리가 명시되어 있지 않다. 그리고 세상은 그의 또 다른 고향이다. 로고스가 육신이 되어 거하신 고향이다. 분명 그가 육신으로 온 곳은 그의 땅(τὰ ἴδια, 타 이디아, 1:11)이며, 그가 육신으로 만난 사람은 그의 백성이다(οἱ ἴδιοι, 호이 이디오이, 1:11).

그런데 세상의 어둠이 하늘의 빛을 깨닫지(καταλαμβάνω, 카타람바노) 못했다. 세상은 그 빛을 알지(γινώσκω, 기노스코) 못했고(1:10) 결국 그 빛을 영접하지(παραλαμβάνω, 파라람바노) 못했다(1:11). 어두운 세상이 빛인 로고스를 받아들지 못했다는 것이다. 그러므로 예수께서 말씀하신 "선지자가 고향에서는 높임을 받지 못한다"라는 말은 바로 그의 영적 고향인 로고스를 육신으로 온 세상이 받아들이지 못했다는 것이다. 그리고 구체적으로 그 어둠의 세상은 유대이고, 구체적으로 배척한 것은 유대인이다. 유대인이라는 말이 수도 없이 요한복음에서 나온다는 점을 잘 알 것이다. 사실 요한복음에 있어서 예수님의 적대자는 유대인으로 집약된다. 유대가 곧 세상이다.

로고스로서의 물 시리즈

오히려 요한복음에서 갈릴리는 예수를 영접한 곳이다. 첫 표적도 갈릴리 가나에서 일어났다. 그리고 두 번째 표적도 갈릴리 가나에서 기다리고 있다. 주목해야 할 것은 46절에서 갈릴리 가나에서 일어난 첫 표적을 재진술하고, 이어 왕의 신하의 아들이 앓고 있다는 서술로 이어진다는 것이다. 왜 굳이 첫 표적을 간략하게 언급하며 신하의 아들 치유 이야기를 시작한 것일까? 이것은 물이 포도주로 변한 이야기와 관련된 가르침(λόγος, 로고스)의 물이 왕의 신하의 아들 치유 이야기 속으로 흐르고 있다는 것을 한 번에 정리한 것으로 보인다.

물이 포도주로 변한 사건(2장) 이후로 예수의 로고스(가르침)는 물(ὕδωρ, 휘도르)로 표상된다. 이 물이 '거듭남'(γεννάω ἄνωθεν, 게나오 아노센, 3장)과 연관되고('물과 성령으로 나지 아니하면', 3:5), 그 가르침의 물이 들어가 영생하도록 솟아오르는 '물의 샘'(πηγὴ ὕδατος, 페게 휘다토스, 4장)이 되기도 하고, 베데스다 연못가에서는(5장) 그 물의 요동(타라소, ταράσω)이 병자의 '치유'로 이어지기도 한다. 따라서 왕의 신하의 아들이 치유되는 이야기도 가르침의 물 시리즈 속에 있음을 알 수 있다. 이 아들의 치유(51절)도 왕의 신하가 '말씀'(로고스)을 믿고(50절) 난 후 이루어졌다.

병든 현실

왕의 신하가 유대로부터 갈릴리로 오신 예수를 찾아가 자기 아들의 병을 고쳐달라고 청한다(47절). 그때 예수께서는 "너희는 표적과 기사(σημεῖα καὶ τέρατα, 세메이아 카이 테라타)를 보지 못하면 도무지 믿지 아니하리라"(48절)라고 말씀하신다. '너희'(복수)라고 한 것으로 보아 왕의 신하(단수)를 향한 질책은 아닐 듯싶다. 아마 독자에게 한 것이 아닐까? 문제는 표적이다. 요한 자신의 용법과는 달리 분명 외적인 기적과 같은 의미로 썼기 때문이다. 헬라어 용법에서 대등접속사 '카이'가 두 단어를 연결하며 동의어를 나타내기도 하기 때문이다. 그렇다면 48절에서 '표적'(세메이온)은 외적인 '기사'(테라타)의 의미로 사용한 것이다. 그러므로 예수의 질책은 일반적으로 외적인 기적으로 믿음을 갖는 풍조에 대한 질책을 담았다고 볼 수 있다. 요한이 고유하게 쓰는 '세메이온'(sign)은 '로고스'를 갖고 있다. 그래서 신하의 아들 치유도 말씀(로고스)을 믿은(πιστεύω, 피스튜오) 데서(50절) 이루어진 것이다. 그렇다면 로고스의 내용은 무엇일까?

이 치유는 마태복음 8장 5절 이하의 백부장의 하인 치유 그리고 마가복음 7장 24절 이하의 수로보니게 여인의 딸 치유와 유사하다. 다른 치유 이야기와는 달리 병든 당사자가 나오지 않는다. 이 치유에서도 왕의 신하의 아들은 등장하지 않는다. 당사자의 믿음, 인격, 삶과는 무관하다. 이것을 두고 예수가 원격 치유를 할 수 있을 정도로 능력 있는 분이라고 얼버무린다면 그것은 코미디이다.

이 신하가 섬기는 왕은 당시 갈릴리의 분봉왕인 악명 높은 헤롯 안티파스일 것이다. 헤롯 안티파스는 자기 동생의 아내였던 헤로디아와 결혼했을 정도로 문란한 생활을 하였고, 헤로디아의 딸이 춘 춤에 현혹되어 세례 요한의 목을 벤 사람이다. 자신의 권력을 위해 수많은 백성을 죽이고 탄압한 사람이었다. 이로 인해 죄 없는 백성들은 억울한 고통을 당하고 있었다. 죽임의 권력 앞에서 백성들은 신음한다. 이 고통이 신하의 아들의 병으로 표상된다. 신하의 아들의 병든 상태, 이것이 바로 예수 당시 헤롯 안티파스 체제 아래에서 살아가는 갈릴리 민중의 현실이었다. 그런 의미에서 이 병의 원인은 그런 왕을 섬기고 있는 왕의 신하에게서 찾아야 한다. 그렇기에 당사자가 등장할 필요가 없는 치유였고, 죽임의 폭군에게서 살림의 예수에게로 옮겨간 변화에서 그 치유가 일어났다.

본문 52절의 '열기'는 헬라어로 '푸레토스'(πυρετός)다. '열병'이라는 명사 혹은 '열이 있는'이라는 형용사로 쓰이기도 한다. 이것의 동사가 '프렛소'(πυρέσσω)이다. '열이 나다'라는 뜻도 있지만 '불이 나다'라는 의미도 있다. 불을 뜻하는 '화'(火)이다. 열병이 아니라 화병이다. 본문 52절은 예수의 치유에 의해 이 아이의 '열기가 떨어졌다'고 말한다. '떨어졌다'는 말의 헬라어는 '압피에미'(ἀφίημι)로, 이 말에는 '떠나다', '놓아주다'라는 뜻도 있다. '열기가 떨어졌다'(ἀφῆκεν αὐτὸν ὁ πυρετός, 압페켄 아우톤 호 푸레토스)는 말을 직역하면 "열이 그를 떠났다" 혹은 "열이 그를 놓아주었다"라고 할 수 있다. '환자에게 붙어 있던 열이 그 환자로부터 떨어져 나갔다.' 또는 '환자를 사로잡고 있었던 열이 환자를 놓아주었다.'라는 말이다. 즉 이 아들은 열(火)에 사로잡힌 환자였다는 것이다. 신하의 아들이 앓은 열병은 바로 이런 것이다. 이 아들을 통해 요한은 잔학한 폭군 헤롯 안티파스 치하에서 화병 걸린 백성의 모습을 보여주고 있다.

내려가는 길에서

이는 단지 2,000년 전의 이야기가 아니다. 사실 오늘날 우리 아들딸들의 이야기이다. 아이들이 신음하고 있다. 입시에 신음하고 있고 경쟁에 신음하고 있다. 세상이 원래 그렇다고 세상 핑계를 대지만, 사실은 부모인 기성세대의 욕심 때문이다. '학력(학벌) 지상주의'라는 잘못된 의식에 사로잡혀 있는 우리 때문에 아이들이 병들어가고 있다. 그래서 가출도 하고 비행도 저지르고 나아가 자살을 하기도 한다. 이것이 열병, 아니 화병이다. 입시 지옥에 불타는 경쟁의 '게헨나'이다. 결국 치료받아야 할, 달라져야 할 사람은 아들이 아니라 그의 아버지인 신하이며 우리 아이들이 아니라 우리 자신이다. 이 신하가 거듭날 때 그의 아들도 치료될 수 있다. 병의 원인은 왕과 그 하수인인 신하였다.

우리는 이 신하의 자리에 우리를 세워야 한다. 이 신하는 대단한 사람이다. 보통 용기 있는 사람이 아니다. 왕의 신하이니 귀족 고관이다. 그런데 피식민지 사람, 그것도 갈릴리라는 일개 시골 청년 예수를 찾아간다. 더욱이 예수는 세례 요한과 같은 선상에 놓여 있다. 자기 왕인 헤롯 안티파스가 그 세례 요한의 목을 베었다. 왕이 증오하고 싫어하는 사람과 같은 편인 예수를 찾아간 것이다. 그는 알고 있었다. 아들을 살릴 수 있는 사람은 예수라는 사실을. 자기가 모시는 왕은 죽일 수 있는 권력은 있어도 살릴 수 있는 힘은 없다는 것을. 이스라엘을 살릴 수 있는 사람은 헤롯 안티파스가 아니라 예수라는 것을. 그는 본문 47절과 49절에서 거듭 말하고 있다.

내려오셔서 내 아들의 병을 고쳐 주소서 하니 그가 거의 죽게 되었음이 라 주여 내 아이가 죽기 전에 내려오소서

여기에 공통으로 사용된 말 '내려오다'(καταβαίνω, 카타바이노)가 눈에 들어온다.[2] "내려오소서"라는 말은 열병에 걸린 자기 아들이 있는 가버나움으로 단순히 내려와 달라는 말이 아니다. 이 신하는 높은 자리에 있는 사람이다. 그러나 예수께 "내려오소서"라고 말한다. 지위로 따지자면 "올라오소서"라고 해야 한다. 그런데 아들의 병으로 인해 괴로워하는 자신에게 내려와 달라고 간청하는 것이다.

그렇다. 내려와야 마음을 읽을 수 있다. 내려와야 그 아픔을 같이 할 수 있다. 올라가면 멀어질 뿐이다. 고통당하고 아픔당하는 사람에게로 내려와야 그 고통과 아픔을 나눌 수 있다. 내려와야 그 신음 소리를 들을 수 있다. 내려와야 사랑할 수 있다. 이것이 성육신 사건이다(1:14). 그리고 내려와야 함께 올라갈 수 있다.

주님은 우리를 위해 내려오신 분이다. 자신을 보내신 분의 뜻을 행하기 위해서이다. 치유와 사랑이 바로 보내신 분의 뜻이다. "내가 하늘에서 내려온(카타바이노) 것은 내 뜻을 행하려 함이 아니요 나를 보내신 이의 뜻을 행하려 함이니라"(요 6:38). 이렇듯 내려오셨기에 하늘 아버지께로 올라갈 수 있었다. "하늘에서 내려온(카타바이노) 자 곧 인자 외에는 하늘에 올라간(아나바이노) 자가 없느니라"(요 3:13).

---

2 복음서에서 이 단어는 매우 자주 사용되는 중요한 단어이다. 이 말은 '올라가다'는 뜻의 헬라어 '아나바이노'(αναβαίνω)와 대조되어 거듭 쓰이고 있다.

그리고 성령 곧 거룩한 영은 올라가는 영이 아니다. 내려오신 영이다. 세례 요한의 말 "내가 보매 성령이 비둘기 같이 하늘로부터 내려와서(카타바이노) 그의 위에 머물렀더라"(요 1:32)도 이를 나타낸다.

예수는 스스로를 생명의 떡이라고 하셨다. 그리고 우리에게 자신을 내어 주셨다. 주님은 이렇게 말씀하신다.

> 하나님의 떡은 하늘에서 내려 세상에 생명을 주는 것이니라(요 6:33).

> 이는 하늘에서 내려오는 떡이니 사람으로 하여금 먹고 죽지 아니하게 하는 것이니라(요 6:50).

주님은 세상의 권력자들처럼 군림하기 위해 올라가지 않았다. 그는 내려오셨다. 오르고자 하는 사람은 남을 누르고 죽여야 한다. 올라가서 지배해야 한다. 반대로 살리고자 하면 내려와야 한다.

"내려오셔서 내 아들의 병을 고쳐 주소서"라고 거듭 간청하던 신하에게 예수는 "가라 네 아들이 살아 있다" 하고 응답하셨다. 그러자 이번에는 이 신하 자신이 내려간다. 51절 말씀이다.

> 내려가는 길에서 그 종들이 오다가 만나서 아이가 살아 있다 하거늘

헬라어 원문에는 '길'이라는 말은 없다. 그냥 '내려가면서'이다. 내려가면서 이 신하는 기쁜 소식을 듣는다. 말 그대로 복음이다. '내려가다'는 그가 믿은 '로고스'(깨달음, 50절)이다. 내려오면 복음을

들을 수 있다. 내려오면 기쁜 소식이 여기저기서 들려온다. 내려오면 아이가 성적이 떨어져도 화가 안 난다. 학원 안 가도 화병이 안 생긴다. 내려와 아이의 마음을 읽어야 한다. 그러면 열 받지 않는다. 이래도 사랑스럽고, 저래도 사랑스럽다. 내려가면 그동안 보지 못하던 아름다운 인생을 볼 수 있다.

내려갈 때 보았네
올라갈 때 보지 못한
그 꽃

_ 고은, 〈그 꽃〉

한 아이의 보리떡 다섯 개와 물고기 두 마리
(요한복음 6:1-13)

그 후에 예수께서 디베랴의 갈릴리 바다 건너편으로 가시매 큰 무리가 따르니 이는 병자들에게 행하시는 표적을 보았음이러라 예수께서 산에 오르사 제자들과 함께 거기 앉으시니 마침 유대인의 명절인 유월절이 가까운지라 예수께서 눈을 들어 큰 무리가 자기에게로 오는 것을 보시고 빌립에게 이르시되 우리가 어디서 떡을 사서 이 사람들을 먹이겠느냐 하시니 이렇게 말씀하심은 친히 어떻게 하실지를 아시고 빌립을 시험하고자 하심이라 빌립이 대답하되 각 사람으로 조금씩 받게 할지라도 이백 데나리온의 떡이 부족하리이다 제자 중 하나 곧 시몬 베드로의 형제 안드레가 예수께 여짜오되 여기 한 아이가 있어 보리떡 다섯 개와 물고기 두 마리를 가지고 있나이다 그러나 그것이 이 많은 사람에게 얼마나 되겠사옵나이까 예수께서 이르시되 이 사람들로 앉게 하라 하시니 그 곳에 잔디가 많은지라 사람들이 앉으니 수가 오천 명쯤

되더라 예수께서 떡을 가져 축사하신 후에 앉아 있는 자들에게 나눠 주시고 물고기도 그렇게 그들의 원대로 주시니라 그들이 배부른 후에 예수께서 제자들에게 이르시되 남은 조각을 거두고 버리는 것이 없게 하라 하시므로 이에 거두니 보리떡 다섯 개로 먹고 남은 조각이 열두 바구니에 찼더라(요 6:1-13).

요한복음의 오천 명을 먹이신 이야기는 마가복음을 원자료로 삼고 있다. 그러나 두 복음서 간에는 30년 가까운 차이가 있다. 이 이야기는 "디베랴의 갈릴리 바다 건너편"(1절)에서 일어났다. "디베랴의 갈릴리 바다"(τῆς θαλάσσης τῆς Γαλιλαίας τῆς Τιβεριάδος, 테스 쌀랏새스 테스 갈릴라이아스 테스 티베리아도스)를 직역하면 '갈릴리 곧 디베랴 바다'(개역한글)이다. 『뉴킹제임스 성경』(NKJV)과 『영어 표준역』(ESV) 모두 "the Sea of Galilee, which is the Sea of Tiberias"로 번역했다. 갈릴리 바다가 디베랴 바다라고 친절하게 설명한 것이다. 기원후 70년경 유다가 로마에 의해 역사 속에서 사라져버려 갈릴리라는 이름보다는 디베랴가 익숙한 명칭이기에 그렇게 썼을 수도 있고, 복음의 이방 선교를 위해서 그랬을 수도 있다. 그런데 두 명칭에서 의도적인 냄새가 난다. 두 명칭의 동시 표기는 마가복음의 오천 명을 먹이신 이야기(6:30-44) 직전 '갈릴리' 분봉왕 헤롯 안티파스의 생일잔치(6:17-29)를 생각나게 하고, 그가 디베랴를 세웠다는 것을 생각나게 한다.

디베랴(티베리아스)는 정복자 로마 황제 티베리우스의 이름을 딴 도시이다. 디베랴는 기원후 18년 로마 통치하의 갈릴리 분봉왕 헤롯 안티파스가 당시 로마 황제인 티베리우스를 기념하기 위해 세웠다. 그런데 마가복음은, 다른 공관복음도 그렇지만, 오천 명을 먹이신 이 사건 직전에 헤롯 안티파스가 자신의 생일잔치에서 세례요한의 목을 벤 사건을 보도했다. 사람이 태어난 생명의 날에 헤롯은 생명을 죽인다. 이 두 사건은 극명히 대치된다. 공관복음은 한결같이 두 사건을 나란히 놓는다. 하나는 죽임의 식탁이었고, 다른 하나는 살림의 식탁이었다.

"건너편"(1절)이라고 번역한 헬라어 '페란'(πέραν)은 '반대편', '맞은편'이라고 번역해야 옳을 듯싶다. 수없이 많은 생명을 죽이고 정복자의 자리에 오른 티베리우스를 기념하여 세운 디베랴 도성 그 반대편에서, 엄청난 숫자 오천 명(남자만)을 먹이신 살림의 사건이 일어난 것이다. 요한은 헤롯이 벌인 '죽임의 식탁'이 로마제국 하에서도 여전히 벌어지고 있음을 목도하였다. 그러하기에 공관복음의 '살림의 식탁' 사건을 자신의 시대로 불러와서 헤롯의 식탁과 같은 이 죽임의 시대와 대결케 하고자 한 것은 아닐까? 요한이 마련한 살림의 식탁은 예수님의 "이르시되"(λέγει, 레게이, 5절)로 포문을 연다. 그런데 이 동사는 시제가 현재형이다. 과거만이 아니라 지금도 여전히 계속되는 '역사적 현재형'이다. 이 구절 앞의 4개의 절에서는 1절 "가시매"(ἀπῆλθεν, 아펠쎈)만 과거이고 모든 동사가 미완료이다. 그런데 5절에서 현재형이 등장한 것이다. '죽임의 식탁'에서 신음하는 백성의 아픔이 요한이 이 복음을 기록하고 있는 순간에도 계속되고 있다는 것이다.

예수님의 "이르시되"는 빌립을 향해 물은 것이고 그 질문은 "어디서 떡을 사서 이 사람들을 먹이겠느냐"이다. 빌립의 대답은 "각 사람으로 조금씩 받게 할지라도 이백 데나리온의 떡이 부족하리이다"(7절)이다. 예수님은 '어디서'(Πόθεν, 포쎈)라고 물었는데, 빌립은 '얼마나'로 오해하며 대답한다. 더욱이 '어디서'는 원문에서 대문자로 쓰였다. 그만큼 중요한 질문이라는 것이다. 예수님의 물음은 빌립을 시험하고자 한 것이다(6절). '얼마나'는 언제나 무기력하다. 그 무기력함을 안드레가 확인해준다. "여기 한 아이가 있어 보리떡 다섯 개와 물고기 두 마리를 가지고 있나이다. 그러나 그것이 이 많은 사람에게 얼마나 되겠사옵나이까"(9절). 안드레는 '어디서'에도 답변한다. '한 아이'이다. '어디서'(포쎈)가 대문자이듯, "한 아이가 있어"라는 말의 시작인 '있다'(Ἔστιν, 에스틴, be동사)도 대문자이다. 그러나 그는 '한 아이'에 주목하지 않는다. 이내 한 아이가 가지고 있는 '얼마나'로 옮겨간다. "얼마나 되겠사옵나이까"(ταῦτα τί ἐστιν, 타우타 티 에스틴). 이 말을 NKJV와 ESV는 "What are they?"(이게 뭐야?)라고 번역하고 있다. 누구 코에 붙이겠냐는 비웃음이다.

이 아이가 가지고 있는 것은 보리떡 다섯 개와 물고기 두 마리이다. 그냥 떡(ἄρτος, 아르토스)도 아니고 보리떡(ἄρτους κριθίνους, 아르투스 크리씨누스)이다. 보리떡은 가난한 계층이 먹는 값싼 음식이다. 공관복음의 물고기는 중간 크기의 먹을 만한 '익쑤스'(ἰχθύς)이다. 그런데 요한의 물고기는 도저히 먹을 수 없는 작은 물고기여서 어부들도 버리는, 그래서 가난한 사람들이 주워다가 소금에 절여 먹던 '옵사리온'(ὀψάριον)이다. 이것은 '옵손'(ὀψόν)의 지소형(指小形)

으로 한 입에 들어갈 수 있는 작은 물고기를 말한다. 요한은 공관복음의 떡 다섯 개와 물고기 두 마리를 질적으로도 격하시킬 만큼 격하시켰다. 왜 그랬을까? 기적의 효과를 극대화하려는 것일까?

요한은 보리떡 다섯 개와 작은 물고기 두 마리로 예수님의 살림의 식탁을 시작한다. 본문 11절이다.

> 예수께서 떡을 가져 축사하신 후에 앉아 있는 자들에게 나눠 주시고 물고기도 그렇게 그들의 원대로 주시니라

'가지다', '축사하다'(감사하다), '나눠주다'라는 세 동사가 순차적으로 이어진다. 성만찬의 모습이기도 하다. 요한은 공관복음과 달리 예수님이 체포당하기 직전 제자들에게 행하신 '최후의 만찬' 이야기를 삭제하였다. 대신 이 자리에 성만찬을 편집해 넣었다. 오천 명을 먹이신 사건을 성만찬으로 해석한 것이다. 나아가 교회의 예전이 아니라 우리가 살아야 할 삶의 본보기로서 보여준 것이다.

'가지다'로 번역된 헬라어 '람바노'(λαμβάνω)는 '취하다', '가지다'라는 뜻도 있지만 여기서는 '받다', '얻다'로 번역하는 것이 좋다. 왜냐하면 다음 동사 '감사하다'(εὐχαριστέω, 유카리스테오)는 받은 은혜를 전제로 하기 때문이다. 감사는 주신 분의 뜻을 묻게 되고, 그것은 나눔(διαδίδωμι, 디아디도미)으로 이어진다. 우리가 가진 것 중에 받지 않은 것이 어디 있겠는가.

어릴 적 저녁에 아버지가 과자를 사가지고 오시어 큰누님에게 주시면 누님은 동생들에게 그것을 나누어주었다. 누님은 아버지의

뜻을 잘 알고 있었다. 동생들과 나누라고 주신 아버지의 뜻을 말이다. 그러므로 성만찬은 이렇게 살라는 예수님의 가르침인 것이다. 보리떡 다섯 개와 작은 물고기 두 마리같이 양으로나 질로나 나누기에는 어림없는 것일지라도, 받은 것임을 알고 감사하며 나눔으로써 주신 분의 뜻을 삶으로 이루며 이어간다. 요한은 그 어림없는 나눔이 무려 오천 명을 먹이고 살려냈다고 기록하고 있다.

비록 작은 물고기 두 마리에 불과했으나 오천 명에게 나누고도 사람들은 배부르게 되었다. 그러고서 예수님은 제자들에게 말씀하신다(12절, "이르시되", λέγει, 레게이, 현재형).

남은 조각을 거두고 버리는 것이 없게 하라

이 원문을 직역하면 '버리는 어떤 것도 없도록 남은 조각(부스러기)을 거둬라(모아라)'이다. NKJV는 "Gather up the fragments that remain, so that nothing is lost"라고 번역했고, ESV는 "Gather up the leftover fragments, that nothing may be lost"라고 번역했다. 둘 다 원문과 일치한다고 볼 수 있다. '버리다'(ἀπόλλυμι, 아폴루미)는 '파괴하다'는 의미도 있고 '상실하다', '잃다'라는 의미도 있다. 주의 깊게 봐야 할 것은 39절의 '잃어버리다'라는 말과 같은 단어라는 것이다. 39절 말씀은 이렇다.

나를 보내신 이의 뜻은 내게 주신 자 중에 내가 하나도 잃어버리지 아니하고 마지막 날에 다시 살리는 이것이니라 또한 '거두다'(συνάγω, 수나고, 모으다)라는 동사는 11장 47, 52절에서는 사람에게 쓰인 동사이다. 11장 52절은 이렇다.

> 또 그 민족만 위할 뿐 아니라 흩어진 하나님의 자녀를 모아 하나가 되게 하기 위하여 죽으실 것을 미리 말함이러라

'버리다', '거두다'(모으다) 두 동사 모두 사람에게도 쓰이는데, 특히 '모으다'는 이스라엘 신앙의 산실인 회당(συναγωγή, 수나고게)과 깊이 연결되어 있다. 그러므로 '버리는 어떤 것도 없도록 남은 조각(부스러기)을 거둬라(모아라)'는 예수님의 말씀은, 배불리 먹고도 남을 만큼의 놀라운 기적을 말하려는 것이 아니며, 먹을 것이 남아 아까우니 버리지 말라는 뜻도 아니다. 음식 얘기가 아니라 사람 얘기이다. 이스라엘의 완전한 회복에 대한 이야기이다. 그렇게 남은 것을 거두니 열두 바구니에 가득 찼다(13절).

열둘이라는 숫자는 완전수로서 이스라엘을 상징한다. 그러나 사라진 이스라엘의 회복이 아니다. 요한이 지금 꿈꾸는 공동체는 가진 것이 받은 것임을 깨달아 감사하며 나누는 공동체이다. 더욱이 39절의 "다시 살리는"(ἀνιστημι, 아니스테미)은 부활 용어이다. 그래서 '버리는 어떤 것도 없도록 남은 조각(부스러기)을 거둬라(모아라)'는 서로를 살리고 일으키는 생명의 부활공동체를 이루라는 예수님의 명령인 것이다. 요한의 오천 명을 먹이신 사건으로의 이야기는 여기가 끝이다. 그러나 그 후의 이야기는, 요한의 서술 방식이지만, 다시 이 사건의 의미를 되짚어보게 한다. 이 사건 후 사람들은

예수님을 억지로 임금 삼으려고 했으나 예수님은 혼자 산으로 떠나간다(15절). 사람들은 자신의 배고픔을 해결해주신 예수님을 메시아로 여겨 임금으로 옹립하려고 하지만, 예수님은 산으로 피신한다. 예나 지금이나 경제 문제가 제일이다. 예수님을 찾아나선 무리는 결국 가버나움까지 가서 예수님을 만나고야 만다(24-25절). 예수님은 찾아온 그들에게 말씀하신다.

> 내가 진실로 진실로 너희에게 이르노니 너희가 나를 찾는 것은 표적을 본 까닭이 아니요 떡을 먹고 배부른 까닭이로다(26절).

이것으로 우리는 이 '떡'이 단지 육적인 양식만을 가리키는 것이 아님을 알 수 있다. 여기 "표적"이라는 말이 나온다. 표적은 헬라어로 '세메이온'(σημεῖον)이라고 하는데 이것은 '예고'를 뜻하는 '세마'(σημα)에서 온 말로 '징조', '표시'를 뜻한다. 그래서 영어 성경은 대부분 'sign'이라고 번역했다. 오천 명을 먹이신 사건 너머에, 주시고자 하는 의미가 따로 있다는 것이다.

표적을 본 큰 무리가 예수님을 따랐다(2절). 그러나 오천 명을 먹이신 사건 뒤에는 사람들이 그 표적을 보고 따른 것이 아니라, 경제 문제를 해결하기 위해 임금으로 세우려고 예수님을 찾았던 것이다(26절). 표적을 보고 따르는(ἀκολουθέω, 아콜루쎄오) 것과 제 배를 불리기 위해 찾는('추구하다', ζητεω, 제테오) 것은 전혀 다르다. 예수님을 따르는 것은 주님처럼 사는 것이다. 그러나 예수님을 찾는 것은 제 욕심을 추구하는 것이다. 우리 기도가 늘 '주시옵소서'라고 우리의 욕망을 추구하는 것과 다르지 않다. 표적을 본 사람은 27절에서 예수님이 말하듯 '썩을 양식을 위해 일하지 않고 영생하도록 있는 양식을 위하여 일하는' 사람이다. 영생하도록 있는 양식이 우리가 바로 보아야 할 표적이다. 과연 그 표적은 무엇일까?

그런데 요한의 오천 명을 먹이신 이야기에서 우리는 공관복음과는 달리 특이한 점을 발견하게 된다. 첫째, 많은 무리가 배고프다고, 먹을 것을 달라고 아우성을 친 것도 아니고 더욱이 마가복음처럼 제자들이 이 문제를 두고 예수님께 어떻게 하면 좋겠느냐고 물은 것도 아닌데, 오히려 예수님이 먼저 나서서 이 많은 사람들을 어떻게 하면 먹게 할 수 있겠느냐고 제자들에게 물으면서 이 사건이 시작되고 있다.

둘째, 공관복음에서는 제자들이 제기한 문제에 "너희가 먹을 것을 주라"(막 6:37, 마 14:16, 눅 9:13)고 말하는데 요한복음에서는 이 말씀이 전면 삭제되었다. 요한복음에서는 제자들의 역할이 중요하게 나타나지 않는다. 더욱이 공관복음에서는 무리에게 보리떡 다섯 개와 물고기 두 마리를 나누어준 사람이 제자들인 데(막 6:41, 마 14:19, 눅 9:16) 반해, 요한복음에서는 예수님이 직접 나누어주신다(11절). 요한복음에서 제자들의 행동은 예수님의 명령에 따라 남은 것을 거둔 일 외에는 거의 없다. 공관복음에서는 남은 떡과 물고기를 거두라고 명령하는 이가 없지만(막 6:43, 마 14:20, 눅 9:17), 요한복음에서는 "남은 조각을 거두고 버리는 것이 없게 하라"(12절)고 예수님이 명령하신다. 나눔을 통해 제자들이 이 사건에 함께하고 있는 공관복음과는 사뭇 다르다. 이런 의미에서 요한복음의 오천 명을 먹이신 이야기는 예수님 주도의 사건이라고 할 수 있다.

그런데 요한복음은 왜 이렇게 공관복음과는 다르게 보도했을까? 그것이 우리가 보아야 할 표적이다. 표적으로서의 떡을 보아야 할 것이다. 예수님은 "하나님의 떡은 하늘에서 내려 세상에 생명을 주는 것이니라"(요 6:33)고 말씀하시면서 자신을 '생명의 떡'(48절)이라고 말씀하신다. 이것이 바로 예수 주도형으로 쓴 이유이다. 주님이 나누어주시는 떡은 예수님의 가르침이면서 예수님 자신이다. 사람들을 살리는(구원하는) 생명의 떡으로 스스로를 내어놓으신 주님의 삶이다. 나눔이라고 다 같은 나눔이 아니다. 거기 사람을 살리는 생명의 떡으로 자신을 내어놓은 것 속에는 단지 배부른 양식이 아니라 영적 풍성함의 나눔이 있음을 알 수 있다.

예수님은 그 생명의 떡이 바로 '나'라고 말씀하신다. 결국 오천 명을 먹이신 이야기의 결론은 "내가 곧 생명의 떡이니라"이다. 요한은 6장 4절의 "마침 유대인의 명절인 유월절이 가까운지라"는 말을 오천 명을 먹이신 이야기의 배경으로 설정함으로써, 예수님이 바로 우리를 살리시는 생명의 떡으로 자신을 내어놓은 유월절 어린양이 될 것을 암시하고 있다. 요한은 처음부터 세례 요한을 통해 예수님을 유월절 희생양으로 선언했다(1:29, "보라 세상 죄를 지고 가는 하나님의 어린 양이로다").

그런데 요한은 예수님이 생명의 떡이라는 생각을 어디서 착안했을까? 그것은 아마도 마가복음 8장에서 바리새인들이 예수님에게 표적을 구할 때 깊이 탄식하며 이 세대에 표적을 주지 않겠다고 한 때였을 것이다. 마가복음 8장 14절이다.

> 제자들이 떡 가져오기를 잊었으매 배에 떡 한 개밖에 그들에게 없더라

바로 이 '떡 한 개'가 예수님이라는 생각에서 생명의 떡을 착안했을 것이다. 사실 예수님이라는 떡 한 개 외에 무엇이 더 필요한가? 마가복음에서도 '떡'은 가르침이다. 마가복음의 오천 명 급식 사건은 이렇게 시작한다.

> 예수께서 나오사 큰 무리를 보시고 그 목자 없는 양 같음으로 인하여 불쌍히 여기사 이에 여러 가지로 가르치시더라(막 6:34).

여기 마지막 말인 "가르치시더라"는 헬라어로 '에륵사토 디다스케인'(ἤρξατο διδάσκειν)인데 이 말은 '가르치기 시작했다'라고 번역해야 한다. 이어 오천 명 급식 사건이 전개된다. 마가는 이 사건을 가르침을 나누는 사건으로 보았다. 이런 의미에서 이 가르침대로, 말씀이 삶이 되신 예수님을 우리가 배우고 따라야 할 '떡'이라고 본 것이다. 그런데 무슨 이유에서인지 마태와 누가는 이 '떡 한 개'를 삭제했다. 그러나 요한은 이 '떡 한 개'에서 생명의 떡이신 예수님을 보았다. 이것이 요한이 본 표적이다.

"내가 곧 생명의 떡이니라"(48절, ἐγώ εἰμι ὁ ἄρτος τῆς ζωῆς, 에고 에이미 호 아르토스 테스 조에스). 이것은 단지 예수님의 자기 선언에 그쳐서는 안 된다. 그의 뒤를 따르는 우리 각자의 삶의 결단이 되어야 한다. 표적을 깨달을 때 비로소 예수님을 따를 수 있다.

보리떡 다섯 개와 작은 물고기 두 마리를 가져온 한 아이가 그것을 자신을 위해 쓰지 않고 다른 이들을 살려낼 양식으로 내어놓았

을 때, 한 아이의 삶은 생명의 떡이 되었다. 빌립처럼 계산하지 않고 있는 그대로를 내어놓은 한 아이의 삶이 바로 생명의 떡이다. 주님은 이 사건을 통해 주님을 믿는 우리의 삶의 내용을 말씀하신 것이다. 믿음은 따르는 것이다.

아이는 헬라어로 '파이다리온'(παιδάριον)인데 신약성서 어느 곳에서도 나오지 않는다. 이것은 작은 물고기 '옵사리온'과 마찬가지로 '어린아이'를 뜻하는 '파이스'(παις)의 지소형이다. 어린아이도 작은데 그것의 지소형이니 얼마나 작겠는가? 창세기 37장 30절에서는 17세의 요셉이 '아이'(ילד, 옐레드)로 불리는데 이것의 칠십인역이 '파이다리온'이고, 열왕기하 4장 38절의 '사환'의 칠십인역에도 이 표현이 나온다. 아마도 창세기 37장 30절에서 사용된 '아이'라는 표현은 조롱 섞인 말이 아닌가 싶다. 이 말은 중성명사로 하찮은 신분을 나타낼 때 쓰는 말인 것 같다.

이런 의미에서 '한 아이'는 가난하고 낮은 신분의 아이를 말하는 것으로 보인다. 이는 마치 격하시킬 대로 격하시킨 보리떡 다섯 개와 작은 물고기 두 마리와 세트를 이룬다. 이 셋이 하나로 묶일 수 있는 이유는 단 하나이다. 생명! 아무리 하찮은 것, 하찮은 사람이라도 거기에 생명이 있다면 문제가 달라진다.

겨우 눈에 보이는 겨자씨 하나에서 하나님의 나라를 본 것은 그것이 품은 '생명' 때문이다. 그 한 아이에게서 오천 명을 먹이신 사건이 시작되었다. '한 아이'의 '하나'는 대표단수이다. 그 아이만이 아니라 이 복음을 읽고 있는 우리 모두가 그 한 아이의 자리에 서야 할 것을 요청받고 있는 것이다. 자기 양식을 남의 허기와 함께 나누는 생명 나눔의 아이이다. 그리고 그 아이는 생명의 떡으로 살아야 할, 이 말씀을 읽고 있는 바로 '나'이다. '나는 생명의 떡'이라는 말씀은 예수님의 자기 선언이자 이 아이의 실천이었으며, 이제 우리 각자의 고백이어야 한다.

이 글을 준비하면서 머릿속에서 내내 떠나지 않는 그림이 있었다. 오 헨리의 「현자의 선물」이라는 단편이다. 직업을 잃고 헤매는 돈리에게 이름 모를 한 부인이 준 1달러가 가져온 기적 이야기이다. 돈리는 그 1달러로 자신만이 아니라 한 노인의 배고픔을 달래준다. 그 노인은 건너편 신문팔이 소년에게 그 빵을 나누고, 그 소년은 먹던 빵조각을 자신에게 다가온 길 잃은 개와 나눈다. 돈리는 길 잃은 개를 주인에게 돌려주고 일자리를 얻는다. 돈리는 비로소 그 작은 빵 속에 임재하신 새로운 생명의 움직임을 느낀다. 돈리에게 처음 1달러의 돈을 준 이름 모를 부인의 말, "당신은 예수님의 떡을 먹는 겁니다. 이 떡을 다른 이들에게도 나눠주도록 노력하세요"가 기억난다. 바로 그 이름 모를 여인이 이름 모를 한 아이이고 생명의 떡이다. 아니, 우리 각자인 '내'가 바로 생명의 떡이다.

실로암 못에 가서 씻어라

(요한복음 9:1-7)

예수께서 길을 가실 때에 날 때부터 맹인 된 사람을 보신지라 제자들이 물어 이르되 랍비여 이 사람이 맹인으로 난 것이 누구의 죄로 인함이니이까 자기니이까 그의 부모니이까 예수께서 대답하시되 이 사람이나 그 부모의 죄로 인한 것이 아니라 그에게서 하나님이 하시는 일을 나타내고자 하심이라 때가 아직 낮이매 나를 보내신 이의 일을 우리가 하여야 하리라 밤이 오리니 그 때는 아무도 일할 수 없느니라 내가 세상에 있는 동안에는 세상의 빛이로라 이 말씀을 하시고 땅에 침을 뱉어 진흙을 이겨 그의 눈에 바르시고 이르시되 실로암 못에 가서 씻으라 하시니 (실로암은 번역하면 보냄을 받았다는 뜻이라) 이에 가서 씻고 밝은 눈으로 왔더라(요 9:1-7).

요한복음 8장에서는 예수와 유대인들 그리고 유대인들의 대표적인 지도자라 할 수 있는 바리새파 사람들과의 반목이 최고조에 달한다. 예수께서 "너희는 너희 아비 마귀에게서 났으니"(8:44)라고 독설을 퍼부었으니 그럴 만도 하다. 아주 죽으려고 작정한 모양이다. 그래서 그들은 돌을 들어 예수를 치려 하고, 이에 예수는 숨어 성전에서 나간다(8:59). 이것이 8장의 마지막이다.

9장은 그 반목의 연장이다. 이들과의 논쟁은 가속화된다. 한 맹인을 치유하는 일은 치유하는 날 자체부터가 논쟁거리였을 것이다. 안식일이었기 때문이다. 유대인들의 입장에서 본다면 하나님이 흙으로 사람을 만드신 날은 안식일이 아니었다. "예수께서 진흙을 이겨 눈을 뜨게 하신 날은 안식일이라"(14절)라는 구절에서부터 논쟁의 불이 붙는다. 도대체 왜 이 치유가 이토록 치열한 싸움을 일으킨 것일까?

예수는 예루살렘에 있었지만 성전에 있지는 않았다(8:59). 하긴 그래야 맹인을 만날 수도 있었으리라. 그 당시 장애인은 성전에 들어갈 수 없었기 때문이다. 부정한 이가 예루살렘 성전에 들어가는 것은 율법이 금하고 있었다.

예수는 성전 밖에서 한 맹인을 보았다. 1절의 번역은 좀 의아스럽다. "예수께서 길을 가실 때에" 보았다는 것이다. 여기에서 '길'이라는 단어는 원문에 없다. 문제는 '가다'라고 번역된 단어 '파라고'이다. 이 말은 보통 '지나가다'(pass by)를 뜻한다. 실제로 거의 모든 영어 성서가 그렇게 번역했다. 새번역과 공동번역도 각각 "가시다가," "길을 가시다가"로 번역했다. 마치 우연히 지나가다가 본 것처럼 말이다. 그러나 우연이라고 하기에는 너무 큰 논쟁이 일어난 것이 아닌가!

'파라고'(παράγω)는 '옆에', '가까이에'를 뜻하는 '파라'(παρά)와 '인도하다'(lead to, lead forth)를 뜻하는 '아고'의 결합이다. '아고'(ἄγω)에서 유래한 '아고게'(ἀγωγῆ)라는 단어는 '삶의 방식'을 의미하며 교육이나 교육의 결과들 즉 양육, 행동 등을 가리킨다(딤후 3:10 참고). 따라서 '파라고'는 교육적 선행(先行)으로 따라야 할 모범적 태도를 가리키는 말로 생각할 수 있다. 우연히 지나가다 맹인을 본 것이 아니라 무언가를 깨우쳐주기 위한 교육적 걸음이었음을 나타낸다는 말이다. 그러므로 우리도 예수의 걸음을 따라가 보자.

예수가 본 것은 한 맹인이었다. 직역하면 '눈이 먼 사람'(ἄνθρωπος τυφλός, 안쓰로포스 튑플로스)이다. 한 단어가 아니라 두 단어로 되어 있다. 의도적이다. 형용사 '튑플로스'는 '(연기에 가려) 불투명한', 그래서 '눈이 먼'이라는 뜻이다. 이 형용사의 어원인 동사 '튑포오'(τυφόω)는 '연막을 치다' 혹은 비유적으로 '(자기기만으로) 부풀다', '교만하다'라는 의미이다. 그리고 '튑포오'는 '연기 나게 하다'라는 뜻의 동사 '튑포'(τύφω)의 파생어에서 유래한 것이다. '튑플로스'라는 형용사로 그를 나타낸 것은 단순히 신체적인 결함을 가진 상태를 말하려는 것이 아니라 뭔가에 가려서 혹은 뭔가에 씌어서 맹인이 되었다는 점을 암시한다. 그리고 그 상태는 교만에까지 이른다는 것이다.

그런데 그는 '날 때부터'(ἐκ γενετῆς, 에크 게네테스) 맹인이었다. 이 말은 신약성서 중 여기에서만 사용되었다. '그의 어머니의 배로부터'(ἐκ κοιλίας μητρὸς αὐτοῦ, 에크 코일리아스 메트로스 아우투, 모태로부터, 행 3:2, 14:8)와 같은 말일 것이다. 마치 뿌리 깊은 유전적인 상태를 말하는 것 같다. 천성적으로 맹인이고, 천성적으로 어둠이다. "빛이 어둠에 비치되 어둠이 깨닫지(καταλαμβάνω, 카타람바노, 이기다) 못했다"(1:5)는 것이다. 이는 천성적으로 빛을 받아들이지 못하는 것을 전제한다(1:10, 11). 눈먼 '한 사람'(ἄνθρωπος, 안쓰로포스) 앞에 관사가 없다. 모든 인간이 그렇다는 것을 말하는 것으로 보인다. 적어도 유전적으로 선택받았다는 유대인들 전체를 말하는 것은 아닐까?

'날 때부터'라는 말은 그의 변하지 않는 출신 성분을 말해준다. '날 때부터' 맹인인 이 사람처럼 유대인들은 '날 때부터' 유대인이고 아브라함의 자손(8:33) 곧 혈연적인 자손이라고 생각한다. 그런데 바로 이것이 그들이 눈먼 이유이다. 아브라함의 육적 자손이라는 뒤틀린 자존심이 그들로 하여금 영적인 맹인이 되게 했다. 사실 보지 못하는 것이 아니다. 육적인 눈만 있는 것이다. 하나님은 영이신데(4:24) 그들은 육으로만 본다. 이에 예수는 "너희가 맹인이 되었더라면 죄가 없으려니와 본다고 하니 너희 죄가 그대로 있느니라"(41절)라고 말씀하신다. 유대인들은 자신들이 맹인이라는 사실을 알지 못한다. 그렇기에 "우리도 맹인인가"(40절) 하며 예수께 묻는다.

여기서 치유받은 맹인과 치유받지 않은 대다수 유대인들의 차이를 발견한다. 치유받은 맹인은 자신이 앞을 보지 못한다는 사실을 안다. "한 가지 아는 것은 내가 맹인으로 있다가 지금 보는 그것이니이다"(25절). 이는 '창세 이후로 맹인으로 난 자의 눈을 뜨게 하였다 함을 듣지 못했다'(32절)는 유대인의 말을 역설적으로 되받아친 것이다. 그들은 맹인이 아니므로 그들과는 다른 이방인들이 눈을 떴다는 이야기를 창세로부터 들은 적이 없다는 것이다. '창세 이후'는 '날 때부터'와 같은 말이다. 창세 이후 아브라함의 자손인 그들 유대인만이 눈을 뜨고, 그 외에 어떤 사람도 눈을 뜨지 못했다는 것이다.

그들이 눈을 뜨지 못한, 그들의 눈을 가린 것에 대한 내용이 2절에서 이어진다. 예수를 따라다니는 제자들의 질문이라 더욱 충격적이다.

> 제자들이 물어 이르되 랍비여 이 사람이 맹인으로 난 것이 누구의 죄로 인함이니이까 자기니이까 그의 부모니이까

장애가 죄의 결과라는 것은 유대교의 통념이다. 아니 우리의 통념이기도 하다. "도대체 무슨 죄를 지었길래… ", "아니 땐 굴뚝에 연기 날까", 본인의 죄가 아니라면 "부모가 그렇고 그러더니" 하며 부모의 죄로 소급한다. 그것도 불투명하면 "전생에 무슨 죄를 지었길래"까지 간다. 지진이라는 재앙도 종교인에게 과세한 정부의 죄라고 한다. 참 잘도 갖다 붙인다. 벌을 삼사 대까지 이르게 하겠다는 출애굽기 34장 7절이나 민수기 14장 18절을 보면 맞는 말처럼 보인다. 그러나 이 말씀은 본질적으로 죄의 고리를 자르기 위한 엄격함을 설명하기 위한 것이다.

여하튼 죄로 인한 장애라고 하니 누구의 죄가 문제냐는 것은 당

연한 논쟁거리이다. 자신의 죄인가? 아니면 부모의 죄인가? 율법에서도 부모의 죄에 대한 징벌이 자식에게로 이어지는 것을 금지하고 있다(렘 31:29-30, 겔 18:1-4). 율법은 부모와 자식이 죄로 연대책임을 지는 것을 금지한다(왕하 14:6). 그렇다면 본인의 죄라는 것은 정당할까? 더욱이 날 때부터 맹인이라면 그는 언제 죄를 지은 것일까? 웃기는 이야기이지만 출생 이전의 죄가 가능하다는 것으로 유대교는 창세기 25장 22절에서 리브가의 태 속에서 싸우고 있는 에서와 야곱 이야기를 하곤 한다. 그리고 유대문헌 미드라쉬(아가 대 미드라쉬, Song of Songs R.)에 의하면 "임신한 여인이 이교의 성전에서 예배드릴 때 태아 역시 우상 숭배에 동참하는 것이다"라고 말한다.

그들 유대인이 눈이 먼 것은 모든 질병, 장애를 죄의 프레임에서 보았기 때문이다. 오늘날에 장애가 죄의 문제와 연결된다고 생각하는 사람은 없을 것이다. 그럼에도 그와 유사한 그릇된 통념이 무지와 함께 사람들에게 존재해왔다. 과거에는 권력자와 다른 이념이나 생각을 가진 사람들을 이념의 프레임에 넣고 정죄했다. 종북좌파 매카시즘은 상당 기간 힘을 발휘했다. 국가보안법은 그것을 정당화했다.

요새 와서 이것이 좀 먹히지 않는다 싶더니 성소수자 문제가 등장한다. 성소수자의 문제를 죄의 문제로 몰아간다. 뭔가 냄새가 난다. 성소수자 문제는 찬반의 대상이 될 수 없다. 성적 지향(性的指向, sexual orientation)은 사실(fact)의 영역이다. 이것은 죄의 문제도, 질병의 문제도 아니라는 사실이 이미 오래전에 명명백백 밝혀졌다. 어떤 문제든 죄의 문제로 집착하여 보는 유대인의 율법주의와 마찬가지로 시대착오적인 문자주의가 낳은 결과이다. 그런데 제자들마저 이런 어리석은 질문을 하는 것을 보니 얼마나 깊게 뿌리내린 잘못된 통념인가를 알 수 있다. 이에 예수는 3절에서 이렇게 대답한다.

> 이 사람이나 그 부모의 죄로 인한 것이 아니라 그에게서 하나님이 하시는 일을 나타내고자 하심이라

예수는 보통 질문에 대답하듯 대답하신 것이 아니다. '대답하다'의 헬라어는 '아포크리노마이'(ἀποκρίνομαι)로, '떨어져서'를 뜻하는 '아포'(ἀπο)와 '판단하다'(또는 '비판하다')를 의미하는 '크리노'(κρινω)의 합성어이다. 신약성서 전체에서 221회 쓰이며, 복음서에서만 200회나 나온다. 이는 비판적인 대답의 의미로 '날카롭게 대답하다'로 새기는 것이 좋을 듯하다. 예수의 대답은 유대인의 통념에 대한 확고한 비판이다. 누구의 죄도 아니며, 이 문제는 죄의 문제가 아니라는 것이다.

예수는 하나님의 일(ἔργα,에르가, '에르곤' ἔργον의 복수)이 그에게서(ἐν αὐτῷ, 엔 아우토이, 그 안에서) 나타나도록(φανερωθῇ, 파네로쎄, '파네로오' φανεροω의 수동태 가정법 3인칭) 하기 위함이라고 대답했다. 그렇다면 맹인에게서 드러나는 하나님의 일이란 무엇일까? 4절 이후 그 일이 설명된다.

때가 아직 낮이매 나를 보내신 이의 일을 우리가 하여야 하리라 밤이 오리니 그 때는 아무도 일할 수 없느니라

하나님의 일이란 나를 보내신 이(ὁ πέμψαντός με, 호 펨푸산토스 메)의 일이다. 그런데 그 일은 낮에만 행할 수 있는 일이란다. 여기서 '낮'은 이어지는 5절에서 알 수 있듯 예수가 세상의 빛(φῶς, 포스)으로 있는 동안이다. 즉 "때가 아직 낮이매"(ἕως ἡμέρα ἐστίν, 헤오스 헤메라 에스틴, '낮까지는')는 이어지는 5절의 "내가 세상에 있는 동안에는"(ὅταν ἐν τῷ κόσμῳ ὦ, 호탄 엔 토이 코스모이 오, '세상에 있는 한')을 뜻한다. 그러므로 낮(ἡμέρα, 헤메라)은 빛이신 예수가 우리 눈을 뜨게 함으로 내 안에 빛이 있음을 깨닫게 하여 빛으로 사는 삶이며, 밤(νυχ, 뉙스)은 그 빛을 받아들이지 못하는 어둠의 삶을 말한다. 낮과 밤이 뚜렷하게 구별된다. 구원과 심판이며, 생명과 죽음이다. 심판은 빛보다 어둠을 더 사랑하고 빛을 미워하는 사람에게 내려지며, 어둠의 사람은(악을 행하는 사람은) 빛이 될 수 없다(3:19-20). 그러므로 예수처럼 세상의 빛(φῶς τοῦ κόσμου, 포스 투 코스무)이 될 수 없다.

그런 점에서 하나님의 일이란 예수의 빛을 받아 빛으로 사는 일, 빛이 되어 사는 일이다. 그렇기에 더 이상 예수만의 일이 아니다. "우리(ἡμᾶς, 헤마스)가 하여야" 하는 우리의 일이다. "나는 세상의 빛이다"(φῶς εἰμι τοῦ κόσμου, 포스 에이미 투 코스무)에서 "우리는 세상의 빛이다"로 발전한다. 마태복음 5장 14절의 "너희는 세상의 빛이라"(Ὑμεῖς ἐστε τὸ φῶς τοῦ κόσμου, 휘메이스 에스테 토 포스 투 코스

무)와 같다. "나는 세상의 빛이다"는 예수의 자각이다. 이 빛은 밖에서 오는 것이 아니다. 내면의 빛이다. 자기 안에 빛이 있음을 깨닫게 되었다. 그리고 우리가 우리 안에 있는 빛을 보게 하시어 세상의 빛이 되게 하셨다. 빛이 빛을 알아본다. 어둠이 빛을 깨달을(καταλαμβάνω, 카타람바노) 수 없다. 주님의 일은 빛을 빛으로 깨닫도록 눈을 뜨게 하는 것이다. 이제 우리 역시 주님을 보낸 분의 일을 해야 한다(δεῖ ἐργάζεσθαι, 데이 에르가제스싸이).

4절에서 '보내다'라는 동사 '펨포'(πέμπω)는 요한복음에서 33회 사용되는데 이것은 일반적으로 사용되는 '아포스텔로'(ἀποστέλλω, 7절)와 큰 차이가 있는 것은 아니다. 아버지이신 하나님이 예수를 보낼 때 혹은 보혜사 성령을 보낼 때는 '펨포'를 사용한다. 예수는 보냄받은 자신의 사역에 하나님이 동참하고 있다는 것을 강조하기 위해 '펨포'를 사용한다. 그래서 하나님의 뜻과 행위의 합일성이 특징이다. '아포스텔로'에서는 자신을 보내신 분이 바로 하나님(혹은 예수)이심이 강조된다. 이 단어에서 '사도'(아포스톨로스)라는 말이 나왔다. 여하간 '펨포'와 '아포스텔로'로 예수를 보낼 때와 다른 사람들을 보낼 때의 차이를 두었다. 물론 예외는 적지 않다. 요한복음 17장 18절에서는 "아버지께서 나를 세상에 보내신 것 같이 나도 그들을 세상에 보내었고"라고 말씀하시는데 여기서 두 번 사용된 '보내다'는 '아포스텔로'이다. 17장에서는 궁극적으로 사람들이 하나님과의 하나됨에 이르기 위해 보냄받은 존재라는 것을 말하고 있다.

예수는 땅(χαμαὶ, 카마이, 히브리어로 '에레츠' ארץ)에 침(πτύσμα, 프뒤스마)을 뱉어 진흙(πηλός, 펠로스, 히브리어로 '티트 טיט')을 이겨 그의 눈에 바르셨다(6절). 침을 뱉는 이야기는 요한복음에서 유일하게 여기에만 나온다. 용례가 없기에 설명하기가 쉽지는 않지만, 요한복음 1장에 나타난 태초의 말씀이 삶이 되신 예수를 생각할 때 이 장면은 예수의 창조 사역을 보여준 것이라고 할 수 있다.

그러나 이것으로 눈먼 사람이 눈을 뜬 것이 아니다. 창세기 2장 7절에 나와 있는 '생기'(נשמת חיים, 니쉬마트 하이임)가 필요하다. 하나님의 생기를 통해 하나님에 의해 창조된 온전한 사람이 되는 것이다. 그래야 온전한 사람(생령, נפש היה, 네페쉬 하야), 즉 하나님에 의해 창조된, 하나님에 의해 세상에 보내진 존재가 되는 것이다.

그렇기에 예수는 이 맹인에게 실로암 못으로 가서 씻으라고 말씀한다(7절). '씻는다'를 뜻하는 헬라어 '니프토'(νίπτω)는 제의적 씻음을 나타내는 말로 정결례와 관련되어 있다(마 15:2). 이 말은 항상 능동태로 쓰인다. 즉 스스로 씻어야 한다. 씻음을 받는 세례(βαπτισμα, 밥티스마)와는 다르다. 자신의 눈을 씻는다는 것이 무슨 말인가? 답은 명확하다. 모든 것을 죄의 틀로 보는 눈을 씻는 것이다. 이 사람은 맹인이라는 이유만으로 자신을 죄로 규정한 세상에서 살았다. 어둠의 세상이고 절망의 세상이다. 자신의 존재 자체가 죄로 인한 징벌의 상태에 있다. 그러나 세상의 빛으로 오신 주님은 그를 향해 창조의 손길을 뻗어주신다. 그의 어둠에 빛을 비춘다. 결국 빛은 어둠을 이긴다. 그는 그 어둠을 실로암 못에 가서 씻는다. 그리고 자신의 정체성을 깨닫게 된다.

실로암(히브리어 '쉘로아흐' שלח)은 예루살렘 성전 아래쪽에 있는 못으로, 성 바깥으로부터 500여 미터의 수로로 연결돼 성내에 물을 대도록 인공으로 만든 못이다. 실로암의 물은 이스라엘 백성들에게는 신앙이자 곧 야훼의 가르침이다. 이사야 8장 6절을 보면 이스라엘 백성이 실로아 물을 버리고 앗시리아의 이방 물을 받아들인다. 야훼 신앙을 버리고 이방의 신앙을 받아들인 것이다("르신과 르말리야의 아들을 기뻐하느니라", 사 8:6). 앗시리아는 유다를 덮쳐 멸망에 이르게 한다(8:7-8). 요한복음에서 물은 주님의 가르침이다. 물이 포도주로 변한 사건(2장), 니고데모에게 물과 성령으로 거듭나라고 한 사건(3장), 수가성 우물가의 물 사건(4장), 베데스다 연못의 물 사건(5장) 등은 이런 가르침과 연관되어 있다. 무슨 가르침일까?

친절하게도 요한복음은 "실로암은 번역하면 보냄을 받았다는 뜻이라"(Ἀπεσταλμένος, 아페스탈메노스, 아포스텔로(ἀποστέλλω)라고 그 뜻을 설명한다. 그가 스스로 씻어서 얻어야 할 깨달음은 자신이 보냄받은 존재라는 사실이다. 자신은 죄로 심판받는 존재나 척도가 아니다. 자신이 맹인이라 할지라도 하나님의 보내심을 받은 존재이다. 어둠을 씻어 빛으로 하나님의 일을 하는 보냄받은 존재 말이다.

어느 목사의 이야기이다. (믿거나 말거나가 아니다. 생각할수록 우리의 이야기 같다.) 언젠가부터 오후 3시쯤이 되면 그의 눈앞이 흐려지기 시작했다. 보이지 않게 된 것이다. 캄캄하게 보이지 않다기보다는 뿌옇게 안 보였다. 나이가 들면 노안이 와서 사물을 멀리 놓아야 볼 수 있다. 그런데 그 의사는 30대 초반의 청년, 젊은 사람이었다. 그러던 중 왜 자신에게 그런 현상이 일어나는지 자기의 내면을 살펴볼 기회가 생겼다. 자기 마음을 낱낱이 살펴보게 된 것이다. 그 결과 마음 깊은 곳에 환자를 좋아하지 않는 마음이 있음을 보게 되었다. 아침부터 종일 찾아오는 아픈 사람들, 그들을 마주하는 시간을 거부하는 마음이 그 눈에 나타났던 것이다.

보이지 않는 현상은 나 자신, 나의 이웃, 세상 그리고 진리를 향해서 마음을 닫을 때 같이 찾아오는 법이다. 욕심에 눈이 멀었다는 말이 있다. 질투심에 눈이 먼다고도 한다. 무언가에 사로잡혀 정작 보아야 할 것을 보지 못하는 것이다. 싫어하는 마음, 회피하는 마음이 눈을 멀게 하기도 한다. 판단하고 분별하고 정죄하는 마음이 제자들의 눈을 멀게 했다. 율법의 의에 사로잡혔기 때문에 바리새인들과 유대인들은 예수를 보지 못했다. 예수를 통하여 보여주시는 하나님의 사랑, 진리를 볼 수 없었다.

우리도 눈이 멀 때가 있다. 자신을 과대평가하는 것이나 그 반대로 과소평가하는 현상은 있는 그대로의 자신을 직면하지 못하는 두려움 때문에 오는 증상이다. 자신을 과대평가하면, 즉 자만하면 다른 사람들이 그런 자기를 높여주기를 바라기 때문에 그 바람이 채워지지 않으면 당장 고통스러워진다. 반대로 자신에 대한 과소평가는, 얼핏 보기에는 겸손으로 보이지만 사실은 남보다 앞서서 자신을 깎아내리며 '난 이렇게 부족하니 뭐라고 하지마!'라는 방어벽을 치는 것이다.

양쪽 다 자신에게 진실하지 못한 결과라 할 수 있다. 또한 이는 타인과 온전한 관계를 맺을 수 없게 만들기도 한다. 외모든 능력이든, 노력이든 무엇이든 잘하면 잘하는 대로, 못하면 못하는 대로 먼저 자기 스스로가 있는 그대로의 모습을 바로 보고 받아들일 수 있어야 한다. 동시에 자신만이 알고 있는 내면의 감정들과도 직면할 수 있어야 한다. 죄의식 아래에 덮어두거나 상상과 공상으로 덮어버린다면, 어둠 속에서 길을 잃게 된다. 맹인이 된다.

환자들을 좋아하고 사람들을 좋아한다고 믿었던 젊은 의사는 사실은 사람을 싫어하고 환자들을 보기 싫어한다는 자신의 본모습, 그 내면을 인정하고 나서 다시 눈이 밝아졌다. '좋은 의사'라는 허울을 벗으니 '진짜 의사'가 된 것이다. 생명을 다뤄야 할 의사에게 생명이 보이지 않고 오히려 돈이나 명예가 보이면 눈이 먼 것이다. 의사는 생명을 위해 보내진 존재이다. 보냄받은 자임을 자각할 때, 비로소 사람다운 사람의 눈을 뜬다.

예수, 위로의 마을에서 꾸짖다
— 설교자를 위한 성서읽기

2018년 12월 1일 초판 1쇄 인쇄
2018년 12월 7일 초판 1쇄 발행

지은이 | 김종수
펴낸이 | 김영호
기 획 | 김 구 편집 | 박연숙 전영수 디자인 | 황경실 관리 | 이영주
펴낸이 | 김영호
펴낸곳 | 도서출판 동연
등 록 | 제1-1383호(1992. 6. 12)
주 소 | 서울시 마포구 월드컵로 163-3
전 화 | (02)335-2630
전 송 | (02)335-2640
이메일 | yh4321@gmail.com

ISBN 978-89-6447-479-2 03040